拉美国家的可治理性
问题研究

Governability Issues in Latin America

袁东振 主编

中国社会科学院
拉丁美洲研究所
INSTITUTO DE AMERICA LATINA
ACADEMIA DE CHINA DE CIENCIAS SOCIALES

当代世界出版社

图书在版编目（CIP）数据

拉美国家的可治理性问题研究／袁东振主编. —北京：当代世界出版社，2010.9
ISBN 978 – 7 – 5090 – 0676 – 4

Ⅰ.①拉… Ⅱ.①袁… Ⅲ.①国家—行政管理—研究—拉丁美洲 Ⅳ.①D773.03

中国版本图书馆 CIP 数据核字（2010）第 179781 号

书　　名：	拉美国家的可治理性问题研究
出版发行：	当代世界出版社
地　　址：	北京市复兴路4号（100860）
网　　址：	http://www.worldpress.com.cn
编务电话：	（010）83908403
发行电话：	（010）83908410（传真）
	（010）83908408
	（010）83908409
	（010）83908423（邮购）
经　　销：	新华书店
印　　刷：	北京才智印刷厂
开　　本：	880 毫米×1230 毫米　1/32
印　　张：	11.5
字　　数：	285 千字
版　　次：	2010 年 10 月第 1 版
印　　次：	2010 年 10 月第 1 次
书　　号：	ISBN 978 – 7 – 5090 – 0676 – 4
定　　价：	29.00 元

如发现印装质量问题，请与承印厂联系调换。
版权所有，翻印必究；未经许可，不得转载！

《拉美研究丛书》编委会名单

名誉主编： 成思危

顾　　问（按姓氏笔画为序）：
苏振兴　李北海　李金章　陈凤翔　洪国起
原　焘　蒋光化　裘援平　蔡　武

主　　编： 郑秉文

编　　委（按姓氏笔画为序）：
王　华　王宏强　王晓德　刘纪新　刘承军
杨万明　吴白乙　吴志华　吴国平　吴洪英
沈　安　宋晓平　张　凡　陈笃庆　林被甸
郑秉文　赵雪梅　贺双荣　袁东振　柴　瑜
徐世澄　徐迎真　康学同　曾　钢　韩　琦

学术秘书： 刘东山

《拉美研究丛书》总序

　　拉美和加勒比地区共有 33 个国家，总人口 5 亿多，经济总量高达 1.8 万亿美元，在世界政治和经济中发挥着越来越重要的作用。中国与拉美和加勒比地区虽然相距遥远，但友好交往源远流长，在政治、经济、文化等方面的交流与合作具有广阔的发展前景。拉美和加勒比地区是我国实施和平外交政策的重要对象，也是共同构筑和谐世界的重要伙伴。

　　我国历代领导人都十分重视发展与拉美和加勒比地区国家的关系。早在 1988 年，邓小平以其深邃的战略家的眼光，对世界发展的前景作出了这样的预言："人们常讲 21 世纪是太平洋时代……我坚信，那时也会出现一个拉美时代。我希望太平洋时代、大西洋时代和拉美时代同时出现。"他还指出："中国的政策是要同拉美国家建立和发展良好的关系，使中拉关系成为南南合作的范例。" 2004 年，胡锦涛总书记提出了要从战略高度认识拉美的重要指示。2004 年 11 月 12 日，胡锦涛主席在巴西国会作演讲时指出，中拉关系在不远的将来能够实现如下发展目标：(1) 政治上相互支持，成为可信赖的全天候朋友；(2) 经济上优势互补，成为在新的起点上互利共赢的合作伙伴；(3) 文化上密切交流，成为不同文明积极对话的典范。

　　我国与拉丁美洲和加勒比地区国家在争取民族解放、捍卫国家独立、建设自己国家的事业中有着相似的经历，双方在许多重大国际问题上有着相同或相似的立场。我国高度重视拉美在维护世界和平、促进共同发展方面所发挥的积极作用；越来越多的拉美国家领导人也认识到中国的重要性，对与中国的交往及合作持积极态度。

作为中国—拉丁美洲友好协会的会长，我非常高兴地看到近年来中拉关系发展迅速。许多拉美国家的国家元首、政府首脑纷纷到中国来访问，中国国家领导人也曾多次访问拉美。特别是2004年11月胡锦涛主席访问了阿根廷、巴西、智利和古巴四国；2005年1月，曾庆红副主席又访问了墨西哥、秘鲁、委内瑞拉、特立尼达和多巴哥以及牙买加。至今中国与委内瑞拉建立了"共同发展的战略伙伴关系"，与巴西、墨西哥和阿根廷建立了"战略伙伴关系"，与智利建立了"全面合作伙伴关系"。我国全国人民代表大会与许多拉美国家的议会都保持着较密切的交往，中国现在已经成为美洲国家组织和拉美议会的观察员，和里约集团、安第斯共同体、加勒比共同体、南方共同市场都有联系。中国与拉美国家在经贸领域中的合作也已全面展开。在1993—2003年的十年中，中拉贸易额增长了近六倍。2005年，中拉贸易额首次超过500亿美元。

中国社会科学院拉丁美洲研究所是国内唯一专门从事拉丁美洲研究的科研机构，成立于1961年。长期以来，该所科研人员完成了大量科研成果，为党和国家的决策做出了一定的贡献。从2006年开始，他们在这些研究成果的基础上，出版一套《拉美研究丛书》，以满足我国外交部门、企业界、高等院校、科研机构、媒体以及公众对拉美知识的需求。我深愿这套丛书的出版能增进中国各界对拉美的了解，也将对促进中国与拉美和加勒比地区的友谊及合作作出应有的贡献。

成思危
2006年5月2日

目录 CONTENTS

《拉美研究丛书》总序 …………………………………（1）
前　　言 …………………………………………………（1）

第一章　可治理性与拉美国家的可治理性问题 …………（5）
　　第一节　关于可治理性的基本理论阐述 ……………（5）
　　第二节　拉美国家的可治理性问题 …………………（12）
　　第三节　拉美国家可治理性缺失的后果和影响 ……（20）
　　第四节　本书中可治理性的含义 ……………………（27）

第二章　拉美国家经济—社会发展与可治理性问题 ……（31）
　　第一节　拉美国家经济—社会发展的脆弱性 ………（31）
　　第二节　经济社会发展缺陷对可治理性的影响 ……（42）
　　第三节　拉美国家应对经济—社会发展脆弱性的
　　　　　　对策 …………………………………………（49）

第三章　拉丁美洲民主化与可治理性问题 ………………（61）
　　第一节　民主化、民主质量与民主治理 ……………（61）
　　第二节　总统制与行政—立法关系 …………………（65）
　　第三节　政党与政党制度 ……………………………（70）
　　第四节　宪政与法治 …………………………………（74）

第四章　拉美国家的腐败与可治理性问题 ………………（80）
　　第一节　腐败与可治理性：概念及相关性 …………（81）
　　第二节　拉美的腐败问题：程度评估与原因分析 …（88）
　　第三节　拉美国家治理腐败的努力 …………………（98）

第四节　拉美国家反腐斗争成效与面临的挑战 ……（108）
第五章　阿根廷的可治理性问题研究 ……………（119）
　　第一节　阿根廷可治理性危机的表现 …………（120）
　　第二节　阿根廷可治理性问题的根源 …………（127）
　　第三节　可治理性危机的拯救 …………………（147）
第六章　巴西的可治理性问题研究 ………………（152）
　　第一节　巴西的可治理性问题 …………………（153）
　　第二节　巴西联邦制下的集权与分权 …………（155）
　　第三节　政党制度与选举制度 …………………（162）
　　第四节　行政部门、立法机构及其相互关系 …（168）
　　第五节　结语 ……………………………………（174）
第七章　智利的可治理性问题研究 ………………（177）
　　第一节　可治理性问题的起源 …………………（177）
　　第二节　可治理性问题的根源与主要表现 ……（181）
　　第三节　智利应对可治理性问题的对策与基本
　　　　　　经验 ……………………………………（196）
第八章　哥伦比亚的可治理性问题研究 …………（207）
　　第一节　可治理性问题的起源与发展 …………（207）
　　第二节　可治理性问题的根源 …………………（209）
　　第三节　可治理性问题的主要表现 ……………（215）
　　第四节　应对可治理性问题的对策分析 ………（220）
第九章　厄瓜多尔的可治理性问题研究 …………（234）
　　第一节　政治发展与可治理性问题的起源 ……（234）
　　第二节　可治理性问题的根源与表现 …………（246）
　　第三节　探寻解决可治理性危机之路：
　　　　　　"21世纪社会主义" ……………………（258）
第十章　墨西哥的可治理性问题研究 ……………（267）
　　第一节　墨西哥可治理性问题的起源与发展 …（267）

第二节　可治理性问题的根源 …………………………(273)
　第三节　应对可治理性问题的主要措施 …………………(283)
　第四节　成效与困难 …………………………………………(290)
第十一章　委内瑞拉的可治理性问题研究 ………………………(297)
　第一节　委内瑞拉可治理性的实现 ………………………(298)
　第二节　委内瑞拉可治理性的恶化 ………………………(302)
　第三节　委内瑞拉可治理性问题恶化的成因 ……………(308)
　第四节　委内瑞拉可治理性的几点启示 …………………(313)
第十二章　拉美国家克服和预防可治理性危机的
　　　　　经验教训 …………………………………………(315)
　第一节　拉美国家可治理问题的基本特征 ………………(315)
　第二节　拉美学者及相关国际机构的政策建议 …………(319)
　第三节　拉美国家预防和克服可治理性问题的
　　　　　基本经验 …………………………………………(325)
　第四节　拉美国家可治理性问题的基本趋势 ……………(334)

主要参考文献 ……………………………………………………(340)

前　言

　　可治理性概念大概出现于20世纪70年代，而可治理性问题的存在要比可治理性概念久远得多。

　　20世纪70年代后，西方发达国家在长期高速增长和推行凯恩斯主义过程中的矛盾日益积累，形成大量失业与严重通货膨胀并存的"滞胀"局面。1973年在美国银行家戴维·洛克菲勒倡议下，建立了美、日、欧三方委员会。这个以垄断财团为背景的国际组织经常就共同的政治、经济和安全问题进行讨论，并提出政策性建议。米歇尔·克罗齐、塞缪尔·亨廷顿和绵贯让治在向三边委员会提交的研究报告中，较早提出了"可治理性"的概念。

　　起初，可治理性是一个用于表达国家、政府或公共部门在回应不同社会部门和不同社会阶层需求、或以这些需求为基础制定政策时所使用的一个概念。进入20世纪90年代，治理、可治理性等成为西方政治学、公共行政学、社会学和经济学界使用频率较高的术语，许多国际研讨会都涉及治理和可治理性问题。

　　在对可治理性问题研究过程中，人们对可治理性内涵的理解并不一致，有各式各样的定义和解释。可治理性起初主要局限于权力的行使等方面，主要指政府或体制的能力。最近几十年这个概念有了很大变化，其内涵相继被许多学者所扩展，人们对可治理性的理解逐渐超越了传统体制或机构的框架，可治理性已经成为政治实践分析方面的一个重要范畴。在过去几十年间，可治理性这一概念的内涵不断增加，涵盖了许多缺少内在关联的事情。在人们的心目中，几乎所有的政治、经济和社会问题都与可治理性或治理能力有关。一些国际组织（欧盟、世界银行、联合国开发计划署等）把可治理性和治理作为同义词使用。国际组织对可治理性问题的重视，既扩大了可治理性概念的内涵，也使这个概念变得更加有争议和混乱。

可治理性问题在拉美的存在至少已经有数十年甚至更长的时间，几乎所有国家都不同程度存在可治理性问题。最近20年，拉美民主政治体制的脆弱性进一步暴露，社会矛盾进一步发展，政治、社会和经济发展的不稳定依然严重，各类危机频繁发生，可治理性问题不断突出。拉美国家可治理性缺陷不仅表现在体制方面，还表现在制度和政策设计、政府执政能力和执政水平、经济和社会权利等方面。鉴于可治理性问题的严重性和危害性，国际学术界、相关国际组织相继提出一系列政策建议，一些拉美国家政府已经或正在采取措施，力图缓解可治理性问题的后果，提高可治理性的实现程度，维护政治和社会的稳定。

拉美国家可治理性问题的原因，有些是共同的，如经济社会的相对不发达，政府执政能力弱，腐败严重，体制存在缺陷，社会—经济危机频发，民众对体制不信任等，有的原因则具有特殊性。有些国家的可治理性问题主要由贫困或不发达引发的，如玻利维亚、厄瓜多尔和海地等拉美最不发达国家的可治理性问题；有些国家的可治理性问题主要由社会—政治体制缺陷或体制不成熟引发的危机，如委内瑞拉、秘鲁、阿根廷等，这些国家政党、社会—政治体制有缺陷，或不成熟，体制的变动性大，政党的变动性也大，选民的态度和倾向性经常有反复，政策变动性也大。

还有一些国家，除上述因素外，可治理性问题在很大程度上是由历史—现实、国内—国外等综合因素产生的，如哥伦比亚。拉美国家可治理性问题的严重程度有所不同，有些国家虽然面临严重的可治理问题，但未达到危机的程度，甚至有的国家还比较好地解决了可治理性问题，如巴西、墨西哥、智利等。

本著作主要探讨拉美国家的可治理性问题，重点是拉美国家可治理性问题形成的原因，拉美国家在可治理性方面面临的主要问题和困难，为增强可治理性所采取的措施，以及经验和教训。由综合篇和国别篇两部分组成。综合篇在对可治理性基本理论理解的基础上，分析拉美国家可治理性问题加剧的历史条件、主要表现、主要根源，继而从政治民主化、经济和社会发展、腐败与腐败治理等角度分析拉美国家的可治理性问题，探讨这些问题与可治理性的关系，以及可治理性对拉美政治、经济和社会发展的影响。国别篇部分主要是对拉美主要国家和典型国家的可治理性问题进行案例式研究；在国别研究对象的选择上，尽量涵盖上述所有类型的国家。但根据不同国家的情况，对可治理性问题的起源、发展、具体表现、提高可治理性实现程度的对策与成就、面临的问题和困难、经验和教训等问题的论述上，侧重点和角度各有侧重，甚至在可治理性概念的理解上也不可避免地会有些差异，但这并不妨碍我们对拉美国家可治理性问题总体上的认识。

本著作是 2005 年立项的中国社会科学院重点课题的研究成果。课题是集体项目，课题主持人袁东振，各章写作分工如下：袁东振：第一、二、七、八、十、十二章；张凡：第三、六章；刘纪新：第四章；郭存海：第五章；杨建民：第九章；王鹏：第十一章。本著作是这一课题的最终成果。

本课题立项得到中国社会科学院拉美所领导和院科研局的帮助。所学术委员会从立项、写作、结项、出版，始终给予大力支持；拉美所科研处负责人刘东山做了大量组织协调工作，我们的同事钱去非、宋玉兰等在研究资料方面提供许多帮助和便利。拉美所徐世澄研究员、南开大学韩琦教授、现代国际关系研究院吴洪英研究员给予大力支持和指导，提出许多有价值的意见。本书的责任编辑提供了许多帮助。

本书对拉美国家可治理性问题的研究还只是初步，甚至是肤浅的，对一些问题的研究和认识尚需进一步深入。我们当初提出这一课题的主观愿望，可能与我们的实际能力和水平之间有差距，我们衷心希望读者能对书中的不足之处提出宝贵意见。

袁东振
2010年1月于拉丁美洲研究所

第一章　可治理性与拉美国家的可治理性问题

拉美主要国家程度不同地存在可治理性问题。最近 20 多年政治、经济、社会和国际环境发生重大变化的进程中，可治理性缺失问题显得更加明显和突出，在一些国家甚至演变成可治理性危机。可治理问题缺失，对政治、经济和社会稳定构成严重威胁。本章在简要阐述可治理性基本理论基础上，分析拉美国家可治理性问题加剧的历史条件、主要表现，以及主要根源。

第一节　关于可治理性的基本理论阐述

一、可治理性概念的出现

可治理性（Governability, Gobernabilidad）是 20 世纪 70 年代在美国和欧洲出现的一个用于表达国家、政府或公共部门在回应不同社会部门和不同社会阶层需求、或以这些需求为基础制定政策时所使用的一个概念。①

20世纪70年代后，西方发达国家在长期高速增长和推行凯恩斯主义过程中积累的矛盾日益明显地表现出来，经济增长陷于停滞，财政赤字上升，国际收支状况恶化，形成大量失业与严重通货膨胀并存的"滞胀"局面。在这种背景下，人们开始重新认识国家的作用。西方国家陆续开始改革国家的职能，基本目标是削减公共开支、提高政府效率、促进经济发展，主要手段是精简政府机构，调整政府职能，转变政府管理观念，基本运行机制是私有化和自由化。与此同时，西方学术界和理论界也开始了可治理性和政府治理能力问题的研究。1973年在美国银行家戴维·洛克菲勒倡议下，建立了美、日、欧三方委员会。这个以垄断财团为背景的国际组织经常就共同的政治、经济和安全问题进行讨论，并提出政策性建议。三方委员会的成立极大推进了对可治理性和政府治理能力问题的研究。欧洲学者米歇尔·克罗齐、美国学者塞缪尔·亨廷顿和日本学者绵贯让治在向三边委员会提交的研究报告中，较早提出了"可治理性"的概念②。

进入20世纪90年代，治理、可治理性等成为西方政治学、公共行政学、社会学和经济学界使用频率较高的术语，许多国际研讨会都涉及治理和可治理性问题。1992年，世界银行在题为"治理与发展"的报告中，阐述了其以善治促发展的观点。此后，世界银行几乎所有的年度发展报告都涉及市场经济条件下政府如何处理公共事务和促进持续发展的论题。

值得注意的是，在不同时期，学者们对可治理性这个概念所作的解释和说明也不尽相同。在过去几十年间，可治理性这一概

---

① "The Search for Governability in Latin America", http://americas.fiu.edu

② Michel Crozier, Samuel Huntington; Joji Watanuki, *the Crisis of Democracy: Report on the Governability of Democracies to the Trilateral Commission*, New York University Press, 1975.

念的内涵不断增加，涵盖了许多缺少内在关联的事情。在人们的心目中，几乎所有的政治、经济和社会问题都与可治理性或治理能力有关，议会的代表性、政治和选举联盟的建立、权力分散化、选举制度的完善、政党的巩固、国家的财政权力、军队和政治改革、惩治腐败官员等都成为与可治理性相关的问题[①]。2003年11月，联合国教科文组织在阿根廷召开题为"拉美教育制度的可治理性"国际研讨会，教育似乎也成了可治理性问题。

二、对可治理性含义的不同解释

在对可治理性问题进行研究过程中，人们对可治理性内涵的理解并不一致，有各式各样的定义和解释。可治理性起初主要局限于权力的行使等方面，主要指政府或体制的能力。最近几十年这个概念有了很大变化，其内涵相继被许多学者所扩展，人们对可治理性的理解逐渐超越了传统体制或机构的框架，可治理性已经成为政治实践分析方面的一个重要范畴。根据现有资料，对可治理性含义的解释至少有10种。

1. 指社会需求与公共机构满足这些需求之间的关系。20世纪70年代西方国家的社会需求不断增加，而公共部门由于效率低和财政危机，难以满足不断增长的需求，福利国家遭遇危机，公共机构面临挑战，传统经济和政治模式受到质疑。在上述背景下，克罗齐等人用可治理性解释社会需求与公共机构满足这些需求之间的关系，并从广义上把可治理性理解为公共机构在应付所面临的挑战或机遇方面的能力。

2. 诺维尔托和尼古拉把可治理性定义为统治关系，认为统治者和被统治者这两个实体之间的复杂关系构成所谓的可治理性

[①] J. Prats, "Gobernabilidad Democratica para el Desarrollo Humano: Marco Conceptual y Analistico, Instituciones y Desarrollo", Vol. 10, 2001, http://www.hacienda.go.cr

问题①。

3. 墨西哥学者安西拉把可治理性定义为统治关系的一种属性、特性或状态,是"社会需求和政府应付需求的能力之间的平衡状态或平衡程度"。安西拉提出,定义可治理性应考虑三个原则。第一是道德原则,即把建立公正的国家作为目标,强调权力合法性与权力行使之间的必然联系,强调政府行动的质量;第二是效率原则,治理和权力的行使应以尽量少的代价实现,使可治理性成为政治制度的一种属性或特性;第三是政治稳定原则,强调体制有很强的灵活性,有适应国际和国内政治、经济和社会变化的能力。安西拉认为,"政府的效率和合法性可以促进可治理性,保证政治制度的稳定性;而政府的无效率以及政治合法性的丧失,将产生不稳定和不可治理性的恶性循环"②。

4. 法国学者佩科(Daniel Pecaut)强调,可治理性既包括政府有效和合法满足大多数人的利益,又包括社会为加强自身凝聚力而拥有的自我组织能力。

5. 卡德纳斯(Jorge Hernán Cárdenas)认为,可治理性已经超越传统体制和机构的范围,包括了政治、经济和社会组织的新形式③。

6. 奥唐奈(Guillermo O'Donnell)和普沃斯基(Adam Przeworski)等人把可治理性作为拉美民主化进程的巩固。奥唐奈在研究拉美政治民主化的进程中,在下列两个层次上使用了可治理性的概念:第一,当专制独裁统治得以避免时,就实现了可治理性;第二,当人们的机会和权利得以扩展时,就具有了可治

---

① Bobbio Norberto, Matteucci Nicola, *Diccionario de Política*, México, Siglo XXI, 1998.
② Andrea Ancira, "Gobernabilidad Democratica en América Latina". http://www.summit—americas.org
③ "The Search for Governability in Latin America". http://americas.fiu.edu

理性。美国学者普沃斯基几乎在同样意义上使用了这个概念，认为可治理性"是国家的这样一种状态，一方面要防止专制独裁的回潮，另一方面要有助于扩大和利用政治、经济和社会机遇。总之，可治理性就是指社会—经济得到巩固，政治得到改善"。①

7. 一些国际组织（欧盟、世界银行、联合国开发计划署等）把可治理性和治理（Governance）作为同义词使用。这些国际组织通常用可治理性这个术语表达以下问题：政府的产生、执政、履行职责和更迭的过程和规则；政府有效率地管理资源的能力，以及制定、实施和完善政策、条例、规定的能力；公民和国家对现存政治、经济体制的尊重。有学者指出，国际组织在使用可治理性概念的时候，没有区分独立变量（治理）和依附变量（可治理性），把规则（如选举与决策的程序）与规则结果的效率与合法性问题（如国家干预的应用）混在一起，结果导致在可治理性概念使用上的混乱，不利于研究方法的确定，阻碍了对可治理性根源问题的认识②。国际组织对可治理性问题的重视，既扩大了可治理性概念的内涵，也使这个概念变得更加有争议和混乱。

8. 一些人从治理的概念出发，把可治理性解释为有各级政府和非政府机构参加的决策进程③。20 世纪 90 年代，在研究欧洲建设进程问题时，一些人提出了对治理、可治理性问题的新理解，提出了关于公共体制合法性的新概念，主张在更多层次上、在不同领域理解公共政策。

---

① Joan Oriol Prats, "El Concepto y el Analisis de la Gobernabilidad", p. 2, www.grupochorlavi.org/php/doc/documentos/Elconceptoyel.pdf
② J. Prats, "Gobernabilidad Democratica para el Desarrollo Humano: Marco Conceptual y Analistico", Instituciones y Desarrollo, Vol. 10, 2001.
③ Joan Oriol Prats, "El Concepto y el Analisis de la Gobernabilidad". http://www.grupochorlavi.org

9. 智利政治活动家和学者阿连德（Isabel Allende Bussi）将可治理性概括为民主、政府能力、体制创新能力、化解危机的能力，以及公民参与的总和[①]。2003年阿连德对可治理性的含义作了一个比较全面阐述，这个阐述既是对此前相关研究成果的概括和总结，又是对其补充和发展[②]。她对可治理性的概念作了如下概括：（1）可治理性就是民主，专制政权在本质上具有不可治理性。（2）可治理性是政府的行动能力。包括政府公共政策的效率，教育体系的公平和质量，公共管理的透明度，公众的自信程度，政府在建设基础设施、发展科学技术、解决社会冲突、在主要领域实现共识、推进持续增长、保护环境、预防偶发危机等方面的能力。（3）可治理性是体制的创新能力。可治理性不是保存现存体制，而是政治制度和体制的不断发展。（4）可治理性是化解危机的能力。可治理性并不意味着社会冲突的消失，也不是用强制的手段解决社会冲突，而是通过对话、谈判解决冲突。（5）可治理性是公民的参与，包括公民社会的参与和组织，使其在维护其权利、提出建议等方面发挥更加重要的作用。

10. 世界银行把可治理性（治理）归结为6个方面：民众的意愿和对体制的信任度、政治稳定程度、政府效率、法规质量、法制程度、对腐败的控制[③]。世界银行对可治理程度的评估也主要体现这些方面。

可治理性有不同的实现程度和衡量标准。安西拉把可治理性的实现程度分为五类，即理想的可治理性、正常的可治理性、可

[①] Isabel Allende Bussi, "Gobernabilidad en América Latina". http://www.gobernabilidad.cl/modules

[②] Isabel Allende Bussi, "Gobernabilidad en America Latina", http://www.gobernabilidad.cl/modules

[③] Daniel Kaufmann, Aart Kruay, Massimo Mastruzzi, *Governance Matters IV*: *Governance Indicators for* 1996~2004, the World Bank, May 2005。在本书其他章节，其他作者对这6个方面在中文表述上可能会略有不同。

治理性的缺失、可治理性危机和不可治理性，其中第一类和第五类都是极端和有限的情况，在实践中不多见。她认为，可治理性缺失主要表现在以下四方面能力的缺失：维护法律和秩序的能力，有效经济管理的能力，提高社会福利的能力，维护政治秩序和体制稳定的能力。由于人们对可治理性的理解不同，衡量的标准和尺度自然也不同。我们倾向于用体制的效率、各阶层表达利益和要求的途径、民众对体制的信任度、政府和社会解决矛盾和危机的能力、决策的公开透明度这些方面衡量可治理性的实现程度①。

三、可治理性与治理的区别与联系

简单地说，治理和可治理性是两个不同的概念，二者有一定的区别；与此同时，两者又有一定联系，并相互作用、相互影响。

首先，治理和可治理性是两个不同的概念。科伊曼（Jan Kooiman）曾对这两个词的含义作了明确区分。他指出，治理是指各战略或相关部门之间按照一定的游戏规则进行互动的过程。所谓战略或相关部门是指拥有足够权力资源、能够对决策进程和规则运行发挥重大影响的部门，是对某项决策具有否决能力的部门。权力资源可以源于对公共职务或职能（军队、立法、行政、经济和财政政策、司法体系、州政府或关键的市政府等）的控制，也可以源于对生产要素（资本、劳动、初级产品、技术等）的控制，还可以源于对信息和思想的控制（主要是通过社会交往），源于对足以影响社会稳定的社会动员的控制，源于对所谓精神权力（教会）的控制。这些战略部门在互动过程中要遵循

---

① 关于可治理性含义的详细论述，参见袁东振："可治理性与拉美国家的可治理性问题"，载《拉丁美洲研究》，2007年第5期。

游戏规则（体制及在体制内政府和公共决策的制定与实施等）。而可治理性是一个政治社会体系在更广泛的范围内进行自我治理的能力，是社会需要与社会政治体系能力之间的关系问题。

其次，治理和可治理性有一定的联系。如前所述，一些国际组织经常把可治理性和治理两个概念混用，一些学者在分析问题时也把二者作为同义词使用，西班牙皇家语言学院也建议把这两个词作为同义词。

再次，治理和可治理性相互影响。可治理性的实现程度既取决于游戏规则的质量，也取决于政府和相关重要部门互动的过程和结果，取决于国家和社会解决社会、政治和经济难题的能力。可治理性也可以对治理产生影响，对游戏规则产生影响，促进游戏规则的完善，影响政府和相关部门互动的过程和结果，可以为政府治理能力的提高创造条件。

第二节 拉美国家的可治理性问题

可治理性问题在拉美的存在至少已经有数十年的时间，几乎所有国家都不同程度存在可治理性问题。最近20年，拉美民主政治体制的脆弱性进一步暴露，社会矛盾进一步发展，政治、社会和经济发展的不稳定仍然严重。尽管拉美国做出种种努力，力图缓解上述问题造成的后果，但在一些国家，各类危机频繁发生，可治理性问题依然很突出。

一、拉美可治理性问题加剧的历史条件

民主化进程的发展与政治体制缺陷之间的矛盾，突出了拉美国家的可治理性问题。20世纪70年代末以后，拉美开始了持续的政治民主化进程。人们对民主政治的巩固、对民主体制下经济

和社会福利的增长充满期待。人们希望，随着民主化的推进，拉美地区的民主政治会得到巩固，经济会得到发展，福利会得到加强。然而20多年后，人们的愿望并没有完全实现，拉美远没有实现预期的稳定。内部和外部一系列因素交互作用，使拉美成为具有很大脆弱性的地区。程序民主虽有所完善，通过民主选举、政府按法定任期更迭的国家越来越多，但"正常选举并不一定意味着民主质量的改善"，拉美国家民主体制存在一系列缺陷，体制性危机不断出现，不稳定仍然是拉美地区的重要特征。仅仅在20世纪90年代以后，拉美就出现了20多次体制危机的情况，最具有标志性的是90年代的巴拉圭、海地和秘鲁，进入21世纪后的阿根廷、委内瑞拉、玻利维亚、厄瓜多尔、海地以及洪都拉斯。

拉美国家社会矛盾和社会对抗进一步激化，实现可治理性的风险增大。拉美一直存在着规模庞大的贫困群体，当前贫困人口超过2亿，约占总人口40%。有学者认为，单纯的贫困数字不能说明该地区的生活条件，用阿马蒂亚·森（Amartya Sen）提出的"排斥"（exclusión）概念更能解释拉美的现象[1]。所谓的社会排斥是指一部分人口、阶层或群体被排斥在社会、经济和政治发展进程之外，长期享受不到经济发展和社会进步的利益，在国家政治、经济和社会生活中处于被剥夺、被歧视和被排斥的地位。普遍存在的社会排斥现象表明拉美存在严重的社会不平等，一些社会阶层的利益和需求得不到重视，造成一些阶层对统治者和代表性机构的不信任，加剧社会矛盾和对抗。

经济改革与实现可治理性的矛盾加深。20世纪80年代拉美经济改革开始时，改革的理论设计者们提出，经济改革可以促进

---

[1] Martha Lagos, "las Razones de la Ingobernabilidad", en Foreign Affairs en Español, Octubre—Diciembre 2005.

社会公平，特别是促进就业的增长。然而，改革的现实结果同最初的设想有很大差距。在对外开放过程中，国内中小企业在外来竞争突然增加的情况下大量破产或陷于困境，创造就业的能力下降；大企业为了参与国际竞争，普遍采用新技术和新设备、优化管理，结果市场对劳动力，特别是对低端劳动力的需求下降；大型农业企业向机械化和集约化方向发展，减少了劳动力的使用。随着经济的对外开放，国家的经济职能弱化，在社会服务领域也有所退却，而在此过程中，国家不仅没有通过更积极的社会政策对居民提供更大程度的保护，而是降低了这种保护。另外，劳动制度灵活化的改革也没有起到增加就业的目的，反而加剧了就业的不稳定性和不正规性。由于失业非常严重，就业不足现象相当普遍，加上政府宏观调节能力减弱，缺乏实施长期社会政策的能力和资源，许多人不能获得发展的益处，只能获得较低质量的社会服务。在社会分化严重、就业不稳定性增强、国家职能存在巨大缺陷、缺少高质量公共福利的情况下，可治理性问题有加重的风险。

历史问题的积累加大了实现可治理的难度。有学者提出，对拉美威胁最大的不是经济问题，而是历史上积累下来的社会问题。除上面所提到的贫困、不平等和社会排斥等问题外，寡头阶层或政党垄断权力的现象较普遍，国家不能保证法律在全国范围内得到切实实施，法律体系不能真正保证法律面前人人平等，没有能力保证使法律公平地适用于所有人。一个名为"拉美晴雨表公司"（Latinobarometro）的机构曾对拉美国家法律实施的程度进行调查评分，满分10分，指国家能够完全保证所有法律的实施，最低分1分，指国家完全不能保证法律的实施。根据对18个拉美国家2万人的调查，超过5分的国家只有3个（哥伦比亚、智利、乌拉圭），巴西、秘鲁、危地马拉和巴拉圭都不足

4分；50%以上的被调查者认为，"政府的手段不够"[1]。另外，由于缺乏民主文化，社会分层和社会排斥现象严重，拉美国家很容易滋生权力腐败，从而加剧可治理性问题[2]。

价值观念的变化也加剧了可治理性实现的难度。拉美学者在分析可治理性问题时，突出人们的社会和价值观念变化所产生的影响，认为观念的变化增加了可治理性实现的难度[3]。在经济改革进程和全球化进程中，个人被认为是权力的主体，被认为是有自主能力、通过自己的劳动和成果实现自我的主体。个人主义倾向得到明显释放，民众中普遍滋生着个人成就凌驾于集体利益之上的喜好偏向。个人主义倾向一方面为个人自我价值的实现提供了机会，另一方面降低了人与人之间关系的社会意义，过分强调个人价值和个人利益的实现，忽视解决影响全体人民的集体问题。随着观念的变化，人们与其他机构（政党、国家）的关系也发生改变，尽管人们仍关心涉及共公共利益的问题，但不再认为政党甚至国家代表他们的利益，也不认可这些组织对个人要求和需要的关心，这样就产生了这些机构和整个体制的代表性危机，加剧了可治理性问题。

国际环境的变化增加了实现可治理性的难度。全球化不仅改变了生产方式和人们的生活方式，也"对许多国家的可治理性产生了影响"[4]。由于对国际市场依赖和与外部世界联系增加，（包括拉美国家在内的）广大发展中国家受世界经济衰退和经济危机的影响增大；全球化进程加剧了世界各国的相互依赖，突出

---

[1] Francisco Rojas Aravena, "Ingobernabilidad Estados Colapsados, una Amenaza en Ciernas", en Nueva Sociedad, vol. 198, julio—agosto, 2005, p. 66.

[2] Martha Lagos, "Las Razones de la Ingobernabilidad", en Foreign Affairs en Español, Octubre—Diciembre 2005.

[3] Francisco Rojas Aravena, Claudio Fuentes Saavedra, *Gobernabilidad en America Latina*, *Informe Regional*, pp. 11~12, Santiago de Chile, 2004.

[4] Grupo de Rio, Consenso de Cusco, Mayo 2003.

了以多边方式解决全球性冲突的必要性；然而，在解决全球性问题方面（有时甚至在解决国内冲突方面），发展中国家在很多方面受制于发达国家。

二、拉美国家可治理性缺陷的主要表现

拉美国家可治理性缺陷不仅表现在体制方面，还表现在制度和政策设计、政府执政能力和执政水平、经济和社会权利等方面。

（一）政治体制的缺陷和脆弱性

第一，体制的"低度民主"特征。拉美学者研究后认为，1988年以来拉美国家的公民自由一直没有多大改善。21世纪初，21个拉美国家中只有约10个完全尊重公民的政治权利（指公决权利、秘密投票、权利免受外来压力等）；有6个完全尊重公民自由（包括结社、言论、加入社会组织、免受滥用权力侵害等）。拉美国家的选举民主虽得到巩固，但民主的深化远未完成；公民获得了投票和选举权，但民主制度缺乏对公民其他权利的保护[①]。

第二，效率不够高、腐败现象严重。透明国际认为，拉美只有智利、乌拉圭和哥斯达黎加腐败程度较低。腐败不仅存在于体制和公共部门人员中，且扎根在人们的观念中。厄瓜多尔前总统乌尔塔多特别强调人们的观念对腐败的推波助澜的作用，认为拉美公众通常公私混淆，把私人利益置于公共利益之上，不是把政府作为保护国家财产、公众权利和利益的机构，而是将其作为个人和团体获得好处、肥缺、特权和财富的工具；许多人不认为纳

---

① FLACSO—Chile, *Amenazas a la Gobernabilidad en América Latina*, pp. 18~19, Informe Preparado para el Foro de la Sociedad Civil con Occasion de la XXXIII Asamblea General de la OEA, Santiago de Chile, 2003.

税是履行责任,也不认为逃税可耻。这种文化观念上对腐败的默认体现了体制性腐败的顽固性。①

第三,代表性不充分。一些群体的代表性在政治体制中没有得到充分体现,这些群体中的人被提名或当选权力机构中职位的机会很少。例如,尽管情况有所改善,但到 2002 年,女性只占众议员总数的 15%,参议员的 12%,政府部长的 13%;土著人在民选职务中的代表性较低,秘鲁的土著人口占总人口的 47%,但只占有议会席位的 8%,厄瓜多尔分别为 43% 和 3.3%,危地马拉为 66% 和 12.4%,玻利维亚为 71% 和 25.2%②。

一些阶层对政府决策的影响力较小。拉美民众缺乏组织性,特别是许多被排斥的群体、贫困者、非正规部门的工人、农民,以及各种缺乏资源的人,组织性更差,要把这些人组织起来非常困难。这些人的政治影响力主要体现在选举投票方面,容易被政治家们空洞的许诺和蛊惑宣传吸引,对政府决策没多少影响力。因此,拉美国家常出现这种现象,即政治家当选总统后,或放弃原来的诺言,或实行民众主义政策。

第四,存在严重的体制性暴力 (violencia institucionalizada)。国家权力部门或安全部门在维护公共安全时超范围使用暴力的现象普遍。巴西、哥伦比亚、危地马拉的体制性暴力活动非常严重,最近几年,在阿根廷、玻利维亚、哥伦比亚、巴拉圭和委内瑞拉等,此类活动表现出上升趋势。体制性暴力现象败坏了政府和执政党声誉,是政治体制不成熟的重要表现。

第五,易出现代表性危机。近年来拉美国家的政党和政治家普遍遭遇信任危机,导致政治体制出现代表性危机。主要原因有

---

① Osvaldo Hurtado, "Democracia y Gobernabilidad en los Países Andinos", en *Foreign Affairs* en Español, Octubre—Diciembre 2005.

② IDB, *Economic and Social Progress in Latin America*, 2008 *Report*, Washington D. C., 2007, pp. 173~174.

三个。(1) 政党自身的严重缺陷。党内缺乏民主,党务由少数人控制,既不透明也不公开;党内派系严重,组织经常分裂;一些政党特别是主要执政党忽视自身建设,党的上层日益脱离群众,失去民众信任。许多拉美人甚至认为,"如果没有政党的存在,情况会更好",正直的公民都应该远离政党[①]。(2) 价值观念的变化。如前所述,在新自由主义改革和全球化进程中,个人主义或个人成就凌驾于集体利益之上的价值偏向得到明显释放。个人主义过分强调个人价值和利益,忽视人与人之间关系的社会意义。尽管许多人仍关心涉及公共利益的问题,但不再认为政党甚至国家代表他们的利益,这必然加剧这些机构和整个体制的代表性危机。(3) 一些政治家的不良表现遭到人们的反感和鄙视,这种情绪有时会演变成民众对体制的不信任。

总之,由于存在一系列缺陷和脆弱性,拉美国家的政治体制"未能实现宏观经济稳定、持续和足够的增长,从长期内影响了就业、家庭收入增长和福利增加","由于体制缺陷,教育和卫生政策有问题,不能提供更多的机会,不利于减贫和公平"[②]。

(二) 执政能力和执政水平缺陷

拉美国家政府执政能力有所改进,民众对其认可度也有所提高,但仍有很多缺陷。许多政府和执政党依然缺乏有效化解社会矛盾的手段和能力,未能从根本上解决各自国家面临的严重政治、经济和社会难题;缺乏化解政治体制脆弱性的能力;缺乏有效治理腐败的能力;缺乏营造安定社会环境的能力。许多外国学者认为,执政能力缺陷"确实已经构成对发展中国家的严重威胁"[③]。

[①] Osvaldo Hurtado, "Democracia y Gobernabilidad en los Países Andinos", en *Foreign Affairs* en Español, Octubre—Diciembre 2005.

[②] Osvaldo Hurtado, Democracia y gobernabilidad en los países andinos.

[③] Francisco Rojas Aravena, *Ingobernabilidad*: *Estados Colapsados*, pp. 66~67, Nueva Sociedad, Vol. 198, Julio—Agosto 2005.

（三）公民权利缺陷

相关民调显示，多数拉美人认为，民主制度保障了公民权利和政治权利，但忽视了社会权利和经济权利。76%的拉美人认为享有宗教自由，65%的人认为有选择职业的自由，60%的人认为有参与政治的自由，55%的人认为有自由表达意见的自由，53%的人认为实现了男女平等。但多数人认为制度和体制（包括司法体系）缺乏对机会平等、社会保障、就业、财富分配和私有产权等社会权利的有效保护。仍有一半以上的人认为社会权利和经济权利没有保障，只有43%的人认为私有财产受到保护，只有41%的人认为机会平等，33%的人认为实现了团结互助，29%的人认为实现了社会保障，27%的人认为仅实现了有就业的保障，24%的人认为财富分配公平，只有23%的人认为没有受到犯罪的侵害。正如不少外国学者所认为的那样，拉美民众社会权利受到保护的程度，比政治和宗教权利受到的保护要低许多。

近些年拉美出现了各种各样的抗议运动，许多以维护公民权利为口号。在这些运动中，既有组织性较差的街头抗议，也不乏有组织良好的运动，如巴西无地农民运动，阿根廷的"拦路者"运动和"五月广场母亲"运动，智利马普切农民运动，墨西哥恰帕斯农民运动，以及玻利维亚、厄瓜多尔、墨西哥、秘鲁、危地马拉等国家的印第安人运动。这些抗议活动的不断发展，体现了民众对现行体制和政府政策的不满，体现了民众对自己权利和地位的诉求。

鉴于可治理性问题的严重性和危害性，国际学术界、相关国际组织相继提出一系列政策建议，一些拉美国家政府已经或正在采取措施，力图缓解可治理性问题的后果，提高可治理性的实现程度，维护政治和社会的稳定。对于这些问题，将在第6章中作专门论述。

第三节　拉美国家可治理性缺失的后果和影响

可治理性缺失损害政治稳定，加剧社会矛盾，损害社会凝聚，使社会环境长期得不到改善，损害人们对未来的预期，降低民众的认同感。

一、可治理性缺失与政治稳定性

随着民主化进程的深化，各种不稳定因素或动乱因素的影响力不断下降，保持政治稳定虽然已成为拉美的主流趋势，维护民主政治体制的稳定在拉美国家已具有广泛社会共识；民主政治体制的合法性和权威性日益得到全社会的尊重；各主要政治力量均寻求在现有制度框架内表达各自的利益和诉求；军人干政现象在拉美已很少发生；但拉美国家政治动荡的风险依然存在，少数国家的政治冲突长期得不到根本解决，新的不稳定因素仍不断出现。

据拉美学者统计，自 20 世纪 70 年代末 80 年代初民主制度恢复以来，拉美至少有 15 位总统不能完成法定任期，在政治不稳定的环境下被迫提前下台。这 14 位总统是：阿根廷的德拉鲁阿（2001），巴西的科洛尔（1992），玻利维亚的西莱斯（1985）、德洛萨达（2003）和梅萨（2005），厄瓜多尔的布卡拉姆（1997）、马瓦德（1999）、古铁雷斯（2005），危地马拉的塞拉诺（1993），海地的阿里斯蒂德（2004），巴拉圭的库瓦斯（1999），秘鲁的藤森（2000），多米尼加的巴拉格尔（1994），委内瑞拉的佩雷斯（1993）[①]。2009 年洪都拉斯总统塞拉亚又被

---

① Martha Lagos, "Las Razones de la Ingobernabilidad", en Foreign Affairs en Español, Octubre—Diciembre 2005.

赶下台。

一些国家政治危机频发。军队过多地干预国内政治生活，国家缺乏对公民权利、政治权利和基本保障的尊重，腐败程度高，存在严重的体制性暴力活动，民众对政党的信任程度降低。体制的脆弱性，再加上经济和社会的不稳定性，造成政治性和体制性危机频繁发生。尽管拉美地区军队发动政变、直接接管国家机构和政权的情况明显减少（只是在苏里南、海地、委内瑞拉、厄瓜多尔、洪都拉斯等少数国家发生了政变），有关当局试图在民主体制框架内解决危机，但许多国家仍受严重政治危机的困扰。即使在1990年以后，政治和军事寡头仍经常使用军事威胁的方法来打断民主化进程①。

二、可治理性缺失与民众对体制的信任度

越来越多的人对传统政党的政绩不满，对现行选举制度不满意，对国家政治问题表现出前所未有的冷漠，对国家体制不信任、对民主的不关心的情绪有所增长。"拉美晴雨表"1996年对17个国家的民意测验表明，虽然多数人赞成民主政府的原则（61%），但只有27%的人对民主的运行状况满意（1995年为38%）；民众对政党的信任度不足20%，对司法机构和议会的信任度为20%~40%，低于对教会（70%）、媒体（40%~50%）、武装力量（50%）的信任度。人们更信任报纸和电视等新闻媒体，而不信任法官和警察。2001年"拉美晴雨表"在拉美国家就下面的问题进行调查："如果能够解决经济问题，并给每个人提供就业，你是否赞同军人掌权"？50%的居民表示赞同或非常赞同；2002年调查的问题是："如果执政者通过凌驾于法律之上

---

① Francisco Rojas Aravena, Claudio Fuentes Saavedra, *Gobernabilidad en America Latina*: *Informe Regiona*, P. 19, Santiago de Chile, 2004.

可以解决问题，你是否接受"？有36%的人表示接受和特别接受；军人和私人机构被相当多民众认为是能够解决"民主"政府所不能解决的那些问题的"选择"。2004年调查的问题是："如果能够解决问题，你是否赞同由私人企业来领导国家"，47%的被调查者表示赞同或非常赞同。

越来越多的人把投票看成是负担，对耗资巨大的竞选活动感到厌倦。在一些国家，对选举不感兴趣的人占25%～50%。委内瑞拉1978年以前大选的投票率一直在90%以上，此后不愿意参加投票的人不断增加，1993年达到39.8%[1]。在1998年12月大选中，参加投票的只占登记选民的63.76%，1999年12月就新宪法草案进行全民公决时，投票率不到50%。在2005年12月的议会选举中，由于反对派抵制，75%的选民没有参加投票，选举结果的合法性受到质疑。在2005年洪都拉斯大选中，41%的选民没有参加投票。哥伦比亚2006年总统选举的投票率仅为45.31%，2006年7月墨西哥大选的投票率不足60%。如此低的政治参与程度已经引起一些国际组织的忧虑。

国外学者经过研究发现，拉美国家民众对体制的不信任主要源于以下方面：第一，人与人之间缺乏信任是拉美文化的重要特征。由于社会长期不平等，在人与人之间的关系方面，拉美是世界上最缺乏信任的地区。不相识的人之间缺少信任，信任只存在于"关系网"内。在这个关系网内，人们通过家庭、工作和人际关系保持着某种联系。这是一种最原始的信任。这种信任若扩展到政治领域，通常会表现为宗派主义、庇护主义和任人唯亲。拉美的政治民主化进程并没有改变人与人之间缺乏信任的传统，而是加重了"关系网"之内的信任，关系网之

---

[1] Julia Buxton, *the Failure of Political Reform in Venezuela*, p.59, Ashgate, 2001.

外的社会流动非常有限①。第二，人们对现存体制的不满虽然与人们的上述观念有关，但更多的是源于对社会现实的不满，源自对自己未来前途的不乐观，源自对政党和政府执政能力的不满。第三，缺少民主传统加剧了人们对体制的不信任，削弱了其政治参与的热情。"拉美晴雨表" 2003 年的一项调查显示，59% 的拉美人认为自己所说与所想的不一致。有人解释说，之所以如此，主要是因为拉美国家缺少民主传统，许多人从来没有把自由和民主作为一种生活制度，民众对民主制度存在一定程度的不适应，并不是因为害怕而不敢表达自己的观点；对于许多人来说，这是他们的一种生活方式，一种生存状态②。

三、可治理性缺失与对公共机构的认同感

可治理性缺失的一个直接后果是，民众对政府、公共机构、体制和政策的信任度和认同度低，这种不信任具有极大危害性。

如上所述，最近 10 年拉美民众对公共机构的信任度有所增加，但不信任感依然普遍。"拉美晴雨表" 2007 年前后的调查显示，教会、媒体和武装部队是民众比较信任的机构，对教会的信任度为 74%，军队为 51%，私人企业为 41%，电台和电视台分别为 56% 和 47%；而对政府、政党、议会、司法机构的信任度仍然较低，对政府的信任度为 39%，司法机构为 30%，议会为 29%，政党为 20%，其中政党是公众信任度最低的组织。对政党的信任度超过 30% 的国家只有 3 个：乌拉圭（34%）、多米尼加（30%）和委内瑞拉（36%）。不足 20% 的有哥伦比亚（18%）、巴西（16%），阿根廷、秘鲁、玻利维亚（均为

---

① Martha Lagos, "Las Razones de la Ingobernabilidad", en Foreign Affairs en Español, Octubre—Diciembre 2005.

② Martha Lagos, "Las Razones de la Ingobernabilidad", en Foreign Affairs en Español, Octubre—Diciembre 2005.

14%），巴拿马（13%）和巴拉圭（12%）。即使像智利这样政党制度相对稳定的国家，对政党的信任度也只有20%；在政党制度较发达且正经历急剧变化的墨西哥，只有24%。

表1-1 1996~2007年拉美民众对公共机构信任度变化情况（%）

	1996	1997	1998	1999-2000	2001	2002	2003	2004	2005	2006	2007
军队	41	42	38	43	38	38	30	40	42	44	51
警察	30	36	32	29	30	33	29	37	37	37	39
司法机构	33	36	32	34	27	25	20	32	31	36	30
议会	27	36	27	28	24	23	17	24	28	27	29
政党	20	28	21	20	19	14	11	18	18	22	20

资料来源：Corporación Latinobarómetro, *Informe Latinobarómetro* 2007.

拉美人对公共机构的工作业绩也相当不满意。在题为"如何评价议会、政党、司法机构、企业的工作？"的调查中，可供选择的答案有"很好""好""不好""非常不好"等选项，选择"好"和"很好"的人合计为：2006年的调查中，企业47%，议会38%，司法机构41%，政党29%；2007年的调查中，企业43%，议会34%，司法机构31%，政党22%。

拉美人对公共政策及其效果也不太满意。2/3以上的人（2000和2007年分别为76%和75%）认为机会不平等；只有20%多一点的人认为机会平等，其中巴西和阿根廷为10%，智利15%，厄瓜多尔17%，巴拉圭11%，秘鲁8%。多数人认为，公民在司法体系的进入方面存在困难，司法体系未能起到保证公正的作用。

许多人认为安全没有保障。有63%的人认为越来越不安全，认为越来越安全的只有9%，26%左右的人认为没有什么变化。

即使情况最好的尼加拉瓜，也只有 21% 的人认为安全状况有所改善。其他国家的情况是：墨西哥 10%，乌拉圭 9%，厄瓜多尔 8%，洪都拉斯、秘鲁和厄瓜多尔 7%，巴拿马和巴西 6%，哥斯达黎加和智利 5%，巴拉圭 4%，阿根廷只有 2%，是安全感最差的拉美国家。人们普遍认为，犯罪增多是缺乏安全感的重要原因。有 73% 的人担心会成为暴力犯罪的牺牲品，其中巴拉圭高达 89%，最低的巴拿马也有 61%。

拉美民众对医疗卫生、教育的满意度虽略有增加，但仍不满意。例如，2003~2007 年对医疗卫生服务的满意度由 43% 增加到 52%，其中秘鲁（26%）、巴西（33%）、巴拉圭（36%）、危地马拉（39%）、玻利维亚（41%）和智利（42%）的满意度不足一半，而乌拉圭（69%）、多米尼加（67%）、哥斯达黎加（66%）、萨尔瓦多（64%）和委内瑞拉（64%）等中小国家的满意度较高。同期拉美人对教育的满意度从 50% 增加到 55%，各国差异较大，巴西（38%）、秘鲁（27%）、厄瓜多尔和危地马拉（均为 40%）的满意度仍较低。

四、可治理性缺失与公众对未来的预期

由于可治理性缺失，人们对未来的预期普遍不乐观，对社会凝聚力构成威胁。

拉美人对国家政治发展前途相对悲观或消极。只有 17% 的人认为，法律面前将更加人人平等，30% 的人认为将更加不平等，多数人态度相对悲观，认为不会出现任何变化；只有 23% 的人认为未来将更加民主；43% 的人认为会更加腐败[①]。

许多拉美人对自己的前途也不甚乐观，这种不乐观主要源于工作和收入的不稳定。例如，1996 年有 71% 的在职人员担心会

---

① Corporación Latinobarómetro, *Informe Latinobarómetro*, 2007, p. 53.

在未来12个月失业；1998年上升到78%，2001和2002年分别为75%和76%，2003年为72%，2004年为76%[1]。

拉美人之间缺乏信任也助长了消极和悲观情绪。人与人之间缺乏信任被认为是拉美文化的重要特征。有学者研究发现，在人与人的关系方面，拉美是世界上最缺乏信任的地区，人际交往中的信任程度低于欧洲、东亚和非洲（拉美20%，欧洲26%，东亚49%，非洲43%），而不信任度远高于上述地区（拉美75%，欧洲53%，东亚42%，非洲51%）[2]。在拉美，不相识的人之间缺少信任，有4/5的人不信任陌生人，信任只存在于"关系网"内[3]。

与上述悲观情绪相联系，拉美人的责任观和义务观也有很大缺欠。多数人把投票作为公民的主要责任，但对诸如缴税、遵守法律、参加政治和社会组织、选择环保产品、帮助弱势居民、服兵役等责任的认同度较低。多数人（71%）认可的公民本质责任是投票，只有约一半（52%）人认为公民的责任包括纳税，只有48%的人认为公民的责任包括遵守法律，有37%的人认为公民的责任是帮助处于困境的人，只有少数人赞同参加政治和社会组织（21%）、服兵役（20%）、选择环保产品（19%）是公民的义务。在税收方面，只有约55%的人能照章纳税，逃税现象严重；逃税被许多人认为是拉美的一种文化现象，而不是一个经济现象。

美洲开发银行最近的研究报告认为，人与人之间缺少信任和合作不充分，在很大程度上是由社会差距和社会不平等造成的。

---

[1] Martha Lagos, "Las Razones de la Ingobernabilidad", en *Foreign Affairs* en Español, Octubre—Diciembre 2005.

[2] Martha Lagos, "Las Razones de la Ingobernabilidad", en *Foreign Affairs* en Español, Octubre—Diciembre 2005.

[3] Corporación Latinobarómetro, Informe Latinobarómetro, 2007, p. 92.

该报告认为，社会差距越大，各群体之间的合作越少，而人们之间的相互不合作和不信任，会造成社会财富的损失，损失量是潜在财富的 22%～72%，最终受损的是全体民众①。

第四节　本书中可治理性的含义

人们对可治理性含义理解不同，衡量可治理性的标准也自然不同。根据我们对可治理性问题的理解，在本书中，把可治理性的含义限定为以下五个方面：体制的效率、各社会阶层的要求通过正当渠道表达、民众对体制的信任、政府和社会具有解决矛盾和危机的机制、政府决策公开透明。如果体制是有效的，各社会阶层表达利益和要求的渠道是畅通的，民众对体制是信任的，政府具备解决社会矛盾和社会冲突的能力和手段，决策进程是公开透明的，那么国家和政府就实现了可治理性，否则，就会产生可治理性问题，或陷入可治理性危机。本著作对拉美国家可治理性问题的分析，主要采用上述五个尺度，对拉美国家提高可治理性实现程度措施的分析，也主要从这些方面展开。

一、体制的效率

世界上比较公认的可治理性概念的含义是与国家关注和解决社会需求的能力相联系的，强调政府和公共机构制定和实施社会政策的能力，强调政府或公共机构的效率、决策的透明度及国家责任问题。如果国家能够有效制定并实施经济政策，能够保持财政纪律和税收能力，能够对行政进程实施有效控制，那么国家就

---

① IDB, *Economic and Social Progress in Latin America*, 2008 Report, p. 27, Washington D. C., 2007.

是可治理的。相反，如果政府丧失了有效处理上述问题的能力和条件，就具有了不可治理性或陷入可治理性危机。因此，预防可治理性危机，必须在体制方面保证国家和公共机构的效率，使其在促进经济持续增长、公平分配方面发挥积极作用，使其能够与其他部门合作，具有有效控制社会需求的能力和手段。

二、各社会阶层表达利益和要求的渠道是否畅通

对可治理性还有一个更加宽泛的解释，即认为可治理性是所谓社会利益的总和。例如联合国开发计划署（PNUD）认为，可治理性是市民和团体的要求得以表达、权利和义务得以行使、分歧和矛盾得以调和的一系列机制、过程、关系和体制的总和。有学者认为，对可治理性的这种解释考虑到了一系列政治、经济、社会以及本体性（identidad）和主观性（subjetividad）等所有标志着社会联系的因素。对可治理性的这种定义包含了第一个尺度——体制的效率，但又超越了第一个尺度，因为它揭示了一个社会表达和解决分歧的方式，以及使利益得以表达、冲突得以解决的条件，提出了实现可治理性必须具备一定条件的命题。除了国家在满足社会需求方面应具有效率外，还应具有表达利益和弥合分歧的政策条件和社会条件，这些条件在一定程度上决定着一个国家、一个体制和一个社会的可治理性程度。在预防和治理可治理性危机时，不仅仅要注重提高国家体制的效率，而且要关注民众需求的满足、把民众建设成权利主体，重视民众与政治体制的关系。换言之，如果一个政治制度或体制内没有使各阶层利益和要求得以表达的机制，或者没有为这种利益的表达提供政策和社会条件，这种政治体制和机构自然没有代表民众的能力，国家就不能以有效的方式提供社会福利，各社会阶层的要求自然不能被满足，政治体制的脆弱性就会增加，可治理性问题就会加剧。

三、民众对体制是否信任

民众的信任与认同,是体制或政府合法性的基础,也是可治理性实现的重要条件。现在人们比较共同接受的观点是,政府的合法性(或政治统治的合法性)指政府凭借非暴力手段使被统治者自觉或自愿地接受政府统治的能力,政府的合法性是人民的同意和认可,或像弗兰克·帕金指出的那样,"经同意而统治"是一切统治合法性的最终来源。任何政府的可治理性都离不开合法性的支持。拉美国家的民主政治体制是仿照欧美宪政民主模式建立起来的,合法性建立在"人民主权学说"基础上,认为民主制度是多数人的统治,只有通过多数人同意和认可的政府来行使权力,才能进行统治,才具有可治理性。政府只有定期地得到人民的同意和认可才具有连续的合法性,而人们表达同意和认可的有效方式就是选举。马克斯·韦伯认为,判断某一政权是否具有合法性,并不需要从哲学、伦理的角度作出道德判断,只要人们相信这个政权是合法的,那么它就具有合法性,合法性来源于,甚至等同于人们对合法性的信念。因此,当民众认可一个政府或一种体制的时候,政府或体制就有了合法性,就有了实现可治理性的条件,相反,如果民众对一个政府或一种体制失去信任或信心,对通过选举行使政治权利不再感兴趣时,就可能出现可治理性危机。

四、政府和社会是否具备有效化解社会矛盾和冲突的机制和手段

任何国家和社会的任何时期都会有各种形式的矛盾和冲突。因此,可治理性并不一定意味着社会矛盾和社会冲突的消失,而是意味着政府和社会拥有一套有效缓解社会矛盾和冲突、并使其始终保持在可控制范围内的机制和手段。如果国家调节和整合不同集团利益、调节不同集团分歧、缓和社会矛盾和冲突的机制处

于瘫痪状态,那么这个国家肯定就处于不可治理的状态。

五、政府决策是否具有公开性和透明性

如果政府决策缺少非政府组织和众多民众的参与,政策往往会缺少连续性,政府更迭通常会诱发政策的剧烈变动,对经济和社会发展带来众多不确定因素。只有公开和透明的决策才具有科学性,才具有连续性,只有这样的政策才能为可治理性的实现创造条件。

总之,可治理性不仅指政府有效行政的能力,还指这些能力得以行使所必需的政策和社会条件,指民众对政治体制的信任,指国家或社会有缓和社会矛盾和冲突的有效机制,指政府决策过程的公开性、透明性和科学性。那些政治制度脆弱、政府在应付民众需求时没有效率、政治机构缺乏代表性、民众不能通过相关机制表达自己要求、民众对政治体制缺乏信任的国家,那些贫困水平高、社会排斥现象严重、社会矛盾得不到及时缓解的国家,政府决策缺少公开性和透明度的国家,面临可治理性危机的可能性要大得多。

可治理性在本质上具有多重的意义。为保证可治理性的实现,需要同时在社会整合、经济发展、体制完善等方面采取全方位的政策。仅仅在一个方面取得进展并不能保证长久可治理性的实现。一个国家即使经济发展水平较高,但如果体制性危机频发,国家体制和政治体制有脆弱性,大多数人口不能合理分享经济增长的利益,长期存在大量贫困人口,这个国家不仅很难实现稳定,而且极易导致可治理性危机。一些拉美国家的经验就很能说明问题。

第二章 拉美国家经济—社会发展与可治理性问题

拉美国家的经济与社会发展有较大脆弱性和缺陷。经济发展缺陷主要表现为：经济增长不稳定、应对外部冲击的能力弱、外债负担沉重、高失业率。社会发展缺陷主要表现为：贫困水平高、社会边缘化问题突出、贫富分化严重、社会开支水平低。经济和社会发展的缺陷相互影响，成为可治理性问题的重要表现形式和重要根源。

第一节 拉美国家经济—社会发展的脆弱性

一、经济发展的缺陷和脆弱性

拉美国家经济增长不稳定，外债负担重，抗击外部冲击能力弱，就业压力大。上述缺陷不仅危及经济持续增长，也危及社会计划的实施，不利于可治理性的实现。

（一）经济增长的不稳定性

拉美历史上曾有过较快的经济增长期，一些国家甚至出现所谓经济增长的奇迹,但从总体上讲,经济增长具有不稳定和非持续的特征,20世纪80年代甚至出现衰退。据联合国贸发会议和拉美经委会统计,1970~1980年拉美地区GDP年均增长率为5.4%,1980~1987年降至1.3%,1988和1989年分别为0.6%和1.1%。1981~1989年地区人均GDP累计下降8.3%,倒退到1977~1978年的水平;1989年人均GDP比1980年低10%。

20世纪90年代初期,拉美经济恢复增长,1991~1996年地区年均增长超过3%,1997年高达5.4%。但在随后出现的国际金融危机影响下,经济增长再次表现出强烈的不稳定性。1994年墨西哥金融危机殃及阿根廷和乌拉圭等国家,上述三国经济1995年分别出现6.1%、2.9%和1.9%的负增长;受自1997年开始的东亚金融危机以及接连不断自然灾害的影响,1998年后拉美经济连续5年出现低增长,1998年增长率为2.1%,1999年0.4%;2000年经济短暂复苏后(增长3.8%),又陷入衰退,2001年增长率降至0.4%,2002年为-0.4%。

2003年以后,拉美地区经济形势出现新变化。在经历了多年持续不断、此起彼伏的经济危机和金融动荡后,拉美地区经济走出衰退阴影,实现了连续6年持续增长。2003年经济增长2.2%,人均增长0.9%;22004年增长6.1%,人均增长4.7%;2005年4.9%,人均3.6%;2006年5.8%,人均4.4%;2007年5.7%,人均4.4%;2008年仍实现了超过4%的中速增长①。拉美经济虽然持续数年增长,但这一周期的的经济增长主要依靠原材料出口的带动,一些国家甚至出现了所谓的"重新初级产品化"现象。原材料出口收入的增加,提高了拉美国家的偿债能力和融资能力,拉动了经济增长。随着经济形势好转,拉美国

---

① CEPAL, *Balance Preliminar de las Economias de America Latina*, http://www.eclac.org

家政府重视并加大对社会领域的投入，由此促进了国内需求的增长。然而，拉美国家这种靠原材料出口带动的经济增长本身就包含有不稳定的成分。受国际金融危机影响，2008年以后拉美经济下滑，不少国家的经济又陷于衰退状态，被誉为历史上最好的经济增长周期结束。

（二）经济的依附性和脆弱性

拉美国家经济长期以来具有依附性的特点，积累率低，在资金、技术、市场等方面有较强的外部依赖，易受外部环境变化的冲击。美国等发达国家经济形势的变化、国际市场原材料价格的波动、国际金融市场条件的改变、全球经济增速的变化等，都会对拉美地区经济增长造成巨大影响和冲击。而在外部冲击面前，拉美国家的回应能力相对有限。最近十几年，这一状况不仅没有改善，反而有所加深。上面提到的墨西哥金融危机和亚洲金融危机，全球经济的不景气和美国经济增长乏力，近期的国际金融危机等，都对拉美国家经济产生了不良影响，造成整个地区经济增长速度下降，一些国家甚至出现危机和动荡。

（三）长期的沉重外债负担

1982年墨西哥发生的支付危机蔓延到其他拉美国家，引发了全面债务危机。1982~1987年间，拉美国家支付的外债利息和外资利润2049亿美元，但这期间外债总额仍在不断增加，由3313亿美元增加到4100亿美元。到1987年，通过与债权银行谈判，拉美国家债务偿还得到重新安排，债务危机得到一定程度缓解；1982年债务危机爆发时，利息支付占出口的41%，1991年降至22%。沉重的外债负担不仅耗尽了拉美国家的外贸顺差，也使80年代的拉美成为净资金输出地区，平均每年净资金外流约250亿美元。拉美经济体系估计，如果能够把这笔外流资金用于投资，80年代拉美地区经济年均增长率有可能达到3.8%左右。

20世纪90年代拉美国家外债额增加很快,这种增长势头一直持续到1999年(从1999年开始,外债增长势头得到控制,外债额出现少许下降,1999~2002年间降幅约为5%)。1992~2002年,拉美外债额增加了37%;阿根廷已成为负债率最高的拉美国家,1993~2002年其外债额增加84%;巴西和委内瑞拉负债率分别排第二和第三位。2006和2007年拉美外债总额分别为6626.25和7323.41亿美元[①]。巨额外债仍然是加剧经济不稳定和脆弱性的潜在因素。沉重债务负担仍制约着拉美经济的持续增长。当前拉美相当部分的外贸收入用于偿还外债,造成政府开支严重不足,资源有限,投资率低,影响了一些社会计划的执行。

(四)持续的就业压力

拉美国家一直存在巨大就业压力。作为经济不稳定和脆弱性的重要表现,失业率一直以持续的方式增长。

拉美国家的就业压力源于多个方面。首先,人口增长快。20世纪三四十年代以后,拉美地区年均人口增长率基本维持在2%以上的水平,不少国家的出生率在相当长时期维持在4%以上。1930年拉美总人口1.07亿,1990年4.48亿,1990年人口是1930年4倍多,仅巴西1930~1990年人口就增加了1.17亿。随着人口高速增长,劳动力出现快速增长趋势。其次,失业规模不断扩大。20世纪90年代初公开失业率约6%,2000年上升到10.4%。2001年10.2%,2002年11%,2003年11%,2004年10.3%,2005年9.1%,2006年8.6%,2007年7.9%[②]。不少国家失业率在两位数。最后,就业质量下降。公共部门和现代企业部门吸纳就业的能力弱化,非正规部门和低生产率部门的就业

---

① CEPAL, *Balance Preliminar de las Economías de América Latina*, http://www.eclac.org

② CEPAL, *Balance Preliminar de las Economías de América Latina*, http://www.eclac.org

增加，就业的稳定性减弱。有关研究显示，20世纪90年代后，拉美地区每新创造10个就业，8个以上来自非正规部门①。

二、社会发展的缺陷和脆弱性

拉美国家的社会发展也有严重脆弱性。一个得到普遍认可的假说认为，随着经济增长，贫困、不平等和社会排斥现象会有所减少。的确，在不少拉美国家，贫困现象出现过若干下降或减少的周期，但无论在经济增长期还是衰退期，一直存在规模庞大的贫困群体和严重的，社会不公现象，即使在经济增长期也未得到根本性改善。社会排斥现象更是处于持续加剧的过程中；在经济增长不稳定和失业增加的时期，贫困、不平等、边缘化现象通常是普遍加剧，社会支出受到抑制，社会进步和社会发展受到影响。

（一）贫困水平的持续增加

拉美国家一直存在着规模相当庞大的贫困群体。1970年前后贫困家庭占家庭总数的40%；赤贫家庭占家庭总数的19%。受经济危机的影响，20世纪80年代贫困化程度明显加剧，贫困和赤贫家庭比重分别增加6和3个百分点，贫困人口增加6130万，增幅达45%，赤贫人口增加2950万，增幅47%。20世纪90年代以后，随着经济形势好转、通货膨胀下降、社会开支增加和一系列扶贫措施的实施，一些国家的贫困有所减轻，但下降幅度很小，贫困的减少很不稳定，贫困现象在一些国家时常反弹，一些国家的贫困甚至仍在增长。从1998年起，由于经济增长速度下降，在阿根廷、墨西哥、洪都拉斯、委内瑞拉等国家，贫困出现反弹或增加。2003年前后拉美贫困人口绝对数量是历

---

① Carlos Filguelra, *la Actualidad de Viejas Temáticas：sobre los Estudios de Clase, Estratificación y Movilidad Social en América Latina*, P. 29, Politicas Sociales, Serie 51, Division de Desarrollo Social de la CEPAL, Santiago de Chile, agosto de 2001.

史上最高的,达到 2.24 亿,占总人口的 43.2%,其中赤贫人口超过 8000 万①。相关研究显示,"贫困造成许多拉美国家生活质量恶化……家庭和学校容纳儿童和青少年的能力下降,犯罪和暴力活动增加,酗酒和吸毒现象蔓延,人力资本流失"②,加大了社会冲突的风险。2006 年和 2007 年,贫困人口仍占总人口的 36.3% 和 34%③。2008 年以后的经济下滑,可能会造成贫困现象的再次反弹。

(二)不平等和贫富分化不断加剧

拉美国家的收入分配形势自 20 世纪 50 年代以后呈现逐步恶化的趋势,拉美被公认为是世界上收入分配最不公平的地区。80 年代的经济衰退进一步影响了收入分配的公平程度,20% 低收入者所得份额减少,20% 高收入者的份额增加。90 年代,收入分配没有随经济恢复和增长得到相应缓解,"在大多数拉美国家,收入的分配更不公平了"。

拉美国家的吉尼系数普遍高出公认的警戒线。吉尼系数是国际上通用的用于定量测定居民收入分配差异的指标,通常把 0.4 作为警戒线。根据拉美经委会提供的 20 世纪 80 和 90 年代 15 个国家城市家庭收入分配状况的资料,这些国家吉尼系数的算术平均数为 0.433④。事实上,用算术平均数来衡量低估了拉美收入分配不公的严重程度,用加权平均数可能更接近实际,因为巴西

---

① CEPAL, *Panorama Social de America Latina* 2004, P.31, Santiago de Chile, http://www.cepal.org

② Shahid Javed Burki and Guillermo E. Perry, *The Long March: A Reform Agenda for Latin America and the Caribbean in the Next Decade*, p.95, Washington DC, The World Bank, 1997.

③ CEPAL, *Panorama Social de America Latina* 2008, Santiago de Chile, http://www.cepal.org

④ 这 15 个国家是阿根廷、巴西、玻利维亚、智利、哥伦比亚、哥斯达黎加、厄瓜多尔、萨尔瓦多、危地马拉、洪都拉斯、墨西哥、巴拿马、巴拉圭、乌拉圭和委内瑞拉,*Panorama Social de America Latina*, 1998.

人口占全地区 1/3，吉尼系数又是最高的。许多拉美国家贫富收入差距居世界前列，有关国际组织估算，牙买加和危地马拉分列世界第 2 和第 4 位，巴拉圭和巴西分列第 6 和第 7 位[1]。2007 年巴西的吉尼系数接近 0.6，远高于地区平均水平；墨西哥、智利等拉美主要国家的吉尼系数也超过 0.5[2]。

（三）普遍的社会边缘化现象

拉美国家的社会边缘化现象有所增加。社会贫困以及民主体制的脆弱，严重影响了传统上受排斥的公民和群体整合到社会发展中去的进程，造成普遍的社会歧视现象和社会整合的脆弱性。在拉美，特别脆弱、也特别受歧视的群体是少数民族、土著居民、妇女、青年和外来移民。在就业方面，青年人的失业率特别高[3]，女性失业率高于男性；在收入方面，女性的工资收入明显低于男性，在墨西哥、玻利维亚和巴西，只有男性的 40%。在接受教育方面，男女之间的差距不是在缩小，而是在扩大[4]。近年来，墨西哥、厄瓜多尔和玻利维亚等国的印第安人运动不断发展，提出了民主参与国家政治、经济和社会生活的愿望，但从总体上讲，土著居民仍然是弱势的群体，其正当的社会要求通常被忽视。

特别需要指出的是，随着信息技术迅猛发展和全球化进程加快，互联网和信息技术应用曾经被认为是社会整合的重要手段。一些学者已经注意到信息技术发展对拉美国家社会整合的影响，认为互联网等新技术提供的不仅是机会，也在许多方面形成了威胁。在拉美国家内部，出现了所谓双速社会（sociedad de dos

---

[1] Jose del Pozo, *Historia de América Latina y del Caribe* 1825~2001, pp. 242~243, LOM Ediciones, Santiago, 2002.

[2] CEPAL, *Panorama Social de América Latina* 2008, Santiago de Chile, http：//www.cepal.org

[3] Mariana Schkolnik, *Caracterización de la Inserción Laboral de los Jovenes*, Santiago de Chile, febrero de 2005.

[4] CEPAL, *Panorama Social de América Latina* 2000, http：//www.cepal.org

velocidades），穷人和富人之间、城市和乡村之间、不同年龄的人群之间、不同性别和不同种族群体之间，在使用互联网等新技术方面有巨大差距。这些学者认为，新技术的出现和使用造就了所谓的"数字排斥现象"（brecha o fractura digital），加重了业已存在的经济、政治和文化排斥现象，增加了社会整合的难度[1]。

（四）社会支出水平及结构性缺陷

社会支出在调节收入分配、缓解社会贫困方面一直发挥着不可替代的作用。在拉美，社会支出主要是指用于教育、健康、社会福利和社会保障、住宅等部门的支出。作为收入再分配的重要手段，社会支出对低收入阶层的实际意义要比高收入阶层重要得多。拉美经委会认为，拉美国家贫困家庭在社会支出中获得了相当大的利益，20%最贫困家庭获得了社会支出（不含社会保障开支）的28.2%，而这些家庭在社会总收入中所占的比重只有4.8%，20%最富有家庭虽然占有社会总收入的50.8%，但只占有社会总支出的12.4%[2]。

20世纪80年代以前的数十年间，拉美国家的社会支出表现出一种增长趋势[3]。到80年代初，社会支出的数量已经相当可观，特别是在智利、乌拉圭、哥斯达黎加、阿根廷等国家[4]。但

---

[1] Francisco Rojas Aravena, Claudio Fuentes Saavedra, *Gobernabilidad en América Latina*, *Informe Regional*, p. 43, Santiago de Chile, 2004.

[2] CEPAL, *Panorama Social de América Latina*, 2000～2001, http://www.cepal.org.

[3] CEPAL, *el Gasto Social en América Latina: un examen cuantitativo y cuanlitativo*, p. 16, Santiago de Chile, 1994.

[4] 智利、乌拉圭、哥斯达黎加、阿根廷社会支出占GDP比重最高，平均为16.2%，这些国家（包括委内瑞拉）人均社会支出平均达到328.3美元，厄瓜多尔、墨西哥、哥伦比亚、巴西和委内瑞拉社会支出占GDP比重平均为8.7%，人均（不包括委内瑞拉）145.3美元，秘鲁、巴拉圭和玻利维亚社会支出占GDP比重较低，平均只有4.3%，人均也只有46.5美元。参见CEPAL, el Gasto Social en América Latina: un Examen Cuantitativo y Cualitativo, pp. 14～16, Santiago de Chile, 1994.

由于经济危机和衰退，上述趋势逆转，在整个 80 年代社会支出出现总体下降。社会支出占 GDP 比重由 1980～1981 年 11.2% 降为 1982～1989 年 10.6%；人均社会支出减少了 24%。社会支出减少造成社会服务质量和数量恶化，中下阶层因社会支出减少蒙受了较大损失。90 年代以后情况好转，许多国家的社会支出开始恢复或增长，到 1995 年整个地区的平均社会支出比 80 年代经济危机之前的水平提高了 18%。从 90 年代中期到 2003 年，拉美地区公共社会支出占 GDP 比重由 12.8% 提高到 15.1%，人均提高 39%，其中阿根廷、巴西、哥斯达黎加、古巴和乌拉圭的公共社会支出占 GDP 的比重超过 18%。

拉美国家社会支出结构有缺陷。支出的很大部分（特别是支出较多的国家）被用于社会保险，特别是用于养老金，这种用途对改善收入分配作用不大；用于人力资源的公共社会支出增幅较小。拉美国家的社会支出还有向中上社会阶层倾斜的倾向，这种缺陷也限制了其收入再分配的功能。关于社会支出的结构性缺陷，将在本章第二节作详细说明。

（五）社会暴力和犯罪趋于严重

拉美国家的犯罪率一直呈上升的趋势，许多人成为刑事案件的受害者。特别是一些大城市，治安状况极差，犯罪率极高[①]。拉美国家的暴力活动有以下几类：1. 反政府武装引发的暴力活动。2. 贩毒集团引发的暴力活动。3. 其他犯罪活动。4. 警察等国家权力机构施暴行为，也使暴力活动增多[②]。暴力活动每年给拉美造成的损失达 1680 亿美元，相当于该地区产值的 14.2%，巴西每年遭受的损失相当于其 GDP 的 10.5%，哥伦比亚因暴力

[①] United Nations Development Programme, *Human Development Report*, 2001, pp. 208～209, http://www.undp.org

[②] FLACSO—Chile, *Amenazas a la Gobernabilidad en América Latina*, p. 22, Santiago de Chile, 2003.

活动造成的经济损失相当于其国内产值24.7%[1]。严重的社会暴力活动和犯罪现象，已经危及正常的社会和生活秩序。虽然一些国家加大了打击暴力和犯罪的力度，但形势未见根本好转。

（六）社会制度的设计缺陷

拉美国家的许多制度设计有缺陷，社会制度的某些方面设计尤其不合理。

社会保障制度的设计有明显缺陷。社会保障体系在传统上具有分层化、分散化特点，即少数特权阶层受到高度保护，中间阶层的保障程度比特权阶层低得多，社会底层的广大民众很少享受保护。社会保障体系还具有不平衡特点，即面向中高收入阶层的保障比较普遍，面向社会下层的保障不完备，例如到20世纪末，分别只有八个国家建立了失业保险计划和家庭补贴计划[2]，而失业保险等计划只覆盖了正规部门的部分劳动者。另外，社会保障体系在向下层民众扩展时，特别是向自我就业者扩展时遇到很大阻力。20世纪80年代拉美社会保障体系覆盖的人口为63%，如果不算巴西，只有43%。八九十年代后，拉美国家相继进行社会保障改革，重点是缴费和管理方式。改革对提高社会保障制度效率有意义，但对收入再分配影响不大，对缓解社会冲突效果不明显。

教育制度的设计也有严重缺陷。教育制度注重普及率，忽视教育质量，造成公立学校教育质量普遍较差。拉美公立学校主要为贫困阶层子女提供初中级教育，中上阶层子女多就读于私立学校。公立学校教育质量差，不利于贫困阶层通过受教育实现社会升迁，不利于社会公平，不利于缓解社会矛盾。另外，各阶层从

---

[1] Harry E. Vanden and Gary Prevost, *Politics of Latin America: the Power Game*, pp. 13~14, Oxford University Press, 2002.

[2] Carmelo Mesa—Lago, Fabio Bertranou, *Manual de Economía de la Seguridad Social en América Latina*, p. 25, p. 158, CLAEH, Montevideo, 1998.

教育制度中得到的利益也不相称。拉美国家普遍优先发展中等特别是高等教育，教育投入和资源配置向高等教育倾斜，初等教育受到忽视。拉美的经验表明，低收入阶层从初等教育中受益较多，因为贫困家庭通常孩子多；中高收入阶层从高等教育中获益较多，许多贫困家庭子女在完成中等教育前就已辍学。教育资源配置的上述倾向性使中高收入阶层成为教育制度的主要受益者。

税收制度设计的缺陷。税收制度在调节收入分配、缓和社会矛盾方面的作用一直不明显。首先，税收水平较低。美洲开发银行认为，按拉美的发展水平，其平均税率应占 GDP 的 24%，而实际只有 18%。在数次改革之后，税收水平实际上没有什么变化，20 世纪 80 年代中期为 15.4%；2003 年 16.3%，比世界平均水平低 6.8%，其中税收水平最高的巴西和阿根廷分别为 21% 和 18%，危地马拉、巴拿马、巴拉圭等只有 10% 左右。其次，税收结构不合理。间接税比重较高，约占 GDP 的 7.9%，与世界水平基本相当；但以收入税和财产税为主的直接税比重过低；按发展水平估算，这两种税收合计应占 GDP 的 8%，实际只有 4.5%，比世界水平低 3.5%。拉美国家所得税征收额小，起征点过高。最后，税收体制不健全，偷逃税现象严重。

（七）社会政策的设计缺陷

政策缺乏稳定性和连续性。长期以来，拉美国家决策缺乏公开和透明，政策缺少稳定性，变动性和起伏较大，容易走极端，容易出现反复。政策常随政府的更迭而改变，同一届政府的政策也不连贯，前后有很大差异；执政者上台前的允诺与上台后的政策有时会完全不同。政策的稳定性更差，例如，由于决策缺乏科学性，在投资不足的情况下，有的国家为保持一定经济增长速度，通常会优先生产投资、牺牲社会投资，致使社会发展资金缺乏连续性，国家所提供的福利经常出现倒退和波动，最终导致社会政策和社会发展计划目标夭折。

社会政策缺少公平性。在传统上，社会政策的利益和福利主要为中等或中下阶层所获取，而最需要救助的核心贫困阶层通常得不到相应的救助或福利；政策主要保障了正规部门劳动者的利益，对边缘部门和非工资劳动者关注不够。无论是养老金还是医疗卫生服务，非正规部门的覆盖率都比正规部门低得多[1]。许多国家的最低工资标准不适用于学徒、家务劳动者、农业工人以及临时工等非熟练劳动者[2]，此类劳动者所占比重相当大，例如在巴西约占 1/3。

社会支出政策设计有缺陷。如上所述，教育、社会保障和公共医疗卫生的支出均具有不利于低收入阶层的偏向性，用于住房的公共社会支出也主要由中间阶层获得。20 世纪 90 年代后新增公共社会支出，51% 用于社会保障，44% 用于教育和医疗保健，其他用于住房等[3]。

拉美国家也在有意识地减少或消除社会政策设计的缺陷。但美洲开发银行认为，拉美国家在政策重新设计过程中，对收入、教育、劳工市场等问题重视较多，对社会保护、安全等问题关注不够，社会政策设计的固有缺陷未得到根本改变。[4]

第二节 经济社会发展缺陷对可治理性的影响

经济社会发展缺陷加重了拉美国家固有矛盾，加大了社会冲

---

[1] Carmelo Mesa—Lago, Fabio Bertranou, *Manual de Economía de la Seguridad Social en América Latina*, p. 37, CLAEH, Montevideo, 1998.

[2] Albert Berry (eds.), *Labor Market Policies in Canada and Latin America: Challenge of the New Millennium*, p. 223, Kluwer Academic Publishers, 2001.

[3] CEPAL, *Panorama Social de América Latina 2000 ~ 2001*, Santiago de Chile.

[4] IDB, *Economic and Social Progress in Latin America 2008 Report*, p. 43, Washington D. C., 2007.

突的风险,加剧了可治理性问题,降低了人们对政府政策的信任和预期,加重了社会不和谐现象,凸显了体制性缺陷。

一、社会冲突加剧

20世纪以后,拉美国家的社会冲突出现过四次高潮。有的冲突因政府采取了相关对策、相关集团的利益得到保障而得到缓解;有的冲突则久拖不决;有的甚至仍在不断加剧。这些冲突的起因虽不尽相同,但其最基本的根源是经济社会发展的缺陷和脆弱性。

社会冲突的第一次高潮出现在20世纪20年代前后。随着经济发展和早期工业化起步,拉美传统社会结构和阶级结构受到冲击,工人阶级队伍不断壮大,权利意识不断增长,一些国家社会矛盾有所发展,中下阶层对传统社会制度的不满情绪逐渐增加,群众运动不断涌现。人民群众通过罢工、游行示威、甚至武装起义等方式表达对现存社会秩序的不满,以此争取自己的合法利益。而传统既得利益集团不肯轻易让渡自己的利益,为这些集团所操纵的政府通常以暴力镇压来回应民众的不满和反抗。于是,在20世纪20年代左右,由于不满、反抗和镇压的不断升级,拉美出现了社会冲突的第一次高潮。例如阿根廷1918~1921年3年间就发生800多次罢工,700多万人次参加,其中1919年1月首都工人总罢工被残酷镇压,导致800多人死亡,4000多人受伤,成千上万人被捕。1920~2001年间墨西哥纺织工人、采矿工人和铁路工人都举行了罢工,1922年数十万农民发动全国性起义。巴西工人罢工和农民夺取土地的斗争不断蔓延,1922和1924年还发生起义。1925年6月智利硝石矿工人罢工遭镇压,数千人被杀害。但暴力镇压并不能平息此起彼伏的群众运动,反而加剧了一些阶层的不满情绪。从20世纪30年代开始,一些国家尝试用改良主义社会政策缓解社会冲突,工人阶级在就业、劳动条件、工资、教育、卫生、营养、住房、社会保障等方面逐渐获得了利益，一些群众组织和运动被纳入国家体制之内，有组织的工人阶级成为现代化和工业化重要既得利益集团，反抗的力度有所缓解，社会冲突得到一定程度化解，但社会冲突的经济社会基础并未根除。

社会冲突的第二次高潮出现在20世纪六七十年代。由于各社会阶层没有合理分享现代化所产生的利益，社会分化进一步加剧，城乡发展失衡进一步明显，社会矛盾更加突出。1959年古巴革命的胜利在拉美引起强烈反响，许多国家不仅出现了大规模农民运动、工人运动、学生运动及其他形式的抗议活动，而且出现了反政府游击队。60年代前半期拉美有近20个国家先后出现上百个游击队组织，形成一股强大、有组织的反政府武装力量①。由于国内冲突加剧，政府逐渐失去对形势的控制，于是军队纷纷发动政变，实行军事独裁。从60年代到70年代中期，只有墨西哥、哥斯达黎加、哥伦比亚和委内瑞拉等少数国家还维持着文人政府的统治。军政府执政后，对游击队进行暴力镇压，许多支持和同情游击队的左派人士受到迫害，社会冲突的力度和范围都有所提升。到70年代中期，拉美大陆的游击运动明显走入低潮，但反政府游击活动并未绝迹，一些游击队组织甚至开始从事更加隐蔽或更加暴力的活动，如从事抢劫、破坏和爆炸等恐怖活动，社会冲突的力度并没有减轻。

社会冲突的第三次高潮出现在20世纪80年代。在1979年尼加拉瓜革命胜利的鼓舞下，中美洲地区的游击运动又出现大发展局面，萨尔瓦多游击队法拉本多·马蒂民族解放阵线一度控制了全国1/4的土地，危地马拉游击队的活动遍及全国2/3地区，

---

① 祝文驰、毛相麟、李克明：《拉丁美洲的共产主义运动》，当代世界出版社2002年版，第214页。

洪都拉斯的游击队也有所发展。一些南美国家的游击运动（如哥伦比亚和秘鲁）又开始活跃。90年代后世界和地区形势发生重大变化，拉美民主化进程不断巩固，从事合法斗争的空间增大，中美洲国家的游击队最终走上合法斗争的道路，一些国家社会冲突的规模有所缓和。

20世纪90年代中期以后社会冲突出现第四次高潮。拉美国家在深化改革过程中，忽视改革可能产生的社会代价，致使贫困、失业等问题不断严重，民众生活水平没有得到适当提高，对政府和执政者的不信任情绪不断增加，致使社会矛盾和社会冲突再次进入高潮期。哥伦比亚等国家的暴力不断升级，游击队与政府的谈判长时间没有进展；墨西哥等国出现了新的武装反抗斗争；阿根廷、巴拉圭、玻利维亚、厄瓜多尔、巴拉圭、巴西等国家，民众和社会组织的各种抗议活动不断增加。90年代中期以来，在民众的抗议浪潮中，拉美地区已经有好几位总统在没有完成任期的情况下被迫下台。一些国家的冲突仍在不断发展，甚至出现可治理性危机。

二、社会矛盾的累积损害社会凝聚

拉美国家的社会矛盾起因复杂，但基本根源是经济社会发展的缺陷，以及可治理性缺失。社会矛盾的不断发展和累积，损害了社会凝聚。

拉美国家社会矛盾一直严重，且根深蒂固。以不公平为主要特征的财产占有制度一直未受触动。19世纪以前土地和自然资源是拉美的最主要财富，大地产制是财产占有制度的传统特征。拉美国家独立后，大地产制进一步发展，土地占有更加集中，小土地所有者在土地兼并中不断失去土地，陷于难以摆脱的贫困状态，社会矛盾加深。许多拉美人认为土地改革是缓和社会矛盾的重要手段，但进行彻底土改的国家寥寥无几，因土地问题引起的社会冲突时有发生。20世纪后的现代化进程创造了大量社会财富，除了土地和自然资源，金融资产、工业资本、房产等也成为主要财产形式。但财富形态多样化并没有改变财产占有制度的传统特征，财富仍然被少数人垄断。1970年前后，巴西10%高收入家庭占有社会总收入的58.7%，40%低收入家庭只占有5.6%，其他国家也基本类似。20世纪70年代以后拉美国家普遍经历了社会财富向上层资产阶级转移的过程，这些人先利用国内金融市场混乱进行金融投机，积累了大笔金融资产；80年代通过"债务国家化"将私人债务转为国家债务；90年代后又利用优惠政策进行投资和收购国有企业，聚集了大量财富[1]。

拉美国家新的社会矛盾不断出现，且更不易化解。在20世纪中期以后城市化和社会转型过程中，拉美的社会和阶级结构发生重大变化。在农村和农业部门，传统大地主阶层衰落，现代农业企业家集团壮大，农民阶层进一步分化；在城市地区，企业家阶层不断成长、劳工阶层壮大、中间阶层崛起、城市边缘化阶层膨胀。新成长起来的阶层要求分享现代化的利益，而传统利益集团总是试图使自己的利益不受损害，这必然会加深社会矛盾。与此同时，伴随贫困由农村向城市转移，社会矛盾进一步激化。在传统上拉美农村贫困水平远高于城市，但1980年以后新增贫困人口主要集中在城市。1980～1990年拉美贫困人口增长6130万，其中城市增加5790万，农村增加340万；2002年拉美贫困人口有2/3居住在城市[2]。农村具有分散的特点，农民文化程度低，组织性差，政治上较软弱，政治潜力的发挥受到许多限制；要把农民组织起来，发动大规模的农民运动非常困难。而城市人

---

[1] 苏振兴、袁东振：《发展模式与社会冲突：拉美国家社会问题透视》，当代世界出版社2001年版，第247页。

[2] CEPAL, *Panorama Social de América Latina* 2004, p. 57, Santiago de Chile.

口密度大，信息传播快，政治和社会组织较发达，社会团体对各种事态反应迅速，民众权利意识和政治参与意识强。贫困人口集中在城市更容易激化社会矛盾，更容易引发社会冲突。

一些拉美国家的社会隔阂较深。有75%的拉美人认为，最严重的隔阂是贫富分化，72%的人认为是劳资冲突，67%的人认为是就业者和失业者的冲突。在土著人口比重较高的玻利维亚、巴拉圭、危地马拉，以及土著人口较多的秘鲁、墨西哥等国家，民族或种族矛盾比较突出。有56%的拉美人认为存在着种族冲突，在厄瓜多尔、玻利维亚和巴西有70%以上的人这样认为。许多拉美人认为，种族冲突不仅在土著人较多或比重较高的国家存在，在混血人口比重较大的国家同样存在，许多混血人种也受到歧视，处于不平等的境地①。

三、社会环境恶化

犯罪和暴力是拉美国家长期的社会难题。调查显示，拉美主要国家有20%~40%的人成为犯罪活动的受害者，最近一个时期，委内瑞拉和阿根廷的受害甚至达到49%和47%。拉美一些大城市的犯罪率居世界最高水平（见表-2）②。近年来青少年团伙犯罪更是呈直线上升势头。拉美学者研究发现，青年人的犯罪活动并不是由于行为不理智，而是对社会排斥现象的反应；他们的社会身份因加入犯罪团伙而得到体现，暴力活动成为他们交流的工具。犯罪活动特别是青少年团伙犯罪活动的迅速增加，使拉美出现了"新型暴力"活动，国内犯罪集团有与国际犯罪集团建立联系的可能性增强③。

---

① Corporación Latinobarómetro, *Informe Latinobarómetro*, 2007.
② UNDP, *Human Development Report* 2001, pp. 208~209, http://www.undp.org
③ Francisco Rojas Aravena, "Ingobernabilidad: Estados Colapsados", *Nueva Sociedad*, Vol. 198, Julio—Agosto 2005, p. 71.

表2-1　20世纪90年代中期拉美大城市犯罪情况（受害人占总人口的比重%）

城市	年份	犯罪受害者比重a	财产犯罪受害者比重b	抢劫受害者比重	性犯罪受害者比重c	袭击罪受害者比重	贿赂（腐败）罪受害者比重
亚松森	1995	34.4	16.7	6.3	1.7	0.9	13.3
波哥大	1996	54.6	27.9	11.5	4.8	2.5	19.5
布宜诺斯艾利斯	1995	61.6	30.8	6.4	6.4	2.3	30.2
拉巴斯	1995	39.8	18.8	5.8	1.5	2.0	24.4
里约热内卢	1995	44.0	14.7	12.2	7.5	3.4	17.1
圣何塞	1995	40.4	21.7	8.9	3.5	1.7	9.2

说明：表中所列只含报案的犯罪受害人。a指以下11种犯罪：抢劫、盗窃、未遂盗窃、盗窃汽车、故意损坏汽车、盗窃自行车、性犯罪、盗窃汽车内的财物、窃取个人财产、损坏和盗窃摩托车和其他车辆。b指盗窃汽车、盗窃汽车内财物、盗窃和盗窃未遂。c只包括对女性的性犯罪。

　　暴力和犯罪治理的难度增大。拉美的暴力和犯罪越来越具有跨国和地区性特征。拉美是世界毒品的主要产地，贩毒集团已经发展成具有广泛社会影响的势力。贩毒集团的活动引申和催化了诸如非法武器买卖、洗钱等非法活动。拉美是洗钱活动最活跃的地区之一，仅墨西哥每年洗钱所涉金额就达250亿美元（2002）。贩毒、洗钱与非法活动联系在一起，强化了非法网络，严重腐蚀国家机构，特别是司法体系，对社会凝聚构成严重威胁。

　　在不断恶化的社会环境中，公民个人的行为会发生变异，对社会公德、传统价值、公共设施等产生怀疑和抵触，甚至漠视国家的法律。许多生活条件长期得不到改善的人，可能会滋生反社会的思想和活动，甚至接受或认可暴力手段。这无疑会加大改善社会环境的难度。

四、民众对政府政策的信任和预期降低

如前所述，拉美国家的经济政策变动性较大，常随政府的更迭而改变，有时候同一届政府的政策也不连贯，前后有很大的差异；政府上台前所允诺的政策与上台后所实施的政策有时也完全不同。拉美国家经济社会发展政策多变和缺少连贯性的特点，降低了人们对政府政策的信任和预期，不利于经济社会发展战略的实施。

第三节 拉美国家应对经济—社会发展脆弱性的对策

经济与社会发展的脆弱性，严重危及拉美国家的经济发展、社会稳定和政治民主化进程，加剧了社会矛盾，加重了可治理性问题。在应对经济社会发展的脆弱性过程中，拉美国家的理念、政策都发生重要变化。

一、转变发展观念，提出新的发展思想

（一）传统发展思想的局限性及其对拉美的影响

西方理论界过去长期把经济增长等同于发展，认为在经济发展的初级阶段，收入分配不公、收入差距扩大是一种必然现象，是实现经济增长必须付出的代价。拉美国家基本上受西方理论的主导，即使是拉美本土的各种理论，也对社会发展问题重视不够。

1. "先增长、后分配"的理念及其影响。拉美是一个相对保守的大陆，除少数国家外，一直缺乏深刻和重大的社会变革，

主张变革的力量一直受到抑制，社会变革一直面临强大阻力。在现代化进程中，保守主义思想（或精英思想）一直占主导地位，这种所谓的"精英意识形态"主张，一方面要推动经济增长和现代化，另一方面要避免在社会结构、价值观和权力分配等领域实行变革，或者至少要把这类变革减少到最低限度。在这种意识形态主导下，现代化进程始终伴随着社会财富占有的不断集中。

拉美许多国家长期流行一种观念，认为经济增长与社会公平在一定时期具有不兼容性，首先必须实现经济增长，经济增长所产生的效应会使大多数人受益，从而使收入分配得到改善。这种观念过分相信经济增长的自然效果，忽视了社会政策的作用。上述观念在拉美最具典型性的代表是德尔芬·内托的"蛋糕论"和西蒙森的"积累优先论"。

内托是巴西经济学家，圣保罗大学教授，后进入政界，任联邦财政部长、农业部长和计划部长，被称为巴西"经济奇迹"的总设计师。内托坦白承认自己非常欣赏野蛮的资本主义。其理论的核心是先经济增长，然后再收入分配。在他看来，要先发展经济，把蛋糕做大，然后才能考虑收入分配的问题。如果经济不发展，经济发展这块蛋糕很小，即使分配再合理，每个人的所得也十分有限；如果把蛋糕做大，即使收入分配不合理，每个人也有可能得到不小的份额。他没有进一步说明蛋糕做到多大的时候再考虑收入分配的问题。

西蒙森也是巴西经济学家，曾任财政部长（1974~1979）和计划部长（1979）。西蒙森主张，应继续维护现存的分配结构和体制，反对进行大规模的土地改革，认为土地改革对巴西的经济发展没有任何意义。他认为，经济要增长，就要把财富相对集中；要把经济增长放在优先地位，就应接受收入分配两极分化的现实（当然收入分配两极分化是短期的）；如果把改善收入分配和提高福利水平作为基本目标，就会影响积累和增长的潜力。

2. 民众主义及其影响。民众主义在拉美具有广泛影响。20世纪20年代至40年代，在拉美曾形成了大陆性的民众主义运动。民众主义与上述精英理论相对立，主张对社会变革。民众主义强调，国家应在经济发展过程中发挥突出作用，以消除依附性发展；主张社会变革和社会正义，主张通过收入再分配政策消除或缓解社会财富占有不合理现象；主张采取改善民众福利和生活条件的政策和措施。但民众主义自身也存在严重的理论和实践缺陷，在许多方面带有非理性特征，所实行的一系列社会变革政策缺乏经济发展的强有力支撑，在收入分配过程中出现部门之间收入的严重失衡（包括资本流失和偷税，以及来自地区之外的压力）。曾实行民众主义政策的拉美国家，都没有解决经济与社会协调发展的问题。

3. 拉美经委会理论（发展主义理论）及其影响。20世纪五六十年代，拉美经委会提出的发展主义理论在拉美受到普遍欢迎，拉美经委会起到了各国政府智囊的作用，它所提出的各项政策性主张得到了广泛实施，并取得了显著成效。然而，拉美经委会理论是有缺陷的。

拉美国家许多社会问题（包括失业加重，农村发展落后，地区发展不平衡，收入分配不合理，两极分化和贫困人口不断增加）是在20世纪40~70年代期间出现和加重的，这一时期恰恰是拉美经委会的主张最具影响力的时期。拉美经委会理论的缺陷主要表现在以下方面。（1）认为经济发展了，民众生活水平会自动提高。拉美经委会起初认为，通过大的变革就能加速发展步伐，"重要的是发展"，"确信社会不公将会在强大的发展动力中逐步消除"。（2）对收入再分配重视不够。认为工业化是"不断提高群众生活水平的主要工具"，"拉美的基本经济问题在于通过提高生产率来增加按人口平均的实际收入，因为靠收入分配来提高群众的生活水平是受很大限制的"，不能仅仅依靠收入的再分配来解决社会贫困问题。工业化是"不断提高群众生活水平的主要工具"。在这些方面，拉美经委会的主张实际上同西方发展理论是一致的。(3) 没有提出解决社会发展问题的对策。在五六十年代，经委会的代表人物虽已敏锐意识到社会发展过程中的种种问题（如外围国家的结构性失业，土地高度集中对农民生活的影响等），对这些问题作了初步探讨，但并没有提出解决问题的方法，或更确切地说，还没有下决心去注意和解决这些问题。例如，经委会虽然指出了土改的必要性，但态度并非十分积极，在土改、社会保障等高度敏感问题上，通常不愿意或不敢触及。在谈到经委会这一时期的缺陷时，普雷维什认为："在我们的文章中显然还没有出现收入分配问题。在我们的头脑中甚至还存留着一种新古典主义的残余：随着时间的推移，发展的活力本身会自发地导致分配等。我们的确议论过现行的土地制度，认为这种制度不仅阻碍着技术进步的渗透，而且自身就造成一种很大的不平等。不过，我们的研究也只是到此为止。"

1980年普雷维什提出"外围资本主义"改造问题以后，拉美经委会才较多地关注经济与社会发展的关系问题。20世纪80年代中期以后，在总结历史经验的基础上，在经过五年准备，拉美经委会提出"生产发展与公正相结合"的命题；提出了生产发展、公平分配和保护环境三位一体的发展方案；提出了经济发展政策同公正政策兼容的主张；提出了拉美国家完全有可能在经济稳定增长、环境得以保护的同时，取得更大程度社会平等的新思想。然而，拉美经委会此时已经失去了过去的那种影响，这些主张并没有得到实践检验，实际作用有限。另外，拉美经委会主要是针对新自由主义的后果提出政策建议，在理论上有缺陷。因为拉美经委会对新自由主义经济政策基本赞同（私有化除外），主要是对新自由主义的后果进行了批评；另外，它提出的某些政策建议脱离现实，拉美国家缺乏实现这些建议的财政能力。

4. 其他理论的影响。拉美是一个思想十分活跃的大陆。除了上面提到的外，还有许多有广泛影响的理论，特别值得一提的是一些比较激进的民族主义理论和思想。这些理论虽然在一定时期很有影响，并在局部范围内（某些国家）得到实施，但在拉美地区并不具有普遍性。还有一些理论和思想（如依附论），影响的范围很大，但这种影响只局限于学术界、思想界和知识界，对政府决策的影响不大，并没有成为政府决策的依据。

（二）新发展思想的形成

拉美国家在总结历史教训的基础上，逐渐抛弃了传统上把经济增长等同于发展的思想和模式，提出新的发展思想，在重视经济增长的同时，开始关注社会发展和人的权利。

拉美国家的社会发展观念发生一系列重要变化。20世纪80年代后开始的经济改革，有利于摆脱经济不发达状态，但同时也付出了沉重社会代价，固有社会矛盾进一步尖锐，新社会问题不断涌现，新旧社会问题相互交织，增加了社会冲突的可能性。严峻现实改变了拉美国家领导人的观念，越来越多的人意识到，在进行经济改革的同时，必须高度重视日益严重的社会问题，并下大力气加以解决，否则，经济改革就很难进一步深入，经济改革所追求的目标就难以彻底实现，经济改革的成果就有可能毁于一旦。一些国家的政府和领导人开始批驳"只要经济增长了，社会就会有新的平衡"这一传统观念，提出"如果没有经济增长，那只有贫穷"；光有经济的增长并不能完全消除贫困和实现社会公平；没有社会的发展，"经济增长不仅会失去必要性，而且因广大居民贫困而产生的紧张形势会危及这一增长"；经济增长的目标应是消除贫困和收入的过分集中，经济计划必须与社会计划同步。

值得指出的是，拉美国家新的发展观念还未完全成熟，观念的转变还有很大局限性，许多人对社会问题根源的认识还是模糊的，一些旨在解决社会问题的措施也有很大局限性，社会改革措施在一些国家还遭到阻挠和反对。然而，拉美国家新的社会发展观的形成，有利于经济与社会的协调发展，有利于缓和社会矛盾和社会冲突，有利于可治理的实现。

二、制定新的社会发展战略

随着新发展思想的出现，拉美国家社会发展战略发生重要改变，重视和推动社会发展成为拉美国家政府的共识，不少国家制定了专门的中长期社会发展计划。

（一）推动社会发展成为拉美国家政府的共识

早在1988年拉美国家就举行过一次如何克服贫困的专门会议。与会的30个国家领导人就与贫困作斗争的战略，以及促进经济与社会均衡发展等问题进行了集中探讨，反映出各国政府对社会问题的关注。1990年拉美经委会发表题为《生产发展与公平相结合》的长篇文件，集中阐述了经济发展必须与社会公平相结合的思想，提出了生产发展、公平分配和环境保护三位一体的发展方案，受到拉美国家的普遍重视。此后，一系列以社会发展问题为主题的地区和国际性会议的召开，为拉美国家新社会发展战略的形成作了重要的思想和舆论准备[1]。

（二）社会发展的目标趋于明确，不少国家制定了专门的中长期社会发展计划

近年来，一些拉美国家对前一时期的经济改革战略作了一些调整，提出要进行以缓解社会矛盾为基础的"第二轮改革"，即社会领域的改革。拉美主要国家社会发展政策不再是简单地消除改革的不良后果，社会发展的目标趋于明确，不少国家制定了专

---

[1] 1991年第11次中美洲国家首脑会议主要讨论贫困问题，承诺"改变本地区经济和社会落后局面"；1993年伊比利亚美洲首脑会议把拉美社会发展作为主要议题。1994年美洲国家组织专门就同贫困作斗争和改善社会福利条件等举行会议。1995年联合国社会发展问题世界首脑会议，就是智利等国政府建议召开的。

门的、中长期的社会发展计划。

墨西哥不仅从政策上，而且从法律上确立社会发展的目标。从80年代后半期开始，墨实施了一系列促进社会发展的政策，80年代末推出"团结互助计划"，1997年推出"教育、卫生和食品计划"，进入新世纪提出以减贫为主要目标的"机遇计划"。在上述计划执行过程中，注重培养民众的参与意识和责任意识，通过地方政府、社区、生产合作社和私人组织等渠道，动员受益者直接参与计划的实施。2004年1月墨通过《社会发展法》，除规定公民所享有的社会权利外，该法突出强调要增加社会政策透明度，保证公民参与制定相关计划[①]。

哥伦比亚制定了中长期的经济和社会发展规划。2002年乌里韦就任总统后，强调经济与社会和谐发展，提出从教育革命、社会安全、经济巩固、农村社会发展、公共服务、支持中小企业、提高城市生活水平七个方面推动公平社会的建设。2005年8月政府提出2005～2019年长期发展规划，对国家政治、经济、社会各方面进行战略规划，特别强调推进经济高效增长，保障较高福利水平，促进社会平等和团结，增强国家向国民和社会提供高效服务的能力，培育国民的责任心；规划提出，到2019年贫困人口由51.5%降至15%；进行教育改革，制定公平的教育、卫生和儿童保护政策；建设更适合居住的城市，建设多种族、多种文化的国家；将失业率降至6%，文盲率降为0，中学以下基础教育覆盖率达到100%，高等教育达到40%；到2016年实现医疗补贴制度覆盖率100%。

智利"民主联盟"1990年执政后，从战略高度认识经济与社会和谐发展的意义。在基本延续和认同军政府时期经济政策（如保持宏观经济政策的连续性，出口多样化，扩大国内市场，

---

① *Ley General de Desarrollo Social*, www.diputados.gob.mx

财政收支盈余，鼓励私人部门的生产积极性等）的同时，在社会政策领域进行重大调整，把促进经济与社会和谐发展作为社会政策的基点。政府积极推进社会改革，强调把追求经济增长与促进就业等结合在一起；把为所有智利人创造平等的机会和条件，特别是把为中低社会阶层提供更公平参与社会和经济发展的机会，作为政府社会政策的核心；实施了持续的反贫困措施和众多面向中下社会阶层的政策，智利贫困人数比重从1990年的38.5%下降到2005年的18.8%，赤贫人口从12.9%减少到4.7%。智利是第一个，也是唯一提前完成联合国"千年首脑会议"所确定的"将赤贫人口减半"目标的拉美国家。政府已经提出到2010年建国200周年时，把智利建设成发达国家的目标，并认为缓和社会矛盾、促进社会和谐、增强政府执政能力是上述目标得以实现的重要前提。为此，政府的"2006~2010年执政纲领"把缓和社会矛盾、促进社会发展放在特别优先的位置，"纲领"所确定的五个重点是：1. 构建新的社会保护网，建立一个包括就业、教育、医疗、居住和预防在内的社会保障体系；2. 保持经济政策稳定，为经济快速发展和减少贫困创造条件；3. 改善人们生活质量和生活条件；4. 反对歧视与社会排斥，推动民众对公共事务和政府决策进程的参与；5. 在公共行动领域覆盖所有智利人，消除社会的不平等和各种歧视现象。

委内瑞拉制定了《2001~2007年国家经济社会发展计划纲要》（以下简称《纲要》），并将其列入政府"银色十年"（2001~2010年）和"金色十年"（2010~2020年）玻利瓦尔革命长远规划。《纲要》的主要指导思想和目标有五个：实现经济均衡发展，推动社会均衡发展，促进政治体制的均衡发展，实现不同区域间的均衡发展，促进边境地区发展。上述五个目标几乎都与社会发展有关。在推动社会均衡发展方面，《纲要》提出了一系列政策和措施，如：普及教育和医疗覆盖面，提高其质量，完善社会保障，关注社会弱势群体，优化社会需求，促进社会资源的非集中化，减少社会不公，保证社会各阶层拥有平等和广泛享有社会资源的权利，实现社会公正，促进土地所有权的民主化，努力创造就业机会，实现收入和财富分配的合理化，提高民众对社会事务的参与度，增强公民责任感；促进各地区均衡发展。

但值得指出的是，不是所有国家都制定了新的社会发展战略，不是所有国家都明确了社会发展的目标，不少国家的社会政策依然停留在缓解经济改革的后果方面，具有很大局限性。

三、探索经济增长与社会平等相结合的新途径

拉美国家一直试图探索将经济增长与社会平等相结合。20世纪30年代之前，国家的主要职能是维护外部安全，维持国内秩序，对经济与社会发展干预不多，社会问题主要靠公民自己解决，多数拉美国家还无实际意义上的社会政策可言。30年代之后，伴随"进口替代"工业化的实施，许多国家建立了大量国营企业，公共部门得到发展。随着工业生产规模和公共部门扩大，工资劳动者阶层及中间阶层日益壮大，并组织起来，在政治、经济和社会生活中的影响越来越大。与此同时，随着经济与社会生活内容的日益丰富，各种经济和社会问题越来越多，这些问题仅靠公民个人的能力已无法解决，迫切需要借助全社会和政府的力量。在这种情况下，国家不仅在经济发展方面担负了管理者、生产者的职责，在社会发展方面也充当了"社会政策"制定者和主要执行者的角色，拉美国家逐渐形成了比较系统的社会政策。然而这一时期的社会政策一般具有民众主义的特征，有很大的偏向性和片面性，主要受益者是正规部门的工薪阶层和中间阶层，非正规部门和农村部门的劳动者受益不多。社会政策的主要内容有：稳定和提高正规部门职工工资，增强其购买力；扩大公共部门就业，维护就业稳定性；增加社会福利，扩大水、电、

医疗、交通等公共服务的范围和数量。

20世纪80年代以后，拉美国家开始了发展模式转换和经济改革的历程。在由"内向型"向"外向型"模式转变的过程中，把提高国际竞争力作为主要任务，国家不得不放弃作为直接生产者的角色，私人部门在经济发展中的作用大大加强。在这种情况下，传统的就业政策、工资政策以及收入分配模式受到巨大压力，因为随着国家对经济发展直接参与程度的降低和公共部门的相对缩小，国家在工资、就业、收入分配和社会服务领域发挥直接作用的程度下降，解决社会问题的能力减弱，而这可能会使各类社会问题趋于严重，有可能激化社会矛盾，危及社会稳定。

拉美各界一直在努力探索新形势下社会政策的选择问题。拉美经委会于90年代初提出了"生产发展与公平相结合"、"经济发展政策同公正政策兼容"的新思想。拉美经委会虽然不否定新自由主义所主张的市场和贸易开放的重要性，但它强调，市场不能决定一切，发展进程需要国家的参与，只有国家才能采取主动、积极的政策来弥补市场的不足，或无条件地承担任何人都不准备承担的责任。在经济发展与社会平等的关系问题上，拉美经委会认为，没有稳定和持续的经济增长，就谈不上社会平等，而经济发展需要社会和政治的稳定，即必须满足人们对社会平等的起码要求，拉美未来成功的关键是同时向这两个目标努力。然而，拉美经委会提出的战略是原则性的，内容比较抽象，这些抽象的原则要化为具体的政策和有效的行动还有待于各国在实践中去探索。

拉美国家的探索还会持续下去。在20世纪90年代，拉美国家普遍实行新自由主义改革，并获得了一段比较快的经济发展时期。但改革带来了许多新问题，加剧了经济与社会发展的不协调，加剧了社会分化和社会矛盾。社会各界对新自由主义政策进行了深刻反思。一些国家已经尝试着实施新的社会政策，如增强地方政府、非政府组织和私人部门在社会政策中的作用,把社会政策的重点向最贫困的阶层倾斜,提高政府社会开支在收入分配方面的职能等。进入新世纪以来,一批左翼领导人相继在拉美国家执政,他们更加强调经济与社会协调发展,强调探索新的发展道路。但总起来看,无论是左翼还是右翼政府,都还没有找到一种新的发展模式,还没有找到将经济增长与社会平等结合起来的有效办法,探索仍将持续下去。

四、实施更加积极的社会政策

实施更加积极的社会政策,减少经济社会发展的脆弱性,及时化解社会矛盾,消除可治理性问题的社会基础,成为越来越多拉美国家政府的政策选择。

拉美国家社会政策的变化主要体现在两个方面,一是重视减少经济和社会发展的脆弱性,主要措施有:不断探索将经济增长与社会公平相结合的新发展道路;把减少贫困作为减少经济和社会脆弱性的重要方法;加大扶贫政策力度,关注收入分配不公平问题,增加对弱势群体的保护[1];增强社会开支的收入再分配职能;重视促进就业增长对经济增长和维护社会稳定的意义;把缩小地区间、城乡间发展差距作为缓解社会矛盾的重要举措,重视制度和体制建设的意义。二是经济推进社会领域的改革,主要措施有:推进社会保障制度改革,扩大社会保障的覆盖范围;推进劳动制度的改革,力图降低劳动力成本,促进就业增长;突出教育的战略地位,力图从根本上改变教育发展滞后问题;加强打击腐败的力度;重视就业问题,出台各种有利于就业的政策,一些

---

[1] 刘纪新:《拉美国家社会政策调整评析》,《拉丁美洲研究》,2005年第3期,第9~16页。

国家还试图建立失业保险制度①。对于拉美国家的这些措施和做法，我们将会在第六章中作详尽的分析和评述。

拉美国家在消除经济社会发展缺陷方面收到了一定成效，特别是在人文发展方面，与发达国家的差距有所缩小②，但仍面临一系列严峻挑战，需要付出长期和艰苦的努力。

---

① Sebastian Edwards and Nora Claudia Lustig, *Labor Markets in Latin America*, p. 107, pp. 151~200, Brookings Institution Press, 1997.

② United Nations Development Programme, *Human Development Report* 2001, p. 144, http://www.undp.org/hdr2001

第三章 拉丁美洲民主化与可治理性问题

20世纪90年代以来,关于拉美民主化进程的研究已经从关注民主转型转变为分析民主体制的巩固、质量和治理问题。民主政治体制确立以后的具体制度安排与运作是一个社会能否实现可治理性的关键因素之一。民主政治的竞争、参与、问责等诉求与民主体制的稳定、秩序和效率等要求构成某种紧张的关系,体现在拉美国家政府组织的基本形式即总统制及其与政党、选举、司法等制度的相互关系之中。这种情况在拉美各国虽有差异,但探讨其一般特征仍不失为分析民主体制现状和前途的一种思路,也是民主化以后拉丁美洲可治理性研究中首先要加以认识的问题。

第一节 民主化、民主质量与民主治理

20世纪60~70年代,是拉丁美洲的威权主义统治时期。民主体制在一连串的军事政变中被颠覆,军人政权统治着南美洲和中美洲大多数国家。即使在军人没有直接掌握政权的国家,军队

仍在政坛上发挥着举足轻重的作用；而少数几个继续维持民主体制的国家，政治生活实际上由权贵集团进行操控。70年代后期，拉美政治版图发生变化，军人还政于民，威权主义退场，民主化进程启动。

拉美第一批告别威权体制向民主过渡的国家是巴拿马（1978年）和多米尼加共和国（1978年）、厄瓜多尔（1979年）、洪都拉斯（1980年）和秘鲁（1980年）。80年代以后，民主化进程明显加快。在阿根廷，由于马尔维纳斯群岛战争的失败和国内日益高涨的不满情绪，军人开始交权并退回军营。取而代之的是代表中产阶级利益的激进党人，而不是长期主导政坛的庇隆党人，这种状况决定了阿根廷民主化进程既存在着明确的民主政治诉求，又因各种势力角逐而充满波折。智利的民主过渡虽然带有皮诺切特将军所希望的"监护民主"（即操纵民主化进程）的印记，但艾尔文和弗雷两届文人政府仍极大地推进了选举制度等民主体制的建设步伐，同时保持了经济政策的延续性并在社会领域倡导和达成了更多的公正和包容。巴西军人政权自70年代中期开始就采取了政治自由化措施，试图为日渐紧张的社会"减压"。80年代以来，巴西政坛竞争激烈而有序，1985年间接选举产生文人总统，1989年开始实施总统直选制度。经过卡多佐两届政府的经济、政治改革，以及劳工党人卢拉最终成功当选总统并连任，巴西的民主体制已经表现出前所未有的生命力。拉美南锥地区曾经是最为典型的军人威权体制，如今却是拉美民主化进程最为深入的国家，甚至在2001年阿根廷经济崩溃导致的剧烈社会政治冲突中，民主体制仍生存了下来。

在安第斯地区，玻利维亚于1982年举行了民主选举，但其后的历史表明，严重的社会、经济问题以及阶级、民族矛盾只能造就脆弱的民主体制。在秘鲁，80年代"光辉道路"游击队的活跃，90年代藤森总统的"自我政变"和集权措施，严重妨碍了民主体制的巩固进程。在长期被视为政治稳定国度的哥伦比亚，左翼力量曾长期被排斥在社会生活之外，而目前政治体制的运转有赖于强硬的军事手段加以维系；在这样的社会环境中，民主体制的基础非常脆弱。在中美洲地区，虽然萨尔瓦多、巴拿马和危地马拉等国在80年代就曾组织过议会或总统选举，但民主过渡是在战乱结束后才真正转入正轨。1990年，桑地诺阵线在尼加拉瓜大选中落败，但仍参加了其后的历次选举，并于2006年重新赢得总统职位。萨尔瓦多法拉本多·马蒂民族解放阵线与政府达成和平协议，参加选举并在选举中获得了相当大的支持率，最终于2009年在总统选举中赢得胜利。危地马拉民族革命联盟虽然相对较弱，但也具有一定的民众支持基础，特别是拥有土著居民的支持，并最终向专制政府争取到了相应的合法权利。这些国家的民主体制虽然脆弱，但民主化进程并没有止步。墨西哥是拉美国家中的特例，革命制度党长期主导国家政治生活。随着20世纪末叶国内政治、经济和社会形势的变化，墨西哥已经从一个"一党居优制"国家演变为多党竞争国家。

在拉丁美洲的民主化进程中，1989年巴西和智利大选、90年代初期中美洲和平协议签定以及2000年墨西哥大选等是最重要的标志性事件，表明拉美国家已基本上能够确保自由、公正的选举，从而完成了民主过渡或转型的历史阶段。这一阶段需要解决的诸如军人放权以及放权以后的地位和作用问题、各种政治势力包括比较激进的左翼和右翼势力纳入合法政治生活问题、新宪法的制定问题以及包括劳资关系在内的社会关系调节及契约缔结问题等，虽然各国差异很大而且远非完满，但基本上已告一段落。接下来的问题是民主体制如何巩固或深化的问题，这也是民主化进程目前所面临的问题。一方面，从社会发展的角度来看，在严重、甚至持续恶化的贫困和不平等条件下，民主体制能否巩固（甚至维系）是一个问题。虽然近年来的经济危机并没有摧毁民主体制，而且民选政府似乎具备处理经济危机的能力和合法性，但民众的政治态度在民主化进程中的起伏波动与经济社会发展状况密切相关，民众对经济发展和社会状况改善的期待迟迟得不到满足已严重影响到民主体制的信誉，拉美许多国家民众对民主体制的不满乃至幻灭感在增加。因此，民主体制的巩固首先面临着社会经济发展和民意演变状况的双重压力。另一方面，从民主理念的本质要求来看，拉美民主国家能够在多大程度上保障公民权利、确保政治制度有效运行也是一个问题。显然，参加自由、公正的选举仅仅是政治权利的实现，它并不意味着公民权利的自动实现即法律面前的平等地位与保障，更不意味着社会权利的充分实现即获得了个人的发展能力与尊严。与此同时，民主过渡阶段结束以后的体制能否在问责、透明、参与等方面运行良好，将决定一个国家政治生活的基本生态，以及相对而言哪些国家的民主体制更为稳固、规范或完善。

随着民主过渡阶段的结束和民主巩固问题的突出，民主体制的不同"类型"和"程度"成为分析和认识民主政治状况的焦点。这就是所谓"民主质量"问题。治理或可治理性分析是研究民主质量的一种视角。治理和可治理性是十分复杂的概念，可以根据很多不同方式加以界定。一种宽泛的理解可以将治理视为任何社会进行决策和施策的过程和方式，而一个社会系统中的主要力量能够根据一定的规则和程序确立目标和手段、做出集体决策并解决相互冲突，则这个社会就是可治理的。显然，这样一种理解涉及到一个社会的结构性因素和制度性因素。从政治分析角度出发，可治理性涵盖了所有与稳定、秩序和合法性相关的政治现象：法治、法律稳定性、科层效率、人才制度、低犯罪率、合宪轮替、低罢工率、内阁稳定、法团制度以及许许多多的其他制度化因素。①因此，治理就是公共制度处理事务、运用资源的方式。好的治理（即良治）一定是在法律的范围内、在制度和规则框架下保证公民基本权利的制度运行。民主治理是民主体制应该表现出来的良治，它至少应保证政治领导的效率和责任，公民政治诉求的表达与凝聚，公民利益的代表性，以及司法体系的公正。在拉美国家民主化进程的目前阶段，一个非常重要的问题就是民主与治理、民主化与可治理性的关系。本章将在充分承认社会经济、政治文化和权力关系等因素作用的前提下，从政治制度安排和运作的角度分析上述问题，主要涉及三个方面：总统制安排中的行政—立法关系、政党与政党制度以及法治和司法体系。

第二节 总统制与行政—立法关系

拉美国家行政组织制度的主要形式是总统制，其特征是权力分立的总统独立行使职责，但受制于根据比例代表制原则产生的立法机构。在拉美国家的总统制安排中，总统由选民选举产生，其授权来自人民而独立于立法机构。行政和立法部门均有固定任期，互不从属。与议会制安排中通过不信任票改变政府不同，总统制下的立法机构只能通过弹劾程序罢免总统。政府或称内阁由总统任命并领导，同时总统还拥有一定的由宪法规定的立法权力。一般认为，这种安排的主要问题是，总统制与比例代表制的

---

① Michael Coppedge, "Party Systems, Governability, and the Quality of Democracy in Latin America", Paper for presentation at the conference on "Representation and Democratic Politics in Latin America", organized by the Department of Humanities of the Universidad de San Andrés and the Department of Political Science of the University of Pittsburgh, Buenos Aires, Argentina, June 7~8, 2001.

结合可能对政局稳定和经济发展产生负面影响。①

在民主化进程开始以前,除少数例外情况外,拉美国家总统的职责一般与国家的权力划等号,保证社会秩序或指导社会经济发展被视为作为领导人的总统的主要任务。许多国家总统是通过武力夺权上台执政的。虽然不能将所有总统都归入独裁行列,但在民众或知识精英中并没有建立制衡体系的明确诉求。威权主义固然是集权式的政府形式,但值得注意的是,一些专制或半专制统治者在民众中享有很高的威望。民主化进程开始以后,总统制仍是拉美国家的政府组织形式。从民主规范的角度出发,民主体制下总统制的运作与威权体制下的总统制应该有所不同。事实上也的确如此,但各国情况差异很大,其中问题之一在于,保留与民主化以前相类似的制度形式也就可能同时保留了旧有的行为模式和思维习惯。一些拉美国家在民主化进程中进行了明确而有效的制度调整和观念更新,但有些国家的宪政改革无果而终。一些国家的当选总统不顾现行宪法的制衡原则而试图恢复过去那种以个人为中心的统治方式,结果导致频繁的政治冲突,巴西的科洛尔、秘鲁的藤森以及阿根廷的梅内姆都属于这种情况。②

总统制安排中政府的决策和施政效率是一个十分重要的问题。拉美国家的总统通常是与按比例代表制原则产生的立法机构结合在一起的,而伴随比例代表制的政党分裂、小党林立现象又往往造成行政与立法部门之间关系的紧张。分立的两大民选部门在拉美政坛带来的常态是,总统无法在立法机构内组织起并保持住一个稳定的多数支持。结果可能是一种"双重少数"局面,

---

① A. Lijphart, "Constitutional Choices for New Democracies," in L. Diamond and M. Platter, eds., *The Global Resurgence of Democracy*, Baltimore: Johns Hopkins University Press, 1993, pp. 162~174.

② G. Philip, *Democracy in Latin America*, Cambridge: Polity Press, 2003, pp. 24~25.

即总统在选举中以相对多数当选（未过选民半数），同时在议会中也没有多数的支持。[1] 这样一种局面在民主化以前并没有什么意义，因为当时拉美国家立法机构非常虚弱甚至无足轻重。但自20世纪80年代以后，立法机构开始获得了更大的权威和影响力：如果没有立法机构多数的支持，总统在公共政策的制定和实施过程中将面临重重困难，双方互动的结果往往是立法僵局和政局不稳。下表列出的是拉美部分国家总统所在政党在国会中所占议席的平均份额。

表3-1 拉美主要国家总统所在政党在国会中所占议席的平均份额

国家	时期	选举次数	众议院	参议院
阿根廷	1983~1997	8	48.5%	52.9%
玻利维亚	1980~1997	5	31.6%	47.4%
巴西	1985~1998	6	23.2%	23.2%
智利	1989~1997	3	28.8%	28.6%
哥伦比亚	1945~1949 1974~1998	12	53.5%	54.5%
哥斯达黎加	1953~1998	12	48.9%	——
厄瓜多尔	1978~1995	8	22.9%	——
秘鲁	1980~1995	4	48.9%	41.1%
乌拉圭	1984~1994	3	37.7%	——
委内瑞拉	1958~1998	8	39.2%	44.5%

资料来源：Inter-American Development Bank, *Development beyond Economics*, Baltimore: Johns Hopkins University Press, 2000, p. 185. Quoted in P. Smith, *Democracy in Latin America*, NY: Oxford University Press, 2005, p. 203.

---

[1] A. Valenzuela, "Latin America: Presidentialism in Crisis", *Journal of Democracy*, 4 (4), 1993, pp. 3~16. Quoted in J. Foweraker et al. , *Governing Latin America*, Polity Press, 2003, p. 112.

由表中数字可以看出，仅有少数国家总统享有众院多数的支持，而主要国家如巴西总统所在政党在立法机构内所占议席还不足30%。虽然拉美国家总统拥有广泛的正式权力，包括立法动议和行政法令等权力，而且一般认为拉美国家存在着强势总统和弱势议会，但这并不意味着立法机构无法发挥制衡作用，更不意味着议员们会自动让权于总统。在实际运作中，立法机构对总统的制约可能是强有力的，例如在巴西、厄瓜多尔、乌拉圭和委内瑞拉都出现过这种情况。因此，真正的问题在于，总统无法操控议会进而难以推进立法议程。正由于此，一些国家的总统才寻求通过宪法改革以谋取新的权力，甚至以频繁发布行政法令作为施政的主要途径。这样一来，立法僵局演变为法令施政，最终导致所谓"授权民主"，即总统无视民主体制的制衡原则，而自认为其行使权力的基础是选民的直接授权。[①] 更严重的事态是行政—立法僵局导致军事政变或自我政变。上述种种情况的典型事例是阿根廷的梅内姆和秘鲁的藤森。政治领导人的这种作为势将造成其反对者的恐惧和抵制，在已经确立民主体制的拉美国家内部引发新的政治冲突。因此，这是一种失衡的制度安排：总统有时似乎是强有力的半独裁式的政治人物，但其力量的源泉并不是制度性的；当时局变化、困难出现的时候，总统就成为毫无力量可言、随时可能被赶下台的人物。民主化进程以后阿根廷的阿方辛、梅内姆、德拉鲁阿、杜阿尔德，秘鲁的藤森，委内瑞拉的佩雷斯、卡尔德拉，厄瓜多尔的布卡拉姆、马瓦德，以及巴西的科洛尔等等都有着类似的命运。[②]

行政—立法关系僵局有其制度上的根源。拉美国家总统制的

---

① G. O'Donnell, "Delegative Democracy", *Journal of Democracy*, Vol. 5, No. 1, January 1994, pp. 55~70.

② G. Philip, *Democracy in Latin America*, Polity, 2003, pp. 26~28.

问题与政党和选举制度密切相关。如上所述，比例代表制鼓励了多党竞争，而政党林立又造成总统在立法机构争取多数的困境。反对党在立法机构中所展示的力量不仅仅反映了对总统的地位和政策的不满，它还是政党与选举制度机制本身的一种表现。与此同时，正规的总统制要求总统和议会分别选举、独立运行，但分立的行政和立法部门又必须能够一同工作。否则，如果两个部门各自基于不同的选民授权强调自身的合法性而互不让步，则政治危机就降临了，这就是所谓"双重合法性"难题。[1]另外，关于总统固定任期的规定和发布行政法令的权力也被视为拉美国家总统制安排中可能引发矛盾的问题，前者由于过于刚性而无法像议会制那样较为灵活地改组政府，后者则由于在拉美国家广泛采用而明显侵蚀了分权与制衡的原则。

上述分析聚焦于拉美国家政府组织形式中具有典型意义的共同特征，但必须加以注意的是拉美国家还存在着很多明显的体制上的差异，而这些差异对于各国实现可治理性，包括政府稳定、立法效率和避免僵局无疑也具有重要的意义。如果依次考察总统在立法机构的支持率、对这种支持率产生重要影响的现存政党数量与质量、对政党体系发挥作用的选举制度、影响多党竞争格局的意识形态分野、以及多党联合政府的条件和状况，那么就南美洲范围而言，最具备可治理性的国家是阿根廷、智利、哥伦比亚和乌拉圭，最偏离可治理性的国家是厄瓜多尔、秘鲁和委内瑞拉，而玻利维亚和巴西的可治理性则在很大程度上取决于政党联盟的状况。[2]同样必须加以注意是，换一个角度观察行政—立法关系问题，无法否认伴随着民主化而确立和强化的选举自由与公

---

[1] J. Linz, "Presidential or Parliamentary Democracy: Does It Make a Difference?" in J. linz and A. Valenzuela, eds., *The Failure of Presidential Democracy: The Case of Latin America*, Baltimore: Johns Hopkins University Press, 1994, pp. 3~90.

[2] J. Foweraker et al., *Governing Latin America*, Polity, 2003, pp. 120~122.

正、制衡机制、问责制度等等,但民主体制的困境却在于:代表性与效率有时不可兼得。有效的决策需要明确的授权和充分的资源,这意味着议会多数支持;而民主代表性要求公民有表达机会、官员受制于问责制度,这意味着捆住官员的手脚并能够将他们赶下台。[1]两者的结合如果不当,则要么是僵局要么是动荡。拉美国家还没有找到摆脱困境的出路。

第三节 政党与政党制度

政党与政党制度的状况与演变是拉美民主化进程的中心问题之一,对民主的质量和治理产生着重要的影响。民主政治作为一个过程,可以根据不同模式进行分析。如果将民主政治的过程分为利益的形成(偏好)、利益的表达(代表性)、决策、实施决策和政策评估等阶段,那么政党制度对民主质量的影响体现在利益的代表性阶段。[2]虽然在实践中既无可能也不必要,但代议式民主的理想是在立法机构中找到每一种利益的代表者。政党制度为选民利益的凝聚和表达所提供选择的数量和质量也就表现了代表性的质量,进而表明了民主的质量。政党的数量愈多,其纲领和意识形态分野愈鲜明,则选民选择的机会和质量愈多愈好。但是,对拉美国家来说,为了建设一个"可治理"社会,对代表性质量的诉求似乎应该有所限制。

---

[1] P. Smith, *Democracy in Latin America*, NY: Oxford, 2005, pp. 208~209.

[2] M. Coppedge, "Party Systems, Governability, and the Quality of Democracy in Latin America", Paper for presentation at the conference on "Representation and Democratic Politics in Latin America", organized by the Department of Humanities of the Universidad de San Andrés and the Department of Political Science of the University of Pittsburgh, Buenos Aires, Argentina, June 7~8, 2001.

政党制度对于可治理性的作用之一表现在对政府决策能力的影响上，这种影响可以用特定政党制度内总统所拥有和领导的"党派力量"加以衡量。[1]所谓党派力量是指与总统的宪政权力如否决权、任命权等相对的、由总统所在政党或联盟的规模及其组织纪律性所决定的权力。虽然它直接表明的是总统的权力，但同时代表了政党制度的特征，即制度本身保证总统立法议程顺利进行的能力。

从拉美国家的情况来看，民主化进程开始以后的党派权力与代表性质量之间在很大程度上表现了一种反向的关联：多数国家要么在实现可治理性（即总统拥有强大的党派力量）的同时降低了代表性的质量，要么在提高代表性质量的同时影响了可治理性的实现。少数国家在特定时期实现了可治理性并提高代表性质量。代表性提高、可治理性下降的实例包括厄瓜多尔、玻利维亚等国；代表性低下而可治理性较高的国家是哥伦比亚；墨西哥从代表性低下而可治理性强，中经短暂的代表性提高并保证了可治理性的时期以后，转入了代表性高、可治理性弱的状态；巴西的情况类似，从威权政府时期的代表性低、可治理性强，到民主化初期代表性提高、可治理性加强，又很快转入代表性高而治理性弱的阶段；阿根廷在庇隆主义遭禁时期谈不上什么代表性，但在正义党回到政治舞台以后，代表性有所提高，总统掌握的党派力量也有所加强；乌拉圭、智利、委内瑞拉和秘鲁是在代表性质量较高的情况下，党派力量不同时期呈现较大差异的四个国家，其中乌拉圭党派力量呈下降趋势，智利的特征则是多党联合政府并表现了在多党制下组建联盟的重要性。1965年的阿根廷、1990年的秘鲁和1993年的委内瑞拉则是代表性急剧下降同时可治理

---

[1] M. Coppedge, "Party Systems, Governability, and the Quality of Democracy in Latin America".

性大幅减弱的三个特定时期特定国家的实例。①

事实上,拉美国家政党是在威权高压下沉寂多年以后,于民主化启动之际重新回到政治舞台中心的。政党政治的活跃反映了民众对威权体制的不满（表现为争取民主、反对专制的政党大量出现）、传统政党威信下降（表现为老党大党的分裂,如墨西哥和委内瑞拉的情况）以及民主体制对极端势力的容纳（表现为左翼革命运动和右翼准军事组织加入选举进程）。历史上,墨西哥政党体系为一党居优制,乌拉圭、哥伦比亚和委内瑞拉等国基本上可称为两党制,但大多数国家为多党制,尤以智利和巴西最为典型。民主化以后,除阿根廷和哥斯达黎加以外,其他国家政党数量都有所增加。一般认为,两党制比较适合实行总统制的民主国家,哥伦比亚和委内瑞拉曾长期被视为拉美实现政治稳定的典范。乌拉圭也曾长期由两个主要政党主导政治生活,民主化以后形成三党竞争局面,但两个传统政党有意接近、合作,进而又形成中左和中右两大集团的竞争。但大多数拉美国家的多党制却由于政党竞争、合作、结盟的复杂化,造成总统在立法机构多数支持的消失而极易陷于僵局或动荡。政党的数目还与政党体系的制度化水平以及政党本身的制度化水平密切相关。

根据一项关于拉美政党制度的专题研究,衡量一个政党体系的制度化水平有四个标准:第一,政党竞争格局和规则的稳定性;第二,主要政党是否拥有一定的社会基础;第三,政党的合法性是否得到社会主要政治力量的认可;第四,政党在组织、独立地位、纲领、自主资金等方面是否完备。②据此,可以将拉美国家的政党体系划分为"制度化的"和"初级阶段的"（即制度

---

① M. Coppedge, "Party Systems, Governability, and the Quality of Democracy in Latin America".

② S. Mainwaring, and T. R. Scully, eds., *Building Democratic Institutions: Party Systems in Latin America*, Stanford: Stanford University Press, 1995, pp. 4~6, pp. 17~21.

化水平低的）两种类型。根据这项专题研究的分类，以1995年的情况为准，拉美具有制度化水平较高的政党体系的国家是委内瑞拉、哥斯达黎加、智利、乌拉圭、哥伦比亚和阿根廷；而玻利维亚、巴西、秘鲁和厄瓜多尔政党体系的制度化水平较低，尚处于初级阶段；墨西哥和巴拉圭处于制度化和初级阶段之间，属于转型中的政党体系。显然，上述标准和分类不是一成不变的，也不是唯一的分析思路。不仅初级阶段的和转型中的政党体系可能发生变化，而且制度化的体系也可能发生逆转，如世纪之交的委内瑞拉，旧有的政党体系已分崩离析。

政党体系的制度化水平并不等同于政党本身的制度化水平，因为同一体系中不同政党制度化水平的不平衡可能导致体系制度化与政党制度化之间的冲突。政党的制度化是指政党自身建设及其提高生存能力的过程，主要取决于政党如何组织、其成员和支持者的服从和认同程度、以及政党与社会的联系等因素。通过考察政党作为一种组织的整合能力、其价值的感召力、其决策的自主性及其在公众心目中的地位，可以对单个政党的制度化水平做出评估[1]。因此，政党制度化水平的提高有可能满足了政党体系制度化的某项标准（如对政党组织的要求），但不能涵盖整个政党体系制度化的所有条件（如党际竞争格局的稳定性）。但政党制度化水平的低下则必然降低政党体系制度化的水平。在一些拉美国家例如巴西，政党的发展常常为政坛突发事件所打断，政党组织虚弱，个人色彩浓厚，造成政党与政党体系制度化水平双双低下的局面。

政党的特征及其成员在共同目标下的团结程度影响着立法机构的运转，因为政党的状况决定着政党领袖能否约束本党的议会党团，

---

[1] V. Randall and L. Svåsand, "Party Institutionalization in New Democracies", *Party Politics*, Vol. 8, No. 1, January 2002, pp. 5~29. Quoted in G. O'Toole, *Politics Latin America*, Harlow: Pearson, 2007, p. 182.

进而影响政党在议会中的作为及其作为盟友的可靠性。即使在拥有多数议席的情况下,党内分歧也可能破坏多数党的地位,并且使总统面对一个难以驾驭的议会。在阿根廷,虽然庇隆党人长期主导立法进程,但仍受党内派别之争的困扰,总统争取议会多数推动立法的努力取决于该党议员是否遵守纪律和贯彻党的路线。在智利,由于担心威权主义卷土重来,多党中左执政联盟尚能保持团结和维护纪律。比较而言,阿根廷和智利政党的纪律性强于巴西政党,这从巴西政党联盟的短命和立法进程的多舛可以看出。政党间意识形态分野及其程度也将影响总统在立法机构组建联盟的能力,意识形态分歧程度愈低则组建联盟愈易。而意识形态分化程度在一定程度上与政党数目相关,一般认为两党制有利于政治势力向中间靠拢[1],而多党制与高度的意识形态分化相结合则可能导致可治理性难题。在拉美国家现行的多党体制下,激进的左翼或极端的右翼政治力量的出现,往往意味着可治理性遇到了麻烦。

第四节 宪政与法治

拉丁美洲是一个具有立宪主义传统的地区。在摆脱西、葡殖民统治、争取独立的斗争中,自由派人士受到法国革命和美国独立战争的影响,制定了拉美第一批宪法,成为这些新生国家政治生活和制度建设的蓝本并对其后的政治发展产生了深远的影响。拉美国家宪法是美国宪法原则和欧洲大陆法律思想的混合体,其中来自美国的三权分立与制衡,特别是总统制安排自独立以来一直未发生变化。拉美国家制宪进程的特出特点之一是频繁地制定

---

[1] G. Satori, *Parties and Party Systems: A Framework for Analysis*, NY: Cambridge University Press, 1976. Quoted in G. O'Toole, *Politics*, p. 188.

和颁布新宪法，例如19世纪拉美17国颁布的宪法超过百部，而20世纪末叶的民主化时期拉美国家几乎都卷入了修宪进程。早期的制宪热情在一定程度上反映了政治精英依靠法治追求程序与进步的信念，即通过修改现行宪法或制定新宪法来改变或塑造政治生活，进而矫正国家所面临的各种政治、社会和经济弊端。20世纪的民众主义和威权主义政权则试图通过宪政手段为自己的统治提供合法性。例如，1930年，巴西的瓦加斯通过军事政变上台执政；其后通过1937年的宪法确立"新国家"体制，联邦政府的权力急剧扩大并推动了对国家发展产生重大影响的工业化计划。在威权主义时期，宪法成为军人干政的法律武器。20世纪60~70年代，巴西、智利等国军人发动政变，均以保护宪政为名推翻民选政府，然而迅即为其统治寻求法律依据。巴西军政府于1967年和1969年颁布了新宪法，另外还发布了一系列制度性法案，据此"依法"操纵国家政治生活。在智利，皮诺切特将军成为总统以后，也通过一系列宪法性法案以及1980年颁布的新宪法巩固了自己的权威，该部宪法至今仍然有效。

宪政原则可以为威权主义统治提供合法性，但它也为威权主义退场提供了途径，并为新的民主体制提供了基础。在巴西，军政府通过新的政党法案、选举法案等开启了政治自由化—民主化的进程。而1988年巴西新宪法成为巴西历史上最全面最民主的宪法。在智利，皮诺切特设计但却输掉了1988年的全民公决，开启了迅速的民主过渡，但智利却保留了1980年宪法。除了巴西、秘鲁等国制定新宪法外，阿根廷、乌拉圭等国则以20世纪早期民主政治阶段的宪法作为新的民主体制的宪政基础。在没有发生军人干政的国家，如哥伦比亚和委内瑞拉，宪法改革也成为调整过时的民主治理方式的手段。90年代初期，哥、委两国通过修宪扩大了政治竞争和代表性范围，但其后的政治危机表明，这样一些举措步伐太小，而且为时已晚。当然，在民主体制下，宪政手段也可以成为政治人物谋求个人权力的途径，例如阿根廷的梅内姆和巴西的卡多佐都通过修宪改变了宪法中关于禁止总统连选连任的条款并成功蝉联。

拉美国家的宪政历程表明，宪政手段既为民主体制也为威权主义提供了合法性源泉，反映了法律与秩序的诉求同民主政治之间的紧张关系。如果"开明的"上层和中产阶级的利益受到民主政治可能带来的"暴民统治"的威胁，那么通过宪政手段（包括军方以武力推动的宪政手段）将下层和其他激进势力排斥在政治生活之外就成为一种选择。民主化进程启动以后，拉美国家通过参与国际、地区和国别的人权制度建设，即通过对个人和集体权利的制度化保障，试图避免上述对宪政原则的滥用。这一时期的宪政与法治已被视为全体公民同等享有基本权利的保证而成为民主和良治的前提条件。拉美国家加入（签署或批准）的此类国际条约包括：关于经济、社会和文化权利的国际公约，关于公民和政治权利的国际公约，关于消除任何形式的种族歧视的国际公约，关于防止和惩处种族屠杀罪行的国际公约，以及关于难民地位的公约等。拉美国家加入的美洲地区条约包括：美洲人权公约，美洲人权公约经济、社会和文化权利附加议定书，美洲人权公约废止死刑议定书，美洲防止和惩处使用酷刑公约，美洲关于失踪人员的公约，美洲关于防止、惩处和消除针对妇女暴力行为的公约等。纳入上述内容的宪政和法治已成为政治民主的"决定性方面"，并且被视为民主体制巩固的"关键领域"。[1]

---

[1] J. Foweraker et al., *Governing Latin America*, Cambridge：Polity Press, 2003, pp. 76~91. 参阅 J. Hartlyn and A. Valenzuela, "Democracy in Latin America since 1930", in L. Bethell, ed., *The Cambridge History of Latin America*, Vol. VI, Part 2：*Politics and Society*, Cambridge：Cambridge University Press, 1994, pp. 99~162; and J. Linz and A. Stepan, *Problems of Democratic Transition and Consolidation：Southern Europe, South America, and Post—Communist Europe*, Baltimore：Johns Hopkins University Press, 1996, p. 7.

但是，拉美国家的政治实践与宪政和法治原则存在着严重的脱节。虽然公民社会在民主化进程中逐步发展壮大，但传统的权贵政治以及严重的社会不平等在民众中造成越来越普遍的对民主政治的幻灭感，一个最关键的因素就是大多数拉美国家民主体制并未提供一个真正的法治社会。长期的威权统治所留下的后遗症之一是在有权有势阶层中形成的"违法不受惩罚"的亚文化。经济上的富有和社会上的较高地位往往意味着可以超越法律，遵纪守法仅仅是穷人的义务。例如，依法纳税就被视为愚蠢的行为。民主体制的确立并不意味着公民的权利得到了普遍的尊重，有时仅仅是社会上层藐视法律的行为得到了保护。逃税、洗钱、雇用童工甚至毒品交易常常不属于国家执法部门的打击目标。对于这些部门来说，保护有权有势的上层不受社会中"危险分子"（主要来自穷人和弱势群体）的侵害才是其正常的职责。与此同时，暴力仍是民主体制确立以后拉美国家社会生活中的一大痼疾。这是一种来源于同时也进一步加剧着贫困与不平等的暴力，对于拉美广大在住房、健康甚至人身安全方面缺乏保障的下层居民来说是司空见惯的现象，反映了这些阶层"丧失尊严、能力、价值"的生存和情感状态。[①]

拉美国家法治缺失的突出现象之一是在巴西、危地马拉等国存在的滥杀无辜儿童的现象。对于沿街经营的店主和老板们而言，在肉体上消灭这些影响他们商业活动的无家可归的儿童只是一种正常的举措。这种"社会清洗"通常由警察在公余时间来实行，而且并不局限于具体的"肇事者"而是针对整个流浪儿童群体。在墨西哥，在肉体上消灭政治对手也被视为符合常规，并且其实施往往有国家机构的配合。以国家的名义不追究卷入暴

---

① R. Munck, *Contemporary Latin America*, NY: Palgrave Macmillan, 2003, pp. 68~69.

力的人员意味着那些试图揭露违法行为的法官和记者成为暴力恐吓的对象而保持沉默,同时它还滋生着腐败并导致民主政治秩序的进一步恶化。整个社会(包括穷人和富人)的冷漠甚至共谋,表明弥补法治的缺失决非易事。在国际社会引起反响的事例还包括频繁出现的国家执法人员动用酷刑、针对无地和贫苦农民的暴力甚至杀戮、法外准军事组织的建立以及贩毒和犯罪集团乃至游击队组织的活跃等现象。

因此,拉美国家民主体制的确立和巩固进程伴随着的是司法体系的虚弱,宪政与法制原则的确立与宪政与法治精神的缺失并存。法治社会的基本要求之一是有效的执法,但拉美国家的司法体系本身却难题缠身。拉美国家大多数民众对本国司法体系缺乏基本的信任,例如在民主化运动高潮时期的巴西,根据1989年的一份民意测验,58%的民众完全同意(另有26%部分同意)下列陈述:在巴西,司法体系的功能仅限于帮助有权有势者。虽然任何国家的司法体系都不可能十全十美,但拉美国家司法实践中的不平等现象却趋于极端,这与收入分配的极端不平等状况有关。但需要注意的是,拉美国家法治的缺失并不是一种全然的、绝对的非法或无政府状态。法律和正式规则是存在并发挥作用的,但不是在任何时候都发挥作用,而且何时发挥作用也不可预测。问题不在于法律的缺位,而是法律并不能提供政治行为的规范。有效的执法、法外或非正式的决策和行为以及公然的违法行为同时存在。委内瑞拉的卡洛斯·安德列斯·佩雷斯在1974~1979年担任总统期间险些因腐败案被赶下台,但于1988年第二次当选总统,1993年终因腐败案遭弹劾和罢免,并受到短期的软禁。这种大起大落的情况既与政治交易有关,同时也是法律程序的产物。同样重要的是,拉美政治文化因素并未因民主化进程而发生根本改变。早期自由派人士中就有过"对友,公正;对敌,法律"的说法,或者换一种说法即"对朋友,给予一切;

对敌人，使用法律"。选择性的执法方式显然也是民主体制确立以后的现实。①

20世纪90年代以来，拉美国家改革的一个重要议题是实施何种公共政策以建立一个独立的、公正的、有效的司法体系。强化司法机构、改革警察系统固然是当务之急。但是，司法改革面临着政治障碍并常常陷入党派斗争的泥潭。政治体制的改革是必要的，但政治改革有赖于降低社会经济方面的障碍。为此必须改变社会中存在的严重的贫困和不平等状况以实现尽可能充分的公民权利。法律是权利的正规化，但它只能反映社会中的力量关系。通过发展战略的改变，重新调整国民财富的布局，提高民众的生活水平和社会地位，政治改革的成功才具有更大的可能性。最富有挑战性的是培植宪政和法治的精神，在政治文化上为民主体制的巩固提供养分。拉美国家可治理性的真正实现，取决于拉美社会主要政治力量间的关系状况以及各国政府的政策能否为上述种种急需的改革开辟现实的道路。

---

① G. Philip, *Democracy in Latin America*, Cambridge: Polity Press, 2003, pp. 33~35.

第四章 拉美国家的腐败与可治理性问题

在当今世界，腐败已成为一个影响和制约发展的全球性问题，如同癌症吞噬健康的身体一样，腐败正在侵害和摧毁世界各国政治发展、经济增长和社会进步业已取得的成果。尽管不同国家和地区的腐败程度有所不同，但腐败现象无处不在，几乎没有一个国家可以成为没有腐败影响的净土。自20世纪90年代以来，不但各国政府陆续将反腐败列为本国最重要的议事日程之一，国际社会也试图通过全球反腐败合作和地区性反腐败合作，在世界和地区范围内推动遏制和消除腐败的进程。拉丁美洲是世界上腐败问题较为严重的地区之一。20世纪90年代以来，拉美地区的腐败呈愈演愈烈之势，被揭发出来的案件之多，涉案金额之大，主犯地位之高，堪称世界之最。即使在腐败长期盛行、民众对贪污腐败行为早已司空见惯的拉美地区，这些高层腐败现象仍然令人触目惊心，引起强烈反响。严重的腐败问题，不但使广大民众对经济改革政策提出质疑，对政府的执政能力失去信心，而且对自80年代以来的民主化进程以及民主制度本身，也产生怀疑，成为不少国家政府危机、政治危机和社会危机的催化剂。正是在这种背景下，拉美各国政府加大了治理腐败的力度，希望通过有效遏制腐败，解决可治理性问题，并最终实现善治的长远目标。本章旨在将腐败问题放在拉美可治理性问题的大背景下进行分析，将拉美国家的反腐败斗争与实现可治理性的目标结合起来加以考量，通过这个分析，一方面可以从更宏观的角度认识治理腐败的必要性，另一方面可以有助于理解可治理性问题以及有效治理腐败的复杂性。

第一节 腐败与可治理性：概念及相关性

一、腐败的概念

腐败原指有机物由于微生物的滋长而受到破坏，是一种自然现象。后来，这个概念被引伸到社会领域，用于分析公共权力在行使过程中因不合规范的行为的滋生而使社会有机体受到破坏的现象。腐败问题是一个古已有之的社会现象，人类社会自出现公共权力后，也随之产生了公共权力行使中的不规范行为，当这种不规范行为超出一定界限，即对社会有机体造成破坏时，腐败问题便出现了。

对腐败概念的界定，国内外学界说法不一，虽然不同学者和国际组织在定义腐败时强调的重点有所不同，但在其本质含义上大体一致。以推动全球反腐败运动为己任的透明国际，是目前世界上对腐败问题研究得最权威、最全面和最准确的国际性非政府组织，它对腐败含义的解释是，"腐败是为个人私利而滥用受委托的权力"，"腐败伤害每一个社会成员，因为这些人的性命、生活和幸福是靠当权者的清正和廉洁来保障的。"① 从这个定义

---

① http://www.transparency.org/about_us

中可以看出，腐败包含两个基本要素，其一，腐败是利用公共权力谋取私利的行为，其二，腐败是侵犯公共利益、伤害其他社会成员权益的行为。大多数学者和国际组织的腐败定义虽然与透明国际的定义不尽一致，但均包括这两个基本要素。当然，在这个本质含义下，腐败又有狭义和广义之分，狭义的腐败用于泛指国家公职人员为个人私利而滥用权力的行为，它强调个人的行为活动，一般指公务员利用职务之便谋取私利，主要形式是权钱交易，这个定义更接近于行政腐败。广义的腐败还包括任何为个别利益侵犯共同利益的行为和拥有公权力却不作为的行为，比如滥用职权和权力僭越、伪造公文、任人惟亲等比较广泛的内容。一些学者把这种广义上的腐败称作"政治腐败"。不过，透明国际关于政治腐败的定义却比较狭窄，它专指"政治领导人为谋取私利而滥用被委托权力的行为"，它不一定是交换金钱，可以采取"交换影响"或给予支持的方式，当这种交易的结果会危害政治和威胁民主时就构成政治腐败。[1]广义地说，几乎所有的腐败行为（不包括纯粹的经济腐败和生活腐败）都带有政治性，都是政治权力或公共权力的滥用，因此也可以说此类腐败都属于政治腐败，只是不同腐败行为的政治性有强弱之别，对其加以细分也未尝不可。从研究拉美腐败与可治理性问题的角度出发，本章将在广义上使用腐败这个概念，换言之，本章所称的腐败是广义上的"政治腐败"，不仅指政治领导人以公权谋私利的行为，而且包括所有为个人私利滥用公共权力的行为。

依据影响程度的深浅，腐败可分为一般的（normal）、普遍的（widespread）和制度性（systemic）三种类型。一般的腐败是小规模、小范围的腐败行为，对社会的危害面也比较窄，可以受到反腐败机构（包括法律制度、会计和审计制度、预算、竞

---

[1] 参见 Transparency International, *Global Corruption Report* 2004.

争性采购和公民监督）比较有效的控制。当腐败到处滋生蔓延时就会发展成为普遍的腐败，产生比较严重的社会危害，治理难度随之加大。而制度性腐败不但具有普遍性而且具有系统性，是有严重社会危害和很难治理的腐败。20世纪90年代中期以来，拉美地区的腐败问题表现出的一个新特点就是，腐败从个别现象逐渐发展成为普遍现象，进而渗透到国家政治经济生活的方方面面，逐渐演变为制度性腐败。与小规模的、以个案方式存在的一般腐败不同，制度性腐败是由许多机构性腐败和系统性腐败交织而成的一个庞大的腐败网络，机构性的、系统性的或部门性的腐败是制度性腐败的基础。在制度性腐败的形成过程中，国家高层领导利用手中权力为个人及其小集团谋取私利，具有特别恶劣的作用，其在腐败过程中会自然而然地利用自己独特的权力地位，借助制度体系提供的便利条件，将腐败得以生存的社会圈子与制度体系结合在一起。透明秘鲁在一篇分析藤森时期腐败问题的文章中指出，秘鲁"已逐渐发展成为制度性腐败，即政治权力中已经产生了一些重要的机构空间，而这些空间是与再次取得总统职位和非法致富联系在一起的"。[1] 严重的腐败，大都是大型腐败和政治腐败，或者是系统性和制度性腐败；凡是腐败问题比较严重的国家，都出现了系统性腐败或制度性腐败，而这种腐败的治理难度和治理成本都比较高。正如，阿根廷公共道德基金会（Fundación ética Pública）主席 Carlos A. Manfroni 所说的，"任何一个国家都可以承受得了高级官员中存在一些不太严重的腐败，但是，一个国家无法抵抗的是，腐败在所有权力系统、所有部门和所有权力机构的蔓延。"[2]

---

[1] Mario Olivera Prado, "Caracterización de la corrupción en el Perú", http://www.revistaprobidad.info/016/003.html

[2] Carlos A. Manfroni, "*Corrupción en la Argentina*", http://www.revistaprobidad.info/014/editorial.html

二、可治理性概念及相关说明

在分析腐败与可治理性的关系之前，有必要对可治理性概念作出说明。正如本书第一章在介绍和分析各种不同的概念界定时所指出的，人们对可治理性概念的运用在横向和纵向方面均有不同。从纵向而言，可治理性最初主要指政府或体制的能力，后来其内涵逐渐扩展，涵盖面非常广泛，被用来分析政治、经济、社会等诸多方面领域的问题。最重要的是，可治理性不仅强调政府或体制对社会实施治理的效率和能力，而且更为强调一个政治社会共同体中不同组成部分之间的互动，特别是社会或公民社会对于政府或体制的回应以及两者之间的互动和相互作用，强调这个共同体的自治能力。从横向而言，不同学者和机构对可治理性的界定各不相同，各自从不同角度使用这个概念。其中，最值得关注的是，一些国际机构并不区分可治理性与治理这两个概念，而且将两者几乎看作同一回事。由此可见，人们对可治理性和治理概念都还没有形成一致的观点，存在着不少模糊的地方。

探讨治理和可治理性的概念不是本章的任务，但是出于分析拉美腐败问题的需要，这里有必要对相关问题做一个简单的说明。首先，本章对治理和可治理性概念不作严格区别，而是将治理更多地看作是政府或体制为公共福利而行使权力以及与社会互动的过程，将可治理性更多地看作政府或体制行使权力的状态，即将实现可治理性看作实现治理的条件和前提。简而言之，治理是一个过程，可治理性是一个状态，两者都需要政府或体制应对社会需求、处理社会危机、解决社会冲突以及与公民社会进行互动的能力，前者指政府行使权力实施治理的能力，后者指政府或体制使社会处于可治理状态的能力。具有可治理性即处于可治理状态，而不可治理意味着处于不可治理的状态，要实现治理，首先是使之处于可治理的状态①；可治理性问题和可治理性危机所表现的是不可治理状态的不同程度。本章尝试用这个基本概念阐述腐败与反腐败问题。具体来讲就是，可治理状态也许可以表述为建立一个有效的监督体系，即通过这个体系及其一系列有效的监督措施，可以使腐败从暗处走向明处，从而使发现、警示和惩处成为可能。其次，本章采用本书确定的可治理性的几个衡量尺度分析腐败问题，探讨腐败对体制的运行效率、政府的执政能力、民众对体制的信任程度、决策过程的透明度等方面的影响，以及拉美国家的反腐措施如何改善和影响着这些方面的改进。除此之外，本章也通过考察腐败与世界银行治理指数中的六个指数（见下文）之间的关系，研究腐败问题对拉美可治理性的影响。

三、腐败与可治理性之间的关系

腐败是影响实现可治理性和达到善治（good governance）目标的一个非常核心的问题，二者高度相关，"在治理较差的地方，往往存在更多的腐败动机和腐败活动的空间，而腐败又往往通过扭曲决策及其实施情况在某种程度上损害了治理"。②腐败，尤其是普遍的和制度性腐败，对于一个国家政治制度的合法性、民主政治的发展、民众对政府的信任和参与政治的热情、社会公正乃至社会伦理道德的清明都会产生极为严重的损害。在导致治理和可治理性问题或危机的诸多因素中，腐败，特别是政治领导人的腐败，则具有致命的破坏作用。相关案例多不胜数。1993

---

① "可治理状态"这个概念是我国社会学家孙立平提出来的，他将可治理理解为一种状态，它不是解决问题，而是使解决问题成为可能，而治理危机的解决之道首先是使其进入可治理状态。（孙立平："使事情进入可治理状态社会观察"，http://finance.sina.com.cn, 2006年4月2日）

② 转引自丁开杰：《国际基金组织——以善治向腐败开战》，http://www.cccpe.org

年韩国实行公职人员财产公示制度和金融实名制后,曾在全国引发了一场史无前例的廉政风暴,最终导致包括国会议员、法院院长、多个部门的长官、市长、空军总长和海军总长等一大批达官显要在内的5000多名政府官员受到惩治,并最终导致两位前总统卢泰愚、全斗焕贪污巨额资金的事实被揭露。在拉美地区,2001年底阿根廷爆发的由金融危机引发的政治危机和社会危机也是一个非常典型的案例,民众对政府腐败行为的反感以及对执政党的不信任成为推动危机升级的重要因素之一。

基于腐败与治理之间的密切联系,许多学者和国际组织,调整了对于腐败的认识,将腐败问题研究与治理理论结合起来,从治理的角度重新思考腐败问题,将治理腐败放在实现治理或可治理性的整体框架中加以考量。我国研究腐腐败问题的专家何增科认为,国际社会大量的事实表明,一个国家或地区腐败的状况与其治理状况有着密切的关系,严重的腐败是总体治理状况不佳的具体反映。不从治理改革入手提高治理质量,反腐败就难以取得突破性进展。[1]世界治理和反腐败领域著名专家丹尼尔·考夫曼(Daniel Kaufmann)指出,与腐败作斗争不能只是通过与腐败作斗争实现(即进行反腐运动或建立反腐机构、制定和修改相关法律文本),相反,"需要从一个更为广泛的治理背景中看待腐败",他认为,在这样一个更为广泛的背景中,还有其他重要维度,如法治、产权保护、新闻自由、政治竞争、透明的竞选资金和其他,这些转而影响腐败并需要首先加以强调。[2] 在这种理念指导下,世界银行研究院制定关于治理的六个指标(World

---

[1] 何增科:《治理改革与反腐败——展望2009年反腐败》,http://www.chinainnovations.org

[2] Daniel Kaufmann, "Anti—Corruption within a Broader Developmental and Governance Perspective: Some Lessons from Empirics and Experience", http://siteresources.worldbank.org

Governance Indicators，WGI)①，每年发布全球治理报告并建立了腐败与治理网。此外，在瑞士洛桑国际管理发展学院的《世界竞争力年鉴》(Development World Competitiveness Yearbook，WCY)② 和世界经济论坛《全球竞争力报告》(The Global Competitiveness Report)③中，腐败也都被列入考察政府效率的内容之中。这三个指标与透明国际的"腐败印象指数"一起成为目前国际上通用的衡量和比较各国腐败程度的最有影响的指标。本章将使用这些数据作为分析和比较拉美国家腐败问题程度和反腐败斗争成效的重要参考依据。另外，一些致力于全球治理和反腐斗争的非政府组织也建立了自己的评估体系，例如全球廉政组织（Global Integrity）每年发布全球廉政报告（Global Integrity Report）和廉政指数，对

---

① "全球治理指标"包括六项内容：言论自由与政府责任（voice and accountability）、政治稳定与无暴力（political stability and absence of violence）、政府效能（government effectiveness）、法规执行质量（regulatory quality）、法治（rule of law）、控制腐败（control of corruption）。计算标准是将全球国家加以分析后，给予正负 2.5 之间的评分，然后按百分数排名。1996 至 2008 年共开展了 10 次调查，1996 至 2002 年每两年调查一次，此后每年一次。2009 年公布的指标涵盖全球 212 个国家和地区。该指标汇集了全球发达国家与发展中国家的企业、民众和专家的观点，数据来自协会、智库、非政府组织和国际组织。世界银行声称各项指标并不代表该行及其成员国的官方看法，并且不被该行用来作为分配资源的依据。但是因为指标由世界银行正式公布，其权威性和影响力自然辐射全球，可以作为衡量全球多数国家政治和社会状况的参照。

② 《世界竞争力年鉴》根据经济发展情况、政府效率、工商环境和基础设施等 4 个方面的数十个指标进行评分，分值在 0~100 之间。2009 年报告考察了全球 57 个国家，其中包括智利、巴西、阿根廷、哥伦比亚、秘鲁、墨西哥和委内瑞拉 7 个拉美国家。

③ 世界经济论坛从 1979 年开始对每个国家的竞争力进行评判并推出年度《全球竞争力报告》。该报告将全球竞争力分为基础条件、效率推进、创新与成熟性三大因素，将其具体化为制度、基础设施、宏观经济稳定性、健康与初等教育、高等教育与培训、商品市场效率、劳动市场效率、金融市场成熟性、技术准备、市场规模、商务成熟性、创新等 12 个项目，并被细化为 100 个指数。2009 年涵盖世界 133 个国家。

50多个发展中国家的治理和反腐情况进行评估。① 本章在分析中也会参考此类数据。

第二节 拉美的腐败问题：程度评估与原因分析

一、拉美地区腐败程度评估

依据前文提到的多个国际机构的腐败评估指标，拉美大多数国家腐败现象比较严重、腐败程度比较高，少数国家甚至是十分腐败的国家，只有极少数国家进入比较清廉国家的行列。透明国际"腐败排行榜"显示，智利是拉美地区清廉程度最高的国家，自1996年透明国际发布国际清廉排行榜以来，智利的得分一直处于5~8分之间，属于比较清廉的国家，在全球排位中处于前20位前后。近几年（2005~2008年）处于5~8分之间、属于比较清廉的拉美主要国家只有智利和乌拉圭，哥斯达黎加在个别年份曾达到过5分。而大多数国家处于2.5~5分之间，腐败比较严重。得分在2.5分以下，属于十分腐败的国家一般有五个，委内瑞拉、巴拉圭、厄瓜多尔和海地等四国基本保持不变。此外，近几年透明国际把调查范围扩大到加勒比地区，一些加勒比地区小国也被纳入调查范围，巴巴多斯、圣卢西亚、圣文森特、多米尼克等国的得分在5~8分之间，属于比较清廉的国家②。

---

① 全球廉政组织的"廉政指数"分为公民社会、公共信息和媒体，政府责任性，管理和公民服务，监管和规范，反腐和法治等5个方面，包括24个指标，分值在0~100分之间，100分为最高分，0分为最低分，分为极强、强、中等、弱和极弱5个等级。拉美有12个国家受到评估。

② 参见透明国际历年《全球腐败报告》(Transparency International, *Global Corruption Report*), http://www.transparency.org

从世界银行"全球治理指标"的数据来看,自1996年世界银行开始发布全球治理指标以来,智利在六项指标之一"控制腐败"方面一直在1.30~1.51分之间(按百分排名,智利的得分在90分左右),属于腐败控制得比较好的国家,2009年在全球208个国家中排在第27位,是拉美地区惟一一个进入前30名的国家;绝大多数拉美国家的这项得分都低于1.0,表明腐败没有得到有效控制;少数国家(如海地和委内瑞拉)的得分低于-1.0,表明腐败仍呈现蔓延发展的势头[1]。除了上述两个最主要的腐败测量指标之外,拉美晴雨表的年度报告也提供了对拉美腐败现状及程度进行测量的主观测量结果,即通过民意调查了解拉美国家各种不同社会群体对腐败实际程度的主观评价。根据2008年拉美晴雨表报告提供的数据,民众对于公职人员腐败的感觉一直没有发生什么变化,受访者认为有超过2/3的官员是腐败的(每100个官员中有67%~68%是腐败的);最腐败的领域依次是警察、政府部委和法官,持此观点的受访者比重分别为44%、38%和35%。[2]

然而,透明国际的"腐败印象指数"和世界银行的"控制腐败指标"主要来源于各类调查结果,一般不区分行政腐败和政治腐败,也不区分小型腐败和大规模腐败,因此,这两个指数/指标本身还不能全面反映腐败问题的严重程度。自20世纪90年代中期以来,拉美腐败问题的严重性首先表现在腐败的渗透力逐渐增强,从个体性现象逐步发展成为制度性腐败。制度性腐败的形成大多发生在社会体制调整或转型的时期,其原因在于,体制调整或转型期也往往是制度最不健全、管理最不协调的时期,

---

[1] Daniel Kaufmann, Aart Kraay & Massimo Mastruzzi, *Governance Matters VIII Aggregate and Individual Governance Indicators 1996~2008*, The World Bank Development Research Group Macroeconomics and Growth Team, Policy Research Working Paper 4978.

[2] Corporación Latinobarómetro, 2008 Report, http://www.latinbarometro.org

容易为寻租行为造成制度空间，也使腐败分子更加有空可钻。20世纪90年代以来，由于拉美国家对官员行为缺乏制度约束，国家放开经济管制后，为腐败大量滋生留出了比较大的政治、经济空间[1]，致使腐败从个别现象逐渐发展成为普遍现象，进而渗透到国家政治经济生活的方方面面，逐渐演变为制度性腐败。拉美的制度性腐败主要表现在三个方面。

首先，国家政权和政府部门普遍受到腐败的极大侵蚀。透明国际《2005年全球腐败晴雨表报告》指出，拉美地区从立法部门到司法部门，从政党到警察部门都是全球腐败之最。[2] 秘鲁和阿根廷是最典型的例子。在前总统藤森当政的10年（1990～2000）中，秘鲁腐败之风盛行，参与腐败的成份组成了一个庞大的腐败网络，系统—机构的腐败几乎涉及司法、政党、军队、海关等所有重要领域。[3] 阿根廷的行政、立法和司法部门都存在严重腐败。前总统梅内姆执政期间（1989～1999），最高法院的九名法官中，包括大法官在内的五名法官是梅内姆的老乡或其早年在律师事务所工作时的同事。2001年阿根廷民众曾因质疑最高法院法官执法的公正性而上街游行，要求他们辞职。2001年议会对一个新劳工法案投票时，有数名参议员被指控从行政部门收取贿赂（数额从50万到80万美元），出卖自己手中的选票。与此同时，腐败也渗透到其他公共部门及公共部门之外，且表现得非常猖獗。据2006年透明国际发表的一份全球医疗卫生系统

---

[1] Edmundo Jarquin and Fernando Carrollo—Flores, "The Complexity of Anticorruption Policies in Latin America", in Joseph S. Tulchin and Ralph H. Espach (ed), *Combating Corruption in Latin America*, Woodrow Wilson Center Press, 2000, p. 193.

[2] Report on Transparency International Global Corruption Barometer 2005, p. 5. http://www.transparency.org/surveys/barometer/

[3] Mario Olivera Prado: "Caracterización de la corrupción en el Perú", http://www.revistaprobidad.info

腐败问题的报告，拉美国家普遍存在公共医疗卫生事业经费被贪官污吏巧取豪夺、化为私有的现象。在拉美地区，哥斯达黎加的卫生系统拥有的政府资助最多，近年来腐败大案不断，仅在一笔援建医院的款项中，就有高达40万美元被贪官侵吞私分。墨西哥、海地等国家的医疗行业也是丑闻频传。①墨西哥有许多商人和银行家因为与政府的特殊关系而大获其利。②

其次，随着经济全球化的发展，腐败呈现出跨国化趋势。一些拉美国家的腐败犯罪分子利用他们在国外的关系，进行贩毒、走私武器、洗钱，甚至搞恐怖主义活动。前面提到的藤森腐败案和梅内姆腐败案都具有这种性质。其他案例如，2001年，尼加拉瓜国家石油公司上缴的500万美元税款在外汇市场上被换成美元并用于偿还一家房地产公司的债务，而前总统阿诺尔多·阿莱曼及其亲戚和亲信均为该公司的大股东。巴拉圭负责银行结算的官员将1600万美元转移到自己在纽约的账户上，想通过国外的金融机构洗钱。这项转移是奉总统的兄弟的命令、由主管银行的官员授权进行的。为了隐藏这笔资金的转移，他们建立了一些私人基金会，而主管银行的官员、中央银行理事会理事和总统的姐姐，都是基金会的领导成员。这种形式的腐败大多牵涉政府部门高级官员，而且往往与犯罪集团相结合，导致涉案群体具有系统性和连带性，对公共管理体系和政府威信具有极大的破坏作用，增加了各国控制腐败的难度，增加了治理腐败的成本，扩大了腐败的影响面，提升了腐败的严重程度。

第三，随着拉美民主化进程的推进，选举成为实现民主和巩固民主的最重要的制度安排之一，而选举腐败也随之凸显，成为

---

① Global Corruption Report 2006, Country Reports.
② http://www.americasnet.net/Commentators/Martha_Pinzon/pinzon_62_eng.pdf

政治腐败中最为突出的表现形式。根据透明国际《2004年全球反腐报告》，拉美地区的政治腐败居全球之冠。2004年透明国际提供的"腐败对政治生活影响程度"的调查数据显示，高居榜首的三个国家是玻利维亚、巴西、秘鲁，其腐败的影响力达到70%以上，在阿根廷、乌拉圭、厄瓜多尔、哥斯达黎加、墨西哥等国，腐败的影响力也达到51%～70%。[1]选举腐败主要表现为贿选普遍。贿选就是在选举过程中，政党或候选人通过直接贿赂选民来获取选票。2001年巴西市政选举中，7%的选民称有人用钱收买了他们的选票。[2] 在墨西哥的调查显示，很多地区也存在贿选问题，被购买的选票占5%～26%。[3] 1999年盖勒普调查发现，阿根廷24%的被访者称知道有人曾卖掉了手中的选票。[4] 有些政党操纵选举的手段还相当高明，他们并不要求选民一定投他们的票，目的只是分散选票。例如，墨西哥2000年总统选举中，反对党号召选民"接受礼物，但想投谁就投谁"，而他们用来进行贿赂的不仅是钱，还有食物、衣服、家用物品、药、基础设施、建材、农业物资以及其他服务。哥伦比亚2002年总统选举中，短工和公共契约也成了交易物。美国提供的"哥伦比亚计划"的资金，本来旨在反毒品和武器走私，却被市政官员拿去购买选票。[5]此类案例不胜枚举。选举腐败已经对选举制度的公

---

[1] Report on Transparency International Global Corruption Barometer 2004, p. 10.

[2] Bruno Wilhelm Speck and Claudio Weber Abramo, 'Transparência Brasil/ Ibope Survey – Summary Report', www. transparencia. org. br

[3] Wayne Cornelius and Luis Estrada, 'Mobilized Voting in the 2000 Elections: The Changing Efficacy of Vote Buying and Coercion in Mexican Electoral Politics', in Jorge I. Domínguez and Chappell Lawson (eds), *Mexico's Pivotal Democratic Election* (Palo Alto: Stanford University Press, forthcoming) 转引自: Global Corruption Report 2004: Political Corruptionp, 77.

[4] Gallup Argentina 'Informe', www. worldbank. org/wbi/governance/capacitybuild/pdf/arg_ report. pdf. 转引自: Global Corruption Report 2004: Political Corruption. p. 77.

[5] Report on Transparency International Global Corruption Barometer 2005, p. 9.

信力和民主政治的发展造成恶劣影响。

二、腐败问题严重的原因

导致拉美国家腐败问题严重的原因是十分复杂的，很难进行简单的概括，常被提及的因素包括发展和教育水平、经济因素、政治因素、文化因素等，本章并不打算全面论述这个问题，这里只是指出可能与拉美国家腐败程度严重密切相关的一些因素。

首先，严重的腐败或者说制度性腐败的出现和蔓延与制度缺陷有关。拉美国家都实行西方式民主政治制度，而三权分立和相互制衡是这种政治制度安排中重要的组成部分。从预防和治理腐败的角度来看，权力制衡机制是反腐败体制的最重要的制度安排之一；建立三权（尤其是行政权）各自的内部监督机制，增强立法部门和司法部门的独立性，则是实现有效监督、预防和惩治腐败的必要条件。但是，长期以来拉美国家的三权制衡机制并不完善，特别是立法和司法部门缺乏独立性，官僚主义严重，效率低下，难以担当预防和监督腐败的重任。在有的拉美国家，总统权力非常大，在执政党在议会占据压倒多数的环境下，三权之间的制衡作用非常小，行政权力远远超过立法权和司法权；议会作用弱小，司法不独立，难以对行政权实施有效监督。一个比较典型的例子是，梅内姆执政时为了实现对司法权的控制，把最高法院的法官人数从5名增至9名从而使自己的亲信达到6人。在法定的审查过程中，他不给议会充分的时间对法官提名人选进行评估，而是在宣布扩大最高法院一天后立即提交候选人名单。参院任命委员会则在两名反对党代表缺席听证的情况下批准了候选人。当该委员会的批准送达参院后，参院在没有激进党（最大反对党）议员参加的一个秘密大会上，只用7分钟就通过了这个名单。①在不少拉美国家，司法体系不仅独立性差而且效率低下，难以有效地对腐败犯罪行为进行法律追究。而在许多拉美国家，司法部门甚至被看作最腐败的机构之一，拉美晴雨表的调查显示，在委内瑞拉和阿根廷，超过半数的受访者认为法官最有可能腐败；在巴拉圭和秘鲁有接近半数的受访者持此观点，远高于拉美地区平均水平（38%）。②

其次，在经济结构改革过程中，许多拉美国家解除了政府对经济活动的干预并实施大规模私有化，向市场自由化快速转轨，但在此过程中国家并没有制定相关法律法规，实施有效监管，实行透明和竞争的私有化方式，而是放任自流，从而为寻租行为提供了大量的制度性空间、动机和机会。例如，智利在向市场经济过渡的早期阶段，由于原来的垄断公司在没有新的制度管理下私有化，或银行系统在没有货币当局的足够监管下实现自由化，这时自由市场部门的自由价格和那些仍受政府控制的部门价格并存，价格双轨制扭曲市场竞争，并为行贿受贿、滥用职权提供了大量机会。这个时期虽然持续的时间相对较短，但提供了政府"设租"的典型案例。又如阿根廷私有化过程中出现了大量利用公权谋取私利的腐败行为并逐步泛滥、渗透到政府管理和政治体制的方方面面，形成大规模和群体性腐败，大型腐败案件多有发生，以致于20世纪90年代中期阿根廷民众还"不认为腐败是一个优先考虑的问题"，腐败问题在阿根廷民众所关注的问题中只居第三位，但到90年代后期腐败问题已成为民众最关心的问题。据国际咨询机构 KPMG 公司 2001/

---

① Rebecca Bill Chávez, "The Appointment and Removal Process for Judges in Argentina: The Role of Judicial Councils and Impeachment Juries in Promoting Judicial Independence", Latin American Politics and Society 49 no2 33~58 Summer 2007

② Corporación Latinobarómetro, 2008 Report, http://www.latinbarometro.org

2002 年度对阿根廷腐败和欺诈问题的调查，认为自己是国家权力部门腐败和欺诈行为的受害者的比重，到 1998 年已上升到 60%，1999 年达到 64%，2000 年进一步增至 71%，2001~2002 年甚至高达 92%。①

第三，随着选举民主的推进和竞选活动的展开，竞选成本的增加和通过贿赂当选政客获取好处的需要，为选举腐败提供了动力与机会。从政党角度来看，每隔几年就举行一次的选举活动是其获得执政机会的唯一途径，而竞选成本逐步上升构成了政党财务的一个沉重负担，需要通过筹资解决这个问题；从企业和商界来看，为了获得公共合同或政府政策上的优惠待遇，商人们试图以各种方式影响政治决策过程，而向政党财政提供捐款则是非常有效的一个方式。由于拉美国家的政党筹资不透明，相关法律法规不健全，从而使权钱交易有机可乘。尽管自 20 世纪 90 年代，拉美掀起了政党和选举立法方面的改革浪潮，但直到最近几年，才开始采用"禁令"和"限制"性立法来规范选举。目前，拉美仍有一半以上的国家对竞选中的私人筹资账目没有任何限制。那些设置了限制的国家，由于监控机构能力有限，也难以落实监督。哥伦比亚、秘鲁、乌拉圭三国的法律允许任何来源的捐助，包括外国资金捐助竞选。阿根廷、厄瓜多尔、巴西和巴拉圭等虽然禁止某些与政府做生意的公司提供捐助，但各国对这类公司的界定差异很大，留下了不少漏洞。

第四，在许多分析拉美腐败问题的文献中都提到腐败文化与腐败之间的密切联系。阿根廷学者 Gladis Maria Demarchi 认为，"实际上，阿根廷的腐败问题涉及的是体制问题，更确切地说是

---

① Gladis Maria Demarchi: "*En busca de una estrategia eficaz para combatir la corrupcion en Argentina*", http://www.cejamericas.org/doc/documentosenbuscadeunaestrategiaparacorrupcion.pdf

文化特点问题"。① 查韦斯总统在一次谈话中，也公开承认委内瑞拉腐败文化现象的存在："在过去半个世纪里，委内瑞拉造就了一种腐败文化，这种文化实际上是由所谓的民主维护者们所造就和执行的，这些人就是已经致富的那些民主行动党和基督教社会党人"。② 在巴西比较常见的腐败形式是利用友情或血亲关系获取机密信息，特别是优惠或政府资金，深刻的腐败传统培养了巴西人这样一种认识，即认为腐败只是个人道德问题，而不是什么严重的事情。③ 当腐败成为许多人的办事准则，就发展成为一种普遍的腐败；当腐败成为机构/体制运行的潜规则，就成为制度性腐败，成为治理难度与治理成本很高的腐败。而一旦腐败成了一种文化，就会渗透到社会生活的方方面面，成为多数人的行为准则甚至生存准则，就会对社会有机体造成难以恢复的创伤。在腐败文化盛行的地方，腐败行为的道德成本很低，成为可以接受的"潜规则"，而这正是为什么腐败之风难以刹住的深层次文化诱因。

第五，新闻媒体加大对腐败丑闻的报道和揭露力度以及公众对政治家腐败丑闻的愤慨也促使腐败问题成为拉美政治生活中一个可见的严重问题。20世纪80年代末90年代初，拉美地区正在经历深刻的社会转型，长期军人威权统治仍然影响深远。在军政府高压统治下，由于行政过程极不透明，惩防腐败的各项机制遭到破坏，舆论和思想自由受到限制，因而，腐败问题得不到暴露和揭发。文人政府上台后，随着政治民主化的

---

① Gladis Maria Demarchi: "*En busca de una estrategia eficaz para combatir la corrupcion en Argentina*", http://www.cejamericas.org/doc/documentosenbuscadeunaestrategiaparacorrupcion.pdf

② 袁东振：《委内瑞拉政府反腐败的经验与绩效评估》，《拉丁美洲研究》，2007年第6期。

③ 郭存海：《巴西的反腐败机制与反腐绩效评估》，《拉丁美洲研究》，2007年第6期。

进展，立法和司法部门的独立性得到加强，权力部门内部和相互之间重新确立了相互监督和制约的机制，媒体自由度也大大提高，从而加大了腐败案件的揭露和调查。大量高层腐败在90年代中后期相继曝光，很容易使人产生腐败比过去严重的印象，另一方面，腐败丑闻在新闻媒体上的频繁曝光引起了公众的极大关注并使公众对政治家的劣迹变得更不宽容，而且越是腐败程度低的国家，民众对腐败行为的容忍度越低，例如，61％的墨西哥人认为本国腐败是个严重问题，而类似比例的智利受访者也认为腐败在本国非常严重，但实际上智利的腐败程度比墨西哥低得多。①

腐败，尤其是制度性腐败，对拉美国家原本就比较脆弱的政治体制造成巨大损害，导致政府和政治体制没有能力满足不断增长的民众的公共需求，使民众对各类正式制度产生不信任，使政府和政治体制的合法性面临巨大挑战。在腐败的影响下，政府的有效行政能力不断被削弱，没有能力形成社会资源的高效配置，社会开支水平难以提高，社会计划效益差，贫困现象和贫富两极分化加剧，社会冲突难以化解。腐败也强化了政府和政治体制在社会整合上的脆弱性，导致社会排斥和边缘化现象严重，使政府在吸毒、有组织犯罪、城市暴力、失业等不断出现的社会问题面前束手无策。严重的腐败必然会导致治理不利，导致可治理性问题和可治理性危机，而民众对政府和政治制度的不信任，在一定条件下就有可能引发政治危机，导致社会动荡。在这方面，拉美地区提供了许多可资汲取教训的案例。

---

① Corporación Latinobarómetro, 2003 Report, http://www.latinbarometro.org/

第三节 拉美国家治理腐败的努力

反腐败是一项长期而艰巨的任务,需要持续的努力,需要政府和公民社会的共同奋斗。虽然腐败现象在拉美国家是一个早已有之的社会现象,但将反腐败纳入政府议事日程并成为一场全民关注的斗争,却始于20世纪90年代中期,正如美洲开发银行在一份报告中所说,1994年以前,"腐败一词在拉美的官方出版物中实际上是没有的"。① 随着政府和民众对腐败危害性认识的提高,拉美民众从容忍腐败到反感腐败,进而积极投入反腐败斗争;拉美国家政府从漠视腐败的存在到制定反腐败措施,继而开始注重制度建设,在加大惩处腐败的力度同时,也将反腐重点放在完善法律体系和制度建设,试图通过建构和完善本国的廉政体系,将预防、监督和惩处结合起来,推动反腐斗争向深入发展。

一、确立和完善权力制衡机制,为建立多层次反腐败体制而努力

绝大多数拉美国家实行三权分立制度,其反腐败制度建设也是以实现立法、司法和行政三权各自内部监管和三权之间的相互制衡的外部监管相结合的方式展开的,即在三权之间和政府内部各职能部门与机构之间确立起一系列法定的监督关系。具体来讲,内部监督最重要的机制是审计,即通过内部审计对国家政府各部门及其所属的公司、企业团体等实行内部监控。此外,立法

---

① Americas' Accountability Anti—Corruption Project Casals and Associates, Inc & U. S. Agency for International Development: *Corruption in Latin America: A Desk Assessment*, http://www.u4.no/document/

和司法部门也都有自己的内部监督机制，如阿根廷的司法局、法官渎职和失职审理法庭等，对法院和法官进行监督。外部监督主要体现在一系列分权制衡之中，其中最重要的是立法机构和司法部门对行政部门的监督。拉美国家为实现这一目标而采取的措施主要包括：①制定行政法，规范权力运做，形成公务员制度、财产申报制度等一系列重要制度安排；②在议会下设立审计机构，审查政府预算、收支状况，以保证国家公共资金得到正当有效地使用；③预算约束；④制定公共采购法，避免暗箱操作，鼓励竞争，并严厉控制行政官员的自由裁量权。司法部门与行政部门之间的监督机制主要包括：①设立宪法法庭，负责监督政府当局和行政官员行为的合宪性；②推动司法改革，保证法官的独立性，提高司法系统的效率；③在司法部门设最高检察机构，享有独立预算和自治权，拥有广泛的调查权。除上述正式的制度安排外，许多国家还通过倡导和推动公民社会参与、新闻媒体监督和压力集团制衡等方式进行各种非正式监督，从而最终实现建立多层次监督体制的目标。

二、立法先行，提高法律反腐的力度，逐步完善相关法律法规

20世纪90年代是拉美国家进行司法制度改革的高潮期，建构反腐败制度体系与司法改革几乎同步展开，修改宪法，制定相关法律法规，提高法律反腐的力度成为拉美国家反腐体制建设的一个重要特点。

首先，拉美国家试图通过推出一系列法律法规，建立比较完善的法律体系，使政府和其他权力机构依法行使公共权力。为了预防行政部门滥用权力，拉美各国制定出行政法，如智利的《国家行政总则》、《行政条款》和《行政廉洁法》，阿根廷的《公务员道德法》和《公共雇佣法》，哥伦比亚的《专门纪律法典》、《行政法法典》，墨西哥的《联邦公务员责任法》等。这些法律赋予了司法部门对行政部门领导和公务员的行政监察权，明确规定了公务员录用、晋升、薪酬和解雇的条件和程序，形成一套比较完整的公务员制度。由于拉美大多数国家有任人唯亲、政党分肥、裙带关系盛行的传统，所以这些规定对公务员系统的良性运转至关重要。许多拉美建立了财产申报制度，阿根廷、伯利兹、玻利维亚、巴西、智利、牙买加、墨西哥、尼加拉瓜和巴拉圭等8个国家实行了全部财产申报制度，要求一定级别的官员必须按规定申报个人及其配偶的全部财产申报，还有一些国家没有要求申报全部财产或没有做出硬性的申报规定；同时，许多国家也在反腐败法法规或者公务员道德法中对收受礼品、利益冲突等作出法律约束。① 为了实现透明行政，许多拉美国家制定了"公共采购法"，以透明、公平和竞争性为原则，对政府采购招标和投标过程作出详尽规定，严厉控制行政官员的自由裁量权，并通过官方简报和网络等公布采购信息。巴西早在1993年就通过了一部较为完备的公共采购法，智利成立了隶属于财政部的"公共采购司"②，巴西、智利等国还设有审计法庭或财务法庭，墨西哥的"政府监控与发展秘书处"可审理采购中的投诉。但拉美国家对某些特殊领域，如国防部和内务部的采购活动予以保密，这在客观上为腐败分子留下了可趁之机，如阿根廷前总统梅内姆的非法武器走私与洗钱案和秘鲁前总统藤森与前情报局长的腐败案，都属于这种情况。

其次，拉美国家重视对腐败行为和腐败犯罪进行司法界定和确定惩治法规，将反腐斗争纳入法治轨道，强化对腐败行为的威胁力度和对腐败犯罪的惩治力度。据不完全统计，拉美地区至少

---

① http://right2info.org/information—of—high—public—interest/asset—declarations
② 中华人民共和国驻智利共和国大使馆经济商务参赞处，《ChileCompra.cl—智利政府公共采购网站使用说明》，网址：http://cl.mofcom.gov.cn

有五个国家专门制定了反腐败法，如委内瑞拉《反腐败法》（Ley Contra la Corrupción，2003年）、乌拉圭的《反腐败法》（Ley Anticorrupcion, Ley 17.060）、伯利兹的《预防腐败法》（Prevention of Corruption，1994年）、哥斯达黎加的《反非法致富腐败法》（Ley 8422~2004 Contra la Corrupcion Enrequecimiento Ilicito, 2004年）和牙买加的《腐败预防法》（The Corruption Pervention Act），它们一般包括公务员行为准则、监管机构、财产申报制度、非法致富和危害公共财产的司法界定以及惩处措施和量刑标准等方面的法律规定。例如，委内瑞拉《反腐败法》主要包括以下内容：（1）公共资源管理和公务员以诚实、透明、参与、效率、合法、可信和负责为行为准则；（2）审计总署和公共部（相当于我国的最高检察院）负责对国家机构和公共部门进行监管，公布其管理的公共财产帐目并接受公众的查询和监督；（3）实行严格的财产申报制度，公务员必须分别在就职和离职的30天内进行个人账产申报；（4）公务员在职期间如其私人财产的增加与其个人收入不符，以非法致富罪论处并进行严厉惩处；（5）严惩损害公共财产犯罪、利用公共资源谋取私利和泄露国家机密等职务犯罪、敲诈勒索和收取贿赂等主动腐败行为；（6）对公务员腐败犯罪和职务犯罪等的惩处包括90天隔离和撤销职务，以及10年有期徒刑等。① 伯利兹《预防贪污法》主要包括建立廉政委员会、官员财产申报制度和官员行为准则等条款。② 不过，大多数拉美国家没有制定反腐败法，而是在刑法中对公职人员的腐败犯罪行为及其惩罚作出规定。例如，秘鲁《刑法》第18章"危害公共管理罪"中的第二节为"公职人员腐败"，其中包括主动行贿受贿、被动行贿受贿、影响的交易、

---

① http://www.cgr.gov.ve/smc/pdf/institut/LC_CORRUPCION.pdf
② http://www.belizelaw.org/lawadmin/PDF%20files/cap105.pdf

非法致富等九个条款。① 由于各国的历史传统和政治文化背景不尽相同，政府对腐败的重视程度存在差异，法律对腐败的界定、处罚的严格程度、执行法律的效果也都有所区别，因此，拉美国家对腐败行为的界定及司法界定，也是各有特点。例如，智利主要着眼于从司法含义上界定腐败行为，将公职人员行使职责过程中的不守法和违反规章制度的行为都列为腐败犯罪，如行贿受贿、贪污资金、滥用权力等。阿根廷主要通过对公共部门1000多个案例（其中一半以上已进入司法程序）进行分析，将公共部门的腐败行为区分为10种方式，然后将这些腐败类型进行司法界定为13种腐败犯罪；同时强调应该将私营部门的腐败问题也包括在政府反腐败监控体系之内，认为对私营部门的腐败进行监控与对公职人员的不守法行为进行起诉和惩处是同样重要的。②

三、重视机构调整，提高反腐监察能力和效率，弥补现行权力制约机制中的漏洞

20世纪90年代中后期，在《美洲反腐公约》的倡导和推进下，许多拉美国家进入设计反腐败制度和创立新反腐机构的一个高潮期，一方面通过修改法律对一些现行监督机构（如审计署）的职责与功能等再行确认，另一方面出台许多新法律法规，设立新机构并对其结构、职责、功能等进行规范。

（一）加强检察院在反腐斗争中的作用，设立专门承担反腐功能的机构

有些国家（哥伦比亚和秘鲁）在检察部门设立了专门的反

---

① Mario Olivera Prado: "Caracterización de la corrupción en el Perú", http://www.revistaprobidad.info/016/003.html
② 阿根廷反腐署网站: http://www.anticorrupcion.jus.gov.ar

腐机构。哥伦比亚设立的"公共道德检察总长"专门负责对政府高级官员犯法行为进行调查，并推动实施法律惩处。秘鲁建立了"反腐检察官"制度，并设立了专门负责反腐败事务的法庭和法官。该机构的首要任务是调查20世纪90年代（主要是藤森时期）已发生的腐败案件。2004年6月，秘鲁反腐败法庭对藤森的顾问、国家情报局总管蒙特西诺斯以侵吞公款、腐败和组织犯罪等进行了审判。同时，秘鲁还设立了新的警察分局，其主要任务是支持首席检察官调查腐败事件，负责追捕腐败案件嫌疑人。不过，大多数国家并没有设立专门的反腐机构，如巴西、墨西哥和智利，但有些国家的首席检察官可以根据需要和投诉临时成立特别机构，调查与腐败有关的案件和其他犯罪案件。例如，墨西哥的首席检察官有权设立"公务员事务特别检察官"，调查涉及公务员的腐败案件，也曾为调查选举腐败成立过专门调查机构。巴西则是遇有重大腐败丑闻时，由检察机构成立专门调查机构，集中人力物力，提高查处腐败的效率。

（二）增设新反腐机构或加强现行反腐机构，提高反腐机构的效力

有的国家为调查政府高层的腐败问题成立临时专门机构，其中有的机构已成为一种长效反腐机构，阿根廷的反腐署是一个典型案例。反腐署是设立在司法部的一个专门从事反腐监察工作的副部级机构，成立于1999年，其目的主要是"推动落实阿根廷在美洲反腐条约中作出的承诺，建立预防和惩治腐败的机制和政策"，[1]而其首要任务则为调查梅内姆政府的腐败行为。目前，反腐署已成为阿根廷反腐败制度建设中最重要的机构之一，根据法律规定，其职责是"提出和协调反腐计划，与政府机构调查检

---

[1] Roberto de Michele, "The role of the Anti-Corruption Office in Argentina", The Journal of Public Inquiry, Fall/Winter 2001.

察院协作，行使法律规定的职责和授权"，权限范围为"全国公共管理部门内的联邦机构和下放了权力的机构，以及有国家参与的公司、团体和所有其他公共和私营机构。"① 2006年最高法院承认反腐署具有司法资格，可以起诉腐败案件，这些措施进一步增强了反腐署的权力。巴西的"国会调查委员会"的前身是国会反贪调查委员会，是隶属于国会的一个重要反腐机机制，根据巴西宪法，国会任何一院都可以联合或单独成立国会调查委员会监督地方政府使用联邦政府划拨资金的使用情况，对具有重大影响的案件进行监督和调查。1992年前总统科洛尔因腐败丑闻被迫辞职，国会调查委员会在其中发挥了重要作用。秘鲁的"检察官特别办公室"也属此类机构，设立之初专门负责调查藤森问题，后成为重要反腐机构之一。

（三）有些国家还设置了专门负责反腐败斗争和推动增加公共透明度的总统高级顾问，称作"反腐专员"（Anti—corruption—appointee），也被称为反腐"沙皇"。

例如，秘鲁第一位反腐专员是利马警察学校校长，为了避免与其他相关机构的职责相重叠，该反腐专员不负责调查以前发生的腐败事件，其主要任务是对各级政府进行道德教育和预防腐败，以保证公共基金正确使用，而其首要任务则是制定一部公共管理道德法规。墨西哥也设置了反腐专员。

（四）建立保卫人民专员机制②

许多拉美国家建立了保卫人民专员机制，负责受理任何关于

---

① 见阿根廷反腐署网站机构简介，http://www.anticorrupcion.jus.gov.ar/home2.asp。
② 保卫人民专员也可意译为监察专员（监察特使），它是一种起源于北欧国家的反腐监察机制，后来为许多国家所仿效。各国使用的名称不同，北欧国家称作"监察专员"（Ombudsman），西班牙和一些拉美国家称作"保卫人民专员"（Defensor del Pueblo）。

中央或地方政府或公职人员侵犯人权、行政管理不当的投诉。各国保卫人民专员在职能、派遣以及机构设置等方面各有特点。这一制度设立得比较早且相对成熟的是墨西哥、秘鲁和阿根廷，均设在立法机构（议会）之下，拥有独立自治权，不接受任何其他机构的指导。阿根廷的保卫专员公署与检察院一起设置在公共部中，为部级单位，但属议会管辖，是一个在法律上拥有充分行动独立性和自主性的国家机构，不受任何其他机构的指导；其职责是保护人权和所有其他权利，保卫宪法和法律规定的利益，监督公共管理职能的行使。保卫人民专员由议会任命，需两院议员2/3多数投票产生；任期5年，可连续任职一次；与议员享有同样的豁免权和特权。墨西哥的保卫人民专员公署的职责是由国会全国人权委员会承担的。全国人权委员会是个独立机构，其主席和10名委员由参院议员投票选出，拥有广泛的权力，可以接受任何关于联邦政府和地方政府侵犯人权和管理失误的投诉，在进行调查分析后向相关政府提出工作建议，每年向议会提交年度工作报告。秘鲁的保卫人民专员公署是根据1993年宪法设立的一个独立机构，负责保护每个公民和组织的宪法和基本权利，监督政府履行职责。保卫人民专员由议会挑选，任职后独立行使职权。即使在藤森政府独裁统治时期，保卫人民专员公署在保护公民权利方面、特别是在保护人权方面，也起到了重要作用。哥伦比亚保卫人民专员的设置有所不同，分为人民保卫专员和地市保卫专员，前者由总统提名，众议院任命，后者由各市政委员会任命。巴西只在少数几个国家部门和州市设有这种机构，隶属于行政部门，职责更为广泛，现在，每个设置了保卫人民专员之职的州都有100多个各类专员。智利2001年根据总统法令创立的"保护个人权利总统咨询委员会"承担着保卫人民专员的大部分职能，近几年政府正在考虑建立保卫人民专员机制，承担统领全局的监督职责。相对来说，哥伦比亚、巴西的保卫人民专员制度还不太完善，权力很有限，要有效行使反腐败监督职能并不容易。

四、倡导、推动形成公民参与机制，发挥公民社会和媒体在反腐中的作用

最近十多年来，拉美民众参与政府公共决策的意识不断提升，各国政府也不得不重视民众的这一要求，采取了诸如官方新闻简报、网站、热线、咨询中心（办公室）、保护揭发者、听证会等措施，有些国家还制定了《信息公开法》，从而大大增加了公众获取信息的途径，提高了公民监督政府的能力。有的国家通过制定反腐计划和社会协议等方式，协调国家机构间的反腐职责与功能，为公民参与反腐监察提供渠道，增强政府与公民社会之间的合作。例如，墨西哥的"透明与反联邦公共管理腐败部际委员会"，由政府部长、首席检察官、总统办公室代表、工会和公民社会代表组成，可以接受公民投诉，每四个月向总统提交一份关于全国反腐败情况的报告。另外，负责监察政府和公共部门的机构"政府监督与发展秘书处"设立了"社会监督计划"，为社会团体的代表提供培训，帮助公众掌握监督政府开支和服务的知识。还有的国家比较重视在制定对公共利益有重大影响的决策前，广泛争求意见，并为此制定法律法规，为民众发表意见和提出建议提供法律保证。例如，智利的《社区和其他团体组织法》设立了公民共同参与社区管理的程序；《城市规划和建设总则》规定，市政当局必须让社区掌握将要采用的土地使用方案，向社区提供工程的信息和咨询；《基本环境法》规定，在环境质量标准的发布过程中，必须向有资格提供咨询服务的公共或私人组织进行咨询。政府还建立了"信息、投诉和建议办公室"，为公民提供接近政府部门并与之互动的机会。在许多拉美国家，公民社会组织在反腐斗争中发挥着积极的作用。如巴西道德机构

（Instituto Ethos）由来自巴西不同行业的 907 个公司成员组成，致力于动员和帮助公司以对社会负责的方式进行经营。2006 年该组织曾与其他组织一起发起《反腐倡廉条约》，大力倡导"腐败零容忍"政策，并通过消费者在公共网站对相关公司的腐败行为点名的方式监督公司行为。此外，媒体在反腐斗争中也承担着不可替代的特殊作用，随着民主化进程的深入，拉美国家媒体的相对独立性有所增强，媒体揭露的腐败丑闻数量大大增加，媒体的报道甚至在很多国家掀起巨大的反腐败浪潮。拉美地区的许多腐败大案都是首先通过记者的调查和跟踪报道才得以曝光并最终将腐败官员绳之以法的，有些由媒体揭发的重大腐败案件还引发了严重的政治危机，甚至导致政府垮台、总统遭弹劾或软禁，如巴西前总统科洛尔、秘鲁前总统藤森、哥伦比亚前总统桑佩尔和阿根廷前总统梅内姆等腐败大案。

五、积极参与国际反腐合作机制

腐败现象是一个全球性的问题。伴随着经济全球化和非法行为的国际化趋势，政府间的国际合作，甚至国际组织、跨国私人部门和公民社会组织也已经成为参与反腐的重要力量。到目前为止，拉美国家参与的主要的国际和地区反腐公约和相关公约有《美洲国家反腐败公约》（1996 年）、《经济合作与发展组织禁止在国际商业交易中贿赂外国公职人员公约》（1997 年）、《联合国反腐败公约》（2003 年）和《联合国打击跨国有组织犯罪公约》（2003 年）。其中《美洲国家反腐败公约》是拉美国家参与的最重要的地区性反腐公约，该公约旨在推动美洲国家之间的反腐败合作，建立一套预防、侦查、惩治乃至根除腐败的机制。除未参加美洲国家组织的古巴之外，拉美地区所有美洲国家组织成员国（32 个）都签署了该公约，每年向美洲国家组织成员国大会提交履行公约状况的报告，并定期接受美洲国家组织的评估。

此外，拉美国家政府也非常重视与国际非政府组织之间的合作。透明国际的两个常驻办事机构之一设在智利首都圣地亚哥，墨西哥、巴西、哥伦比亚、秘鲁均有透明国际的分支机构，这些机构的许多反腐建议被其所在国政府所采纳。美洲开发银行、世界银行、国际货币基金组织等国际金融机构，在向拉美国家提供贷款或援助时，也往往会要求这些国家承诺反腐，并对它们资助的项目采取极为严格的监控措施，这些也都成为推动拉美国家反腐败的重要动力。

第四节 拉美国家反腐斗争成效与面临的挑战

一、拉美国家反腐斗争成效总体评估

经过十多年的努力，拉美国家的反腐斗争，特别是反腐体制建设有所进展，反腐斗争取得一定成效。从总体来看，拉美国家的宪法和法律体系正在完善，司法独立得到执政者和社会各界的重视，也建立了许多新的反腐机构，越来越多的国家开始运用更多的技术、法律、制度和管理手段，与腐败作斗争；社会各界对腐败问题的认识逐步提高，与过去不同，现在腐败已成为一个广泛公开讨论的问题，各国政府已经认识到，如不有效遏制腐败，就可能失去国际援助和投资机会；媒体在揭露腐败案件和提高民众对这一问题的性质和结果的认识方面，正在发挥着重要作用；私营部门、公民社会、非政府组织等新的力量已经广泛加入反腐败斗争的行列，新的社会审计机构在监督政府（特别是地方政府）方面扮演着重要角色，而大学在为反腐败斗争提供分析、评估、培训、技术支持和信息等方面，也发挥着重要作用。这一切，已对拉美国家领导人的政治理念产生积极影响。与10年前

相比，现在拉美各国总统竞选中的一个共同点就是，所有候选人（不管其持何种政治态度和意识形态）都会提出反腐败口号并将反腐措施纳入自己的竞选纲领之中。今天，在拉美国家腐败高官会受到有效起诉，而不再像过去那样仅限于被解职，90年代中期以来，已有多位总统和一大批高官在反腐败风暴中下台。尽管少数腐败者受到惩罚并不能从根本上解决制度性腐败问题，但它显示了政府反腐败的决心，也得到一部分民众的认可。拉美晴雨表公司每年进行的大规模民调结果为此提供了佐证。根据2009年该机构年度报告，就地区总体而言，近几年表示感觉到本国反腐斗争取得进步的受访者的比重有明显提高，从2004年的26%提高到2008年的38%，而且2006~2008年受访者对这个问题的感觉基本上是一致的，分别为37%、39%和38%；其中哥伦比亚和乌拉圭最高，分别是59%和58%；巴西的受访者中虽然自称知道有腐败行为的受访者比重为地区最高水平，但认为巴西反腐取得进步的比重也高于地区平均数，为44%。当然也有一些国家在反腐方面表现不佳，墨西哥、阿根廷和秘鲁的受访者中表示认可本国政府反腐成效的比重就远低于平均水平，分别为28%、22%和17%。此外，受访者对于公职人员腐败的感觉却没有发生太大变化，2001~2008年基本持平，受访者认为每100个官员中腐败分子所占比重分别是67.9人和68.6人，甚至略有增加。但与此同时，关于腐败实践的调查结果正好与之相反，表示自己知道过去一年中有一次腐败行为的受访者的比重明显下降，从2001年的26%降至2008年的16%；其中巴西最高，为53%，智利和阿根廷分别为10%和14%。对此，该报告指出，对腐败的感觉就如同对犯罪的感觉一样，许多人相信它存在但自己并未与实际犯罪事件有直接关系。①

---

① Corporación Latinobarómetro, 2008 *Report*, http://www.latinbaromtro.com

当然，民众看到政府采取的反腐措施和实施的反腐制度建设，感觉到反腐斗争有所进步，与准确评估反腐措施在控制腐败上的绩效还不是一回事，而准确评估反腐败成效实际上是非常困难的。在一个比较长的时间里，人们普遍认为腐败无法测度从而也无从控制。20世纪90年代以来治理理论在国际学术界广泛流行起来，许多学者将治理与腐败联系起来进行研究，认为"腐败是治理不佳的一个重要表现，腐败的控制只有纳入治理改革之中才能取得显著成效"[1]，并且认为，对腐败和治理状况进行测度和诊断，进而为控制腐败和实施治理改革提供政策建议，并非"神话"[2]。因此，测度治理和腐败受到国际反腐败学术界的高度重视，自90年代中期以来，越来越多的机构和专家学者开始进行测度治理和腐败的努力，透明国际、世界银行研究院和联合国治理研究团队等国际组织综合运用多种调查方法，开展一系列跨国研究、国别研究和区域性研究，取得了不少有价值的成果。其他一些国际机构（包括私人机构）和专家学者也纷纷参与其中，从各种角度对腐败进行测量，经过十多年努力，积累了大量数据和经验。据估计，约有150个多个国际组织、研究机构和私人组织研究出各种不同的治理指标体系，各具特色各有侧重。[3] 其中最有权威和影响力的指标体系是透明国际的"腐败印象指数"和世界银行研究院的"全球治理指标"，已被广泛用于评估和分

---

[1] 何增科：《腐败与治理状况的测量、评估、诊断和预警初探》，《毛泽东邓小平理论研究》，2008年第11期。

[2] Daniel Kaufmann, "Myths and Realities of Governance and Corruption", MPRA Paper No. 8089, posted 08. April 2008, available at http://mpra.ub.uni—muenchen.de/8089/

[3] Adeel Malik, *State of the Art in Governance Indicators*, United Nations Development Programme, Human Development Report Office, Occasional Paper, Background paper for HDR 2002, available at http://hdr.undp.org/docs/publications/background_papers/2002/Malik_2002.pdf

析各国的腐败程度、反腐绩效和变化趋势。

当然,我们认为,仅仅依据这些数据也不太可能对拉美地区的反腐斗争成效作出准确评估,但应该可以依据不同的指标体系并参照其他民意调查结果,大体构划出拉美地区腐败变化的趋势并从中观察拉美国家反腐斗争的实际成效。以下分析所依据的是透明国际的"腐败印象指标"和世界银行的"全球治理指数"。这里需要强调的是,拉美国家的腐败程度不同,反腐成效大小不一,由于不可能对所有拉美国家的数据进行分析,因此我们选取了三类不同国家:比较清廉的国家,包括智利和乌拉圭;腐败比较严重的国家,包括巴西、秘鲁、哥伦比亚、墨西哥和阿根廷;腐败非常严重的国家,包括委内瑞拉和巴拉圭。这些国家囊括了所有拉美主要国家,也基本上可以代表拉美地区不同的腐败程度,它们的情况应该可以反映拉美腐败的基本变动趋势。

20世纪90年代,拉美主要国家的腐败问题大多表现得比较严重,随着各国对腐败问题的重视和开展反腐斗争,形势有所好转,在21世纪最初的几年中这些国家在得分上一般都有过相对较好的表现,但有些国家,近几年却表现出一些变化,得分有所下降。例如,2000～2006年智利的得分一直保持在7.3～7.4分的水平上,但近几年却发生变化,得分连续三年下降,2008年和2009年甚至降至7分以下,2009年智利在全球排位中居第25位,是历史最低点。1999～2004年巴西的得分都在4分左右,2005～2009年有所下降,基本上在3.3～3.7之间。秘鲁2002年之前得分超过4分,但2003年以来一直在3.5～3.7之间。阿根廷2002年以前在大多数年份中得分超过3分,个别年份达到过3.5分,但2002年以来从未达到过3分,除2003～2004年为2.5分外,其他年份均为2.8分或2.9分。委内瑞拉近几年的得分连续下降,2008年和2009年降到2分以下。还有一些国家近10年来腐败程度没有太大变化,例如,墨西哥的得分基本上在

3.3~3.7 之间，哥伦比亚除 2005~2006 年得分超过 4.0 之外，其他年份大多在 4 分以下。与这些国家有所不同，自 2001 年被透明国际列入腐败印象指数的调查以来，乌拉圭的得分呈现出逐年上升的趋势，2008 年曾接近 7.0 分。（参见表 4-1）

表 4-1 1995~2009 年拉美 9 国腐败印象指数变动情况

	2000	2001	2002	2003	2004	2005	2006	2007	2008	2009
智利	7.4	7.5	7.5	7.4	7.4	7.3	7.3	7.0	6.9	6.7
乌拉圭	—	5.1	5.1	5.5	6.2	5.9	6.4	6.7	6.9	6.7
巴西	3.9	4.0	4.0	3.9	3.9	3.7	3.3	3.5	3.5	3.7
哥伦比亚	3.2	3.8	3.6	3.7	3.8	4.0	3.9	3.8	3.8	3.7
秘鲁	4.4	4.1	4.0	3.7	3.5	3.5	3.3	3.5	3.6	3.7
墨西哥	3.3	3.7	3.6	3.6	3.6	3.5	3.3	3.5	3.6	3.3
阿根廷	3.5	3.5	2.8	2.5	2.5	2.8	2.9	2.9	2.9	2.9
巴拉圭	—	—	1.7	1.6	1.9	2.1	2.6	2.4	2.4	2.1
委内瑞拉	2.3	2.8	2.5	2.4	2.3	2.7	2.3	2.0	1.9	1.9

资料来源：透明国际历年腐败印象指数

通过拉美主要国家和有代表性的国家在透明国际"腐败印象指数"的变动，我们可以观察到拉美地区腐败状况的大体变动趋势，从中可以发现：拉美地区的反腐斗争在一段时期内取得了一定成绩，除少数国家外，腐败恶性发展和持续蔓延的势头有所遏制，但腐败并没有得到有效控制，尤其是腐败程度并没有发生根本性改观，表中列举的三种腐败程度不同的国家，基本上都是在各自所处的状态中徘徊，比较严重的腐败仍然制约着大多数国家的发展和治理的改善，世界银行研究院的全球治理指标中的"控制腐败"指标及其变动所反映的结果与透明国际"腐败印象指数"反映的情况非常相似。(参见表4-2)总之,从目前情况看,如果拉美国家不采取更加有力的措施加强制度建设和提升反腐斗争层次,腐败很难真正得到有效控制,在个别国家或特定时期甚至仍有可能出现恶性反弹。

表4-2 2000~2008年拉美控制腐败指标得分(根据百分比)变动情况

	2000	2002	2003	2004	2005	2006	2007	2008
智利	91.7	91.7	85.9	91.3	90.3	90.8	90.3	87.0
乌拉圭	76.2	78.6	79.2	76.7	80.1	79.6	82.1	83.6
巴西	60.2	52.9	59.7	58.3	52.4	53.4	53.6	58.5
哥伦比亚	35.4	39..8	42.7	51.5	53.9	53.9	52.2	50.2
秘鲁	49.0	51.0	55.3	46.6	45.1	50.5	49.3	49.3
墨西哥	44.7	50.0	53.4	46.1	44.2	45.6	48.3	49.8
阿根廷	46.6	30.6	43.2	43.7	43.7	44.2	42.0	40.1
巴拉圭	4.9	4.4	5.3	8.3	6.8	10.2	14.0	17.4
委内瑞拉	30.1	8.7	9.7	14.6	14.6	14.6	9.7	9.2

资料来源:*Governance Matters VIII Aggregate and Individual Governance Indicators* 1996~2008, http://info.worldbank.org/governance/wgi/mc_chart.asp

二、拉美国家反腐斗争面临的挑战

将腐败问题纳入治理研究的领域之中就会发现,治理腐败是实现可治理性和善治的有机组成部分之一。反腐败是一个系统工程,一方面因为腐败是个复杂的、多维度的现象,涉及政治、经济、社会和文化等广泛领域,反腐败需要惩治腐败的措施和制度,也需要政府治理、经济改革和其他配套措施的跟进;另一方面,实现治理是一个涵盖面更广的系统工程,治理腐败必须与实现可治理性和追求善治的目标结合起来，许多腐败问题的存在与一个国家的政府治理结构和政治体制结构的缺陷或脆弱性密切相关，而反腐败制度建设所涉及的预防机制、监督机制、发现机制和惩处机制正是一个国家整个体制机制建设的组成部分。透明国际在研究各国反腐败做法和经验的基础上提出了"国家廉政体系"的概念，认为治理腐败的根本途径是构建国家廉政体系。"国家廉政体系"是由12根机构支柱和相应的规则组成的国家廉政制度体系，这12根机构性支柱包括：立法机构、行政机关、司法系统、审计机构、监察机构、反腐败机构、公务员系统、地方政府、新闻媒体、公民社会、私人企业部门、国际行为者。从这些机构性支柱不难看出，国家廉政体系包含着实现善治所涉及的所有内容，构建国家廉政体系显然需要经历一个长期的过程。

拉美国家经过多年努力建立起来的反腐败制度体系，在遏制腐败恶性发展方面起到了一定作用，但同时仍然存在着体制性缺陷或脆弱性，还不能有效制约腐败的发生，新的腐败现象仍然层出不穷，反腐败斗争还面临着许多严峻的挑战，在继续加强和完善反腐制度建设方面，拉美国家还有很长的路要走，治理腐败将需要一两代人的持续奋斗。拉美国家在国家廉政制度建设面临的挑战主要表现在以下几个方面。

（一）尚未形成比较严格的分权制衡、相互制约的机制。拉美国家虽然实行三权分立体制，但一般而言，行政权远强于立法权和司法权，议会作用弱，司法权独立性差，而且官僚主义严重，效率低下，难以对行政权实施有效监督。例如，阿根廷议会审计委员会一直忽视对行政部门的监督，其中重要因素之一是结构性问题，即该委员会的大多数成员来自执政党，反对党占少数。在阿根廷现行的民主架构中，审计委员会成员构成的这种不对称，使得对行政权的监督非常软弱。① 又如，在委内瑞拉执政党及其盟友控制着国会和最高法院及整个司法系统的政治体制条件下，制约和制衡力量相对薄弱，尽管建立了各种反腐机构，但承担反腐败职责的部门和官员很少能对行政权力进行干预和监督。

（二）反腐败斗争具有较强的政治化特征，难以充分实现反腐目标。在拉美国家，反腐败有时带有比较强的政治斗争色彩，前一届政府时期发生的、特别是前执政党主要领导人卷入的腐败案件往往会成为刚刚执政的反对党紧追不舍的目标，为处理这些案件而建立专门机构，如秘鲁的"检察官特别办公室"是专门为调查藤森问题设立的，同时，议会也设立了数个调查委员会和附属委员会。有时执政者为树立自身形象而抓住一个腐败案件大做文章，却并不是真有反腐决心，一旦发现此案涉及本届政府官员就试图掩盖真相。阿根廷的Skanska天然气管线腐败案就是一个非常典型的案例。2003年瑞士Skanska公司在竞标一条天然气管线项目时，向组织此次竞标的阿根廷北方天然气输送公司（Transportadora de Gas del Norte, TNG）支付了1340万比索（约430万美元）贿赂并逃税500万美元。时任总统基什内尔开始时大力支持调查，当七位Skanska公司高管被捕后，又千方百计使公众不关注此丑闻，坚称这只是私人部门的腐败。该案后来的发展证明，有政府官员卷入此案，并且在保证调查中所必须的独立性方面存在政治利益。② 此外，有的国家的反腐机构受政治关系的制约很难对政府及其支持者的腐败行为提出有效指控，也往往因政治因素的制约而导致调查工作缓慢，无法达到预期

---

① "Publicizing reports of the SAI: The Asociacion Civil porle Igualdad y la Justicia (ACIJ) in Argentina", http://unpan1.un.org/intradoc/groups/public/documents/un/unpan024545.pdf

② 透明国际2008年《全球反腐报告》国家报告阿根廷部分。

效率。

（三）法制程度低，司法机构独立性差且效率低下，导致"阻吓不足"。在治理腐败中，加大打击力度是重要一环，即俗话所说的"杀鸡给猴看"或"杀一儆百"。但由于拉美国家的司法体系大多缺乏独立性，加之效率低下，因此，难以有效地对腐败犯罪行为进行法律追究。例如，2004年巴西想通过设立国家法官委员会增强司法独立性，但因这项改革措施没有达到预想目标而被人戏称为政治花瓶。美国国务院2005年关于阿根廷投资环境的评估认为，"无效的司法体系，减慢了政府治理腐败的努力，使得大量重要的反腐败调查悬而未决，而且，阿根廷的法律也不提供认罪求情协议，从而许多腐败指控难以起诉，因此腐败定罪的很少。"[1] 此外，不少拉美国家的司法部门自身就存在着严重腐败，而腐败反过来又进一步削弱了司法体系的效率。2008年拉美睛雨表公司的调查显示，关于贿赂的可能性，受访者认为有可能或极有可能贿赂警察和法官的比重分别为44%和35%，前者高于2004年，后一者略低于2004年。重要的是，巴拉圭、委内瑞拉、阿根廷、墨西哥、秘鲁、巴西等国，相信有可能贿赂警察的受访者均超过50%。[2]

（四）反腐体系建设在机构设置和职责协调与合作方面存在缺陷，或者表现为缺乏统一规划和整合，职责范围既有重叠地带又有诸多盲点；或者表现为机构相互脱节，无法对腐败分子进行切实的惩戒。例如，巴西联邦检察院负责对腐败行为进行调查和准备起诉，但因缺乏与其他机构之间的合作与协调，特别是调查职责范围不明确非常容易导致联邦检察院与联邦警察局发生司法管辖权冲突。联邦审计法院虽然具有事前监督、事后调查和惩罚

---

[1] http://www.state.gov/e/eb/ifd/2005/41948.htm
[2] Corporación Latinobarómetro, 2008 *Report*, http://www.latinbaromtro.com

的全部权力,但其高级官员的任命却受政治需要和政党斗争的左右,因而不可能具有真正意义上的独立性,而且其惩罚也没有什么实际效力,经其判决应归还国库的被滥用的公共资金极少切实偿还,2000~2003 年偿还比例仅 2%~3%。① 又如,1999 年阿根廷议会通过"公务员道德法典"对国家公务员的道德行为标准和职责等作出规定,并设立了"公共道德委员会"。该委员会应是一个由议会主导的反腐监察机构,应负责实施"公共职位道德法"所规定的各项法律措施,对政府部门和所有公共部门和国有机构的官员、职工和从业人员的行为进行纪律约束、制度规范和违规惩处。但至今这个机构都没有建立起来,而是任由各权力部门——司法、立法、检察院等各行其是,通过各自不同的机构行使本应由议会统一落实的法律规定。在这种情况下,各部门的实际情况就有很大不同。例如,行政部门设立了反腐署,负责在自己管辖范围内运用"公共职位道德法"的规定,对所有政府行政部门的行为进行监控,通过反腐署的财产申报系统进行监控。但司法部门和立法部门都没有相应的机制担负这一职责,而是由反腐署代行此职。这种设置不利于形成三权之间的制衡和公众对政府的有效监督。②

(五)行政管理和政治运作缺乏透明度,导致社会监督缺失,无法对腐败行为形成有效胁慑。公民参与是实现可治理性最重要的内容之一,也是治理腐败不可或缺的环节,而增强透明度,实行阳光行政,则是使腐败行为处于"可治理状态",从而实现公民社会监督的必要条件。但是,一方面拉美国家的公民社会、非政府组织和媒体的发展水平有限,还缺乏对政府行为和公

---

① 郭存海:《巴西的反腐机制与反腐绩效评估》,《拉丁美洲研究》,2007 年第 6 期。
② 目前,政府正在启动建立公共道德委员会的工作。

共政策进行有效监督的能力，另一方面拉美国家的政府也缺乏足够的政治意愿和有效措施为公民社会提供有效的监督途径。例如，虽然许多拉美国家实行了财产申报制，但只有12个国家规定财产申报包括配偶和子女，而且多数国家并不要求所有信息公开披露，有的国家只要求向一个公共机构披露，只有巴西、智利、牙买加和尼加拉瓜等少数国家允许公众以某种形式获得关于高级官员及其配偶、子女和经济上有抚养关系的人的相关信息。① 此外，媒体在反腐中的作用也相当脆弱，很容易受政治势力的干扰，在不少国家新闻自由只是一纸空文，在实践中常难以受到法律保障，而且由于司法部门缺乏独立性，媒体披露的腐败案经常无果而终，追踪和披露腐败案件的记者甚至有可能受到暴力威胁，以至于记者在拉美地区成为非常危险的职业。②

---

① http://right2info.org/information—of—high—public—interest/asset—declarations

② 参见闵勤勤：《试论拉美媒体在反腐败中的作用及其局限性》，《拉丁美洲研究》，2007年第6期。

第五章　阿根廷的可治理性问题研究

在拉美大陆，阿根廷似乎永远是一个不可思议的国家：它拥有肥沃的土地和丰富的资源，却始终处于政治和社会失序状态；它曾多次创造经济奇迹，却常常昙花一现，继而全面崩溃。政治不稳定和经济失败的恶性循环似乎使阿根廷永远无法摆脱可治理性危机的梦魇。整个 20 世纪，阿根廷都一直为此所困扰。列维茨基和穆莉奥将其根源归咎于阿根廷的"制度脆弱性[①]"（institutional weakness）。某种程度上，这种结论是中肯的。可以说，评价制度优势的两大标准——执行力（enforcement）和稳定性（stability）——阿根廷似乎都比较欠缺。奥唐奈也认为缺乏稳定而公认的游戏规则，民主和发展都不具有可持续性[②]。1928～2008 年间，阿根廷有多位民选总统不能完成法定日期[③]，这种制度的不稳定程度即使是在拉美都是非常高的。虽然 1983 年民主

[①] Steven Levitsky & Maria Victoria Murillo（Editor），*Argentine Democracy：The Politics of Institutional Weakness*，Pennsylvania State University Press，2006.

[②] Guillermo O'Donnell，On the State, Democratization and Some Conceptual Problems：A Latin American View with Glances at Some Post—communist Countries，http：//kellogg. nd. edu/publications/workingpapers/WPS/192. pdf

[③] 1930、1962、1966、1976、1989、2001 年，民选总统都被迫提前下台。

转型后，阿根廷军事政变的威胁大大下降，但却不断面临新的不稳定——大众抗议——的挑战。这种大众抗议"在过去的20年里，虽然没有威胁到民主体制的生存，但却威胁到民选政府的存亡①"。

第一节 阿根廷可治理性危机的表现

一、阿方辛政府的政绩认同危机

1983年，激进党人阿方辛在阿根廷民主回归后的首次选举中获胜。这也是激进党自1930年因军事政变下台以来首次在自由公正的选举中赢得胜利②。鉴于长年的军事独裁和脆弱的民主制度，阿方辛总统面临的最大挑战就是如何巩固民主的胜利果实。为此阿方辛采取了两大步骤：一是为缔造民主共识，提出了"全国和解"的口号，主张不分党派，同心同力重建国家，并特别注意改善同另一大党——正义党的关系，努力争取对方的合作。二是采取措施避免阿根廷军队再度干涉政治，主要手段是扩大民选政府对军队的控制，削减军事开支，对军事统治期间严重违反人权的军官进行审判，并通过立法（即1988年国防法）禁止军人干政。阿方辛的"新政"开启了民主进程的新道路，有力地推动了民主政治的巩固和发展。

不过，政治上的认同并没有自动地转化为对阿方辛政府执政绩效的认同。在牵涉民众更为关心的社会经济发展方面，阿方辛政府

---

① Aníbal S. Pérez—Liñán, Argentina and the New Pattern of Political Instability in Latin America, www.pitt.edu/~asp27/Argentina.pdf
② 1958~1962年不妥协激进党政府和1963~1966年人民激进党政府是在禁止正义党参加选举的情况下上台的。

的经济政策表现平平。1984年阿根廷通货膨胀率高达688%[1]。面对严峻的通胀形势，阿方辛政府制定并执行了"奥斯特拉尔计划"，经济状况一度好转。但好景不长，1987年阿根廷经济陡然回落，比索大幅贬值，经济形势日趋不稳。不断恶化的经济形势和超高通货膨胀引发一系列的抗议活动，同时也让民众对政府的执政能力产生了怀疑。长期支持正义党的阿根廷总工会趁机发起多次全国性大罢工，抗议政府的经济政策乏力并要求增加工资。教育界也紧随其后，发起了阿根廷历史上波及面最广、持续时间最长的一次罢教活动。1989年，危机重重的阿方辛政府组成危机内阁，实行战时经济政策。这一措施不仅没有起到应有的效果，反而使形势进一步恶化，联邦首都和多个省市发生社会骚乱。在哄抢风潮和军事政变的谣言中，独力难支的阿方辛被迫提前6个月把政权交给大选获胜的正义党人梅内姆。

二、梅内姆政府的价值认同危机

梅内姆执政的10年是新自由主义在阿根廷大肆风行的10年，也是阿根廷的民主质量饱受侵蚀，政治信仰和价值认同不断下降的10年，梅内姆几乎成了独断专行的代名词。"随着市场改革的推进，阿方辛统治时期确立的民主协商和问责模式让位于梅内姆治下的单方决策模式[2]。"这一情势源于阿根廷政治格局的严重失衡：从1989年到1995年，激进党连续丢掉了五次全国性选举，其中失去联邦首都的控制权更是动摇了激进党的根基，

---

[1] 李春辉等主编：《拉丁美洲史稿》（第三册），商务印书馆2001年版，第594页。

[2] Juan E. Corradi, "Prelude to Disaster: Weak Reform, Competitive Politics in Argentina," *Post—Stabilization Politics in Latin America: Competition, Transition, Collapse* eds. Carol Wise and Riordan Roett, Washington, D. C. : Brookings Institution Press, 2003.

也失去了钳制梅内姆的力量。梅内姆利用激进党的弱势地位,趁机消除了推行新自由主义改革的一切障碍。他迫使激进党主席阿方辛签订两党协议,同意修改宪法,允许总统连任,后又将最高法院政治化,培植亲信,将最高法院的法官从5人增至9人。1998年,已经连任一次的梅内姆试图故伎重演,鼓动自己控制的最高法院进行宪法解释,以便自己参加第三次总统选举,但终因正义党内部和公民社会组织的强烈反对而被迫作罢。梅内姆的一系列做法,严重动摇了阿根廷的三权制衡机制,使自由民主的价值观念在民众心目中大打折扣。

梅内姆强力推行的新自由主义改革,不仅肢解了正义党的组织建构,而且极大地削弱了正义党的价值认同。新自由主义改革伊始,就遭到党内部分派别的强烈反对和猛烈攻击,导致原本就派系林立的正义党更加碎裂化。反对派认为,新自由主义政策背叛了庇隆主义的基本原则,抛弃了党同工农大众的血肉联系,转而推行同市场精英结盟的政策。事实确实如此。在推行新自由主义政策之初,梅内姆重新组建了亲市场的选举联盟,发起了去工会化运动(deunionization)①,同时积极缔造新的执政联盟。在这场新自由主义"革命"中,他不仅将此前的工会领导人排除在政府领导层之外,甚至也排斥正义党内的高层,转而任命了一大批技术官僚。阿根廷最大的跨国公司Bunge y Born的总经理内斯托·拉帕内利(Nestor Rapanelli)被任命为梅内姆政府的第一任经济部长。这完全打破了正义党的历史传统,背离了正义党的宗旨和原则。梅内姆的"离心离德"最终导致了正义党的分裂。1994年,从正义党中分离出来的部分派别联合其他中左力量成

---

① Deunionization,笔者将该词译为"去工会化",意指梅内姆弱化了正义党传统的力量支持基础——工会。不过这种"去"并非"离而弃之",实则"排除异己"。该词见于Edward L. Gibson, "The Populist Road to Market Reform: Policy and Electoral Coalitions in Mexico and Argentina", *World Politics* 49.3 (1997).

立了全国团结阵线（FREPASO），并在第二年的总统选举中赢得近30%的选票，跃居激进党之上成为阿根廷第二大政治力量。全国团结阵线的崛起不仅动摇了阿根廷的两党主导体制，也给梅内姆政府的治理能力带来严峻挑战。

新自由主义改革给阿根廷带来的另一大冲击是，扭曲了阿根廷人的政治和社会价值观，导致梅内姆政府陷入全面的认同危机。阿根廷民众之所以把自己亲手送上台的阿方辛总统又赶下台正是因为他无力遏制恶性通胀和促进经济增长。基于这种诉求和热望，阿根廷民众对梅内姆利用总统政令特权和威权主义方式强力推行新自由主义改革持容忍态度。但不幸的是，新自由主义改革的成果不仅没有惠及广大民众，反而造成了严重的贫富分化和腐败现象。身陷失业和经济困境的阿根廷人开始质疑梅内姆的专权统治，此前以牺牲民主质量换取经济增长的态度也发生相当大的改变。结果，民众的信任和忠诚度急剧下降。阿根廷选民在1997年的中期选举中严惩了梅内姆的欺骗：近50年来正义党第一次在自己执政期间举行的全国选举中败北，而由激进党和全国团结阵线组成的"联盟"则获得了决定性的胜利。这一结果实际上为梅内姆的政治生涯开启了死亡之门。1998年，阿根廷经济和社会形势持续恶化，抗议风潮四起，失业率屡创历史新高，民众支持率也降至新低。第二年，反对派联盟击败执政的正义党，赢得总统大选，梅内姆时代就此终结。

三、德拉鲁阿政府的党内和党际共识危机

1999年大选是激进党第一次与其他政党结盟并赢得胜利，因此新总统德拉鲁阿面临的第一项任务就是如何处理好同全国团结阵线的执政联盟。全国团结阵线是一个松散的政治联盟，存在

诸多缺陷①：一方面，它的社会基础薄弱，支持力量局限于布宜诺斯艾利斯和内乌肯两省，党部缺乏制度化的组织机构；另一方面，其领导层中缺乏能够胜任政府高级职位的优秀政治家。它在执政联盟内部始终处于弱势地位，其所扮演的不过是一个小伙伴的角色。结果，双方并没有从暂时性的选举联盟成功地转化为执政联盟，这为两党未来的分裂埋下了隐忧。2001年10月爆发的参议院丑闻②让执政联盟在竞选中宣称的"构建更加透明和责任型政府"的承诺大打折扣。全国团结阵线主席阿尔瓦雷斯，这位刚刚上任10个月的阿根廷副总统由于不满德拉鲁阿对参议院丑闻的庇护政策，宣布辞职，最终导致执政联盟破裂。

  不仅联盟内部，甚至激进党内部也面临党内共识的问题。德拉鲁阿是激进党历史上第三位没有身兼党主席的总统③，虽然他并没有同党内元老阿方辛和党主席罗萨斯的关系闹僵，不过二人均曾公开对德拉鲁阿的诸多经济和政治决策表示不满，德拉鲁阿一度面临失去党内支持的危险。在德拉鲁阿执政的两年里，阿根廷公共政策发生了剧烈的变化。一开始，德拉鲁阿采取了限制政府支出、增加收入的措施来平衡财政赤字。这一措施失败后，德拉鲁阿力图进一步进行经济调整，结果不仅招致社会各界反对，也招致包括激进党在内的几乎所有政党的反对，紧缩政策最终流产。前经济部长卡瓦略复出后提出的经济调整计划更是被激进党一些领导人视作是向新自由主义模式投降，党内纷争一时难以释解。一向以保持本党意识形态纯洁性的监护者和合法调解者自居

---

  ① 该党在2003年总统大选之后几近完全消失。从建立到猝然终结不过10年之功，这反映出全国团结阵线的党组织本身存在着严重问题。
  ② 2001年阿根廷著名报纸《国民报》揭露说，有人动用国家情报局的特别经费贿赂了一批参议员，从而使一项争论激烈的劳工改革法案得以在议会通过，这一消息后来得到有关当事人的证实。
  ③ 激进党历史上党主席和总统并非由同一人担当的还包括总统阿尔维亚尔和党主席伊利亚，总统伊里戈延同党主席巴尔比。

的前总统阿方辛此时的表态至关重要，但是他却表现出一种模棱两可的态度。无疑，这种骑墙态度等于撤销了激进党对德拉鲁阿的政治支持。

政党的利益争夺凌驾于国家整体利益之上是压倒德拉鲁阿的"最后一个稻草"。2001年年终，阿根廷经济形势持续恶化，多次引发社会骚乱，国家局势有全面失控之险。德拉鲁阿总统在没有与各派政治力量协商、甚至没有得到军队支持的情况下贸然宣布全国戒严30天，此举大大激化了政府和民众之间的矛盾。艰难时刻，德拉鲁阿总统多次发表电视讲话，呼吁各政党、各组织团结起来共渡难关，并建议与最大的反对党正义党组成"民族团结政府"，以克服目前的社会、经济和政治危机，而巴不得德拉鲁阿早点下台的正义党断然拒绝了联合执政的请求。在政治精英的背叛和公民社会的质疑声中，德拉鲁阿总统宣布辞职。

四、后危机时代的新挑战

德拉鲁阿的辞职并没有结束危机，反而愈演愈烈，形成一个涉及政治、经济和社会的综合性危机。一方面经济形势仍然没有任何改观，新政府宣布的国家经济拯救计划不是遭到抵制就是效果平平；另一方面社会抗议风潮并没有因为德拉鲁阿的下台而停止，反而引发了更大规模的社会动员。政治舞台上，普埃尔塔、萨阿、卡马尼奥走马灯式地在总统宝座上变换。2002年1月1日，杜阿尔德在结束10天的政治骚乱和制度危机之后，被正义党控制的阿根廷国会选举为总统。但杜阿尔德并没有能力摆脱阿根廷的这场危机，因为他这个总统本身就是省长们秘密协议和国会议员妥协的产物，同时在正义党内部，领导权力的转移也没有结束。自1999年总统大选惨败后，正义党内部的领导权争夺战就从来没有停止过。正义党当时是一个双头领导的政党体制，前总统梅内姆声称自己是正义党委员会主席，而大选失利的总统候选人杜阿尔德则自称是全国大会的主席。这场党内领导权的争夺战表明，尽管出现了民主稳定和轮流执政的新环境，但政党内部的领导层交接并没有制度化。杜阿尔德之所以能荣登大宝是以承诺不参加随后举行的大选换来的。

阿根廷的民主政府频陷合法性危机，并非短期的信任问题，而源于长期的制度问题，因此不可能通过政府更迭或领导人更换而得到彻底解决。在2003年大选中，由正义党"胜利阵线"竞选联盟推举的候选人基什内尔在第二轮选举中因梅内姆的退出而自动获胜。基什内尔上台后力主新的经济发展模式，强调注重发展生产，扩大就业，改善人民生活，克服贫困化。基什内尔执政四年间，阿根廷经济逐步恢复增长，通货膨胀大幅下降，社会稳定性增强。但2001年危机所暴露出来的政治、经济和社会诸方面的体制性和结构性弊端绝非一朝一夕所能解决，其中最大的挑战仍然来自于政治层面。另外，基什内尔之所以赢得总统选举的胜利很大程度上得益于与杜阿尔德的联合。不过这种暂时的党内联盟在打败共同的对手梅内姆之后就陷于崩溃，基什内尔仍然面临正义党传统问题的挑战：党内的政治纷争。基什内尔来自阿根廷南部一个小省，力量薄弱，缺乏必要的执政基础，必须争取党内和其他各派力量的支持，以加强和巩固执政基础。从2005年的中期选举结果[①]来看，基什内尔似乎已经成功地将这一挑战变成了机会。但是这种支持力量来源于基什内尔利用总统政令进行财政资金分配所维系的庇护关系，一旦经济增长乏力，维持资金不足，政治支持力量就会受到大大的削弱，进而可治理性能否持续下去就成为一个问题。当然现在这个问题摆在了他的妻子——

---

① 正义党在议会两院拥有绝对多数席位，在众参两院的席位分别达到135席和43席。而正义党基什内尔派与其他党派组成的执政联盟"胜利阵线"在8个省获胜，其在众参两院的席位分别达到107席和40席。

现总统克里斯蒂娜的面前：前总统基什内尔因正义党在 2009 年 6 月份的议会选举中惨败而辞去党主席职务，正义党也失去了在参众两院的多数席位，严峻的经济和通胀形势在全球经济危机的刺激下继续发酵。很明显，"无论前方等待克里斯蒂娜的是什么，有一点是可以肯定的，无法创造持续的经济增长，无法让普罗大众共享增长成果，那么阿根廷民众就不会继续以牺牲民主质量换取希望"。"断裂状"的阿根廷社会在没有政党作为体制内的利益诉求通道的情况下，难保不会让历史重演。到时候，这个阿根廷的第二个"埃维塔"想不哭泣都难[①]。

第二节 阿根廷可治理性问题的根源

一、政治文化和历史传承

"政治文化是一个民族在特定时期形成的一种政治态度、信仰和情感，是政治关系在人们精神领域内的投射形式[②]"。一个稳定有效的民主政府的发展并不仅仅依赖于政府和政治结构，很大程度上也依赖于人民对政治进程的接受和适应，即政治文化。从长远来看，民主政府的良好运转，民主体制的稳定需要与其制度相一致的政治文化为条件。如果政治文化无法支持民主制度，那么政府进行有效统治的概率就非常之小，可治理性的难度大大增加。

阿根廷是一个移民国家，素有"南美的欧洲"之称。由于

---

① 郭存海：《克里斯蒂娜：穿普拉达的女王》，《南风窗》，2007 年第 22 期，第 62 页。
② 燕继荣：《什么是政治文化？》，http：//www.southcn.com/nflr/llwzl/200505190599.htm。

移民的国家意识或国家归属感不强，因此移民国家首先要解决的是促进民族融合和缔造国家共识。如果这个问题解决不好，就可能对政府的统治和社会的稳定造成威胁。从阿根廷的移民历史来看，中产阶级和技术工人这两个阶层的移民数量居多。这部分外来移民凭借自身优势迅速获得了较高的经济地位，甚至超越当地的一些传统精英。但这两个在资本主义经济发展和制度巩固过程中最具决定意义的社会阶层并没有获得与其经济地位相称的政治权利，实际上是几乎被剥夺了公民权。这样带来的一个更严重的后果是，这些欧洲移民对精英社会抱一种冷漠和排斥态度，同时对阿根廷本土人口怀有种族优越感。这种情感认知甚至可以代际传递几十年，从而使得国家意识和国家共识的形成更加困难。另一方面，没有国家归属感的人也不大形成一种"国家兴亡，匹夫有责"的主体意识。结果，阿根廷陷入了前总统萨米恩托（1811～1888年）所预言的那种困境：（阿根廷成了）一个富裕的商业迦太基①，里面住满了来自世界各地的成功企业家和没有责任感的富裕公民，尤以城市里生活富足的公民最缺乏责任感②。用一种政治表述即是，阿根廷的政治发展落后于经济发展。基于这种历史传承，占人口多数的外来移民的政治参与或者没有组织性或者游离于体制之外，于是社会运动就成为向权力当局施压以表达个体利益诉求的替代选择。这一因素与阿根廷人的强人崇拜传统相结合，形成了一种根深蒂固的民众主义的政治文化。

庇隆和庇隆主义既深受这一政治文化的影响又进一步强化了这种政治文化。庇隆是阿根廷现代史上最重要的政治家，他的思

---

① 迦太基城曾是有名的奴隶制强国迦太基国的都城，繁荣富庶，威甲一方，成为当时地中海地区政治、经济、商业和农业中心之一。

② Torcuato S. Di Tella: Evolution and Prospects of the Argentine Party System, http://puentes.gov.ar/educar/servlet/Downloads/

想及行为模式给正义党,乃至阿根廷的政党政治打上了深深的运动主义的烙印——政党靠制度化生存,而运动则靠领袖个人的魅力和物质刺激。在庇隆眼里,正义党并"不是一个政党,而是一个大规模的全国性运动"。庇隆本人非常看重领袖在组织和动员政治支持力量中的作用,这种思想和风格给以后的正义党领袖以极大影响。有了"克里斯玛"(即个人魅力和感召力)获得的莫大威望,庇隆"乐不思改"——改造政党进行制度化建设。克里斯玛型的组织和动员极大地依赖于领袖本人的素质,具有很大的不稳定性和不确定性,因此无法获得长久的制度化生存。在庇隆主义影响下,阿根廷政治文化形成了三个方面的特点:其一是政党和选民之间的庇护主义(clientism)。个人魅力只能感染选民一时,而长久维系选民情感归依的与其说是领袖的言行举止,不如说是背后的物资刺激。因此,政党领袖与选民之间联系更多的不是意识形态上的精神支持,而是"物质换支持"的一种互惠互利。这使得阿根廷的政治参与呈现出一种典型的街头政治、大众政治和社团主义的风格,这尤其为民众主义领导人所欢喜。其二,运动主义和克里斯玛型领导使得民众以领袖个体为导向而不是维系在明确的组织目标上,因此极易造成组织内部派系林立,派别政治突出。其三,运动主义给阿根廷政党政治催生了一种零和博弈(zero game)的政治文化。现代政党倾向于将自己视为多元主义政体的一部分,认为政党的反对立场具有天生的合法性;而运动则追求一种国家的一体性,不容许有任何反对派存在。在这种政党关系之下,强烈的敌我意识必然导致冲突,而很少留有谈判和妥协的空间。更糟糕的是,在这种政治文化之下,一个政党一旦上台执政,就很容易增加霸权倾向。阿根廷两大政党都具有这种霸权倾向。两党间的零和博弈减少了政治反对的有效实施、政党间的竞争,以及对政治共识等基本原则的追求。就2001年阿根廷的政治乱象来说,"没有政治精英的背叛,

(阿根廷)民众是无力单独把一届政府赶下台的"[1]。这种政治文化反映到阿根廷的总统制,便赋予其较强的社会政治内容:大多数阿根廷人把总统视为政治权力的中心,权力集中于总统是对总统本人的充分尊重和认可。这一信念不仅促成国家权力异化于总统一人身上,还推动各主要政党把获取总统职位作为最终的理想的皈依。总统大选的零和博弈决定着在整个总统任期期间,赢家利益均沾和输家利益皆失。因此这一期间,政府和反对派之间不可能达成任何联盟或协议,因为阻止政府政策是一种理性选择,没有人会耐心地等到总统任期结束才争取执政。

  民主转型的无序给阿根廷的政党竞争也造成了不良影响。从本质上来说,阿根廷的民主转型始于军政府发动的马岛战争。战争的惨败迫使军政府选择自行终结独裁统治,转而实行民主化。但阿根廷的民主转型模式既没有德意日三国那样因侵略失败而被迫转型的"外部担保人",也没有可以施与重大示范效应的国际背景。实际上,阿根廷的民主转型始终在同旧的独裁体制彻底决裂和不可避免地维系同旧体制的联系之间摇摆。从全球来看,民主转型的国家或是政党之间以宪法为基础订立政治契约,如委内瑞拉的菲霍角协议(Pacto de Punto Fijo)和西班牙的蒙科洛协议(Pact of Moncloa);或是依靠政党和旧体制之间的合作,比如乌拉圭的海军俱乐部协议(Pacto del Club Naval),形成缔造新的政治进程的共识。而在阿根廷,既没有政党间的共识协议,也没有同旧体制的某种合作。民主转型一旦启动,最初基于政治开放而联合起来的"多党"集团面临解体。事实也证明,这个多党集团在转型开始后仅维系了一年便告终结。这样,阿根廷民主转

---

[1] Iván Llamazares, Patterns in Contingencies: The Interlocking of Formal and Informal Political Institutions in Contemporary Argentina, *Universidad de Salamanca Social Forces*, 83: 4 June 2005

型后的政党政治呈现出一个明显态势，即政党之间竞争非常激烈，没有任何政治共识的框架可以限制这种态势，有时这种竞争简直是对抗性的。民主转型期间政党之间这种有竞争而无合作的现象给阿根廷后来的政争埋下隐患。

二、政党内部治理的失范

在现代政治中，无论是西方政治学家还是马克思主义经典作家都认为，政党是一个系统化、制度化的组织，其基本功能是组织、疏通和代表民主政体中不同群体表达利益诉求。然而，从本质上来看，阿根廷的政党并没有发挥政府和公民社会之间的桥梁作用。政党职能的弱化不仅削弱了政党的社会基础，而且危及其上台后的执政基础。根本而言，这都源于政党内部治理的失范，主要表现在以下五个方面：

政党的弱制度化。阿根廷的两大传统政党正义党和激进党都是具有运动主义倾向的政党。这一特点决定着政党领袖并不大注重政党的组织化和制度化建设，而往往倚重领袖本人和民众之间的个人情感联络。建立在运动主义之上的政党，其组织结构通常比较松散，政党目标和纲领也缺乏连贯性和一致性，而且也无法构建有效的党内民主机制，以致造成党内权力高度集中于领导层，而广大党员被边缘化。正义党历史上两位有影响力的总统庇隆和梅内姆都非常注重个人的感召力，而不屑政党制度化建设，因为在他们眼里政党不过是政治斗争的工具。梅内姆时期的副总统杜阿尔德表示"没有人会在乎正义党主席是谁，因为运动的舵手是梅内姆。[①]"政党的个人化大大削弱了正义党作为一个政党的制度化力量，而平添了一种运动主义倾向。与正义党相比，

[①] James W. McGuire, *Peronism without Peron*, Stanford, California, Stanford University Press, 1997, p242.

激进党的制度化程度稍高一些，其内部的治理规则和程序，相对来说较早地稳固下来。20世纪50年代中期，激进党在结束其内部分裂后，就建立了竞选党内职位和公职候选人的程序和规则。这无疑为保证党内决策的合法性和政党认同提供了基础。不过，自阿方辛1968年成为激进党的领袖后，其所在的"革新和变革"派就加强了对激进党的霸权控制：修改党章，允许总统同时兼任党主席，排斥党内其他派别进入决策圈。阿方辛的内阁更多是由党外的技术官僚和阿方辛派别的激进党领导人所组成，这些内阁成员效忠于总统而不是激进党。阿方辛作为党的领袖始终没有放弃过单独支配激进党的企图。他一直以党内纠纷的最终裁决者自居，甚至在其被迫下台以后，还控制着激进党。

政党的独立性差。一个政党如果没有独立的资金来源和支持基础，就容易为某一利益集团所俘虏，成为狭隘利益的代言人。这常常意味着政党失去自身的独立性，从而导致政党无法发挥社会利益整合的功能，引发公民社会和国家的冲突。阿根廷的"各政党似乎被社会中的社团活动者所控制[①]"。作为阿根廷第一大党的正义党从一开始就将工会视作整个庇隆主义运动的支柱，工会拥有和正义党一起组织选举的权力，工会的领导层被吸纳进正义党领导层，乃至内阁担任重要职位。不唯如此，工会还是正义党政治资金的重要来源。新自由主义改革时期，梅内姆政府又倒向了另一大利益集团"跨国资本主义"。这一新集团成为正义党政治资金的主要来源，而政府则在私有化改革过程中给予其不菲的政治和经济优惠。激进党自诩为"公民党"，认为同利益集团的"牵连"有悖于其政党组织原则。因此，再民主化之前，激进党主要从中小商人那里募集竞选资金。1983年以后，阿根

[①] （英）莱斯利·贝瑟尔主编：《剑桥拉丁美洲史》第六卷（下），当代世界出版社2001年版，第594页。

廷开始为政党资金进行系统性立法，力图通过政府提供的公共资金来消除政党被利益集团俘虏的倾向。然而公共基金并没有成为阿根廷政党资金的主要来源。总统和省市长候选人往往选择通过个人或各种大型私人企业建立的基金会募集竞选资金。这些基金会虽有一部分资金用于学术研究，但大部分却用来资助竞选，候选人很容易投靠其背后的利益集团。1989年激进党总统候选人安赫洛斯（Angeloz）的 FUNAM 基金会，1989年正义党总统候选人梅内姆的 FEPAC 基金会，1999年激进党总统候选人德拉鲁阿的 FCER 基金会都是这种性质的基金会。

缺乏党内共识。传统政党激进党和正义党是一种兼容型（catch—all）政党，其政党纲领和组织目标比较模糊，均融合了不同利益和价值取向的社会团体。在阿根廷，"从梅内姆的庇隆主义和基什内尔的庇隆主义，正义党几乎吸纳了所有的意识形态的人士[①]"。政党纲领的缺失和意识形态的混杂必然带来政党内部的不稳定和凝聚力的下降，容易引发党内认同危机，从而削弱政党的执政能力。从历史上来看，阿根廷的两大政党在不同的历史时期均经历过严重的内部分裂。1982~1983年，阿方辛领导下的激进党进行了该党历史上的第二次重大改革。激进党的这次改革某种程度上促进了党内民主，但阿方辛的家长式作风并没有丝毫改变，激进党仍然是阿方辛说了算。一言堂的政治氛围激起了党内其他派别的强烈不满，党内矛盾日益凸显。1989年，随着阿根廷社会经济形势进一步恶化和即将到来的总统大选，激进党的内部纷争陡然升温。阿方辛提名的总统候选人公开批评当时的危机都是阿方辛一手造成的。党内纷争的公开化不仅分散了激进党在即将到来的大选中的集体力量，更是扩大了民众对阿方辛

---

① Torcuato S. Di Tella, *Evolution and Prospects of the Argentine Party System*, http://puentes.gov.ar/educar/servlet/Downloads/S_BD_TRAB/CDT_0210.PDF

政府的怀疑和不信任。2001年，戏剧性的一幕再次发生，激进党元老阿方辛和党主席安赫尔·罗萨斯大肆抨击曾鼎力支持的德拉鲁阿总统的经济政策，而12月20日德拉鲁阿呼吁成立全国团结政府以拯救整个国家时，只有两名内阁成员在场。担当国内安全重任的内政部长拉蒙·梅斯特雷（Ramón Mestre）竟然向新闻界宣布总统已经辞职。正义党的凝聚力和党内共识的表现更差。自党的创建人庇隆去世后，正义党的内部冲突频仍，甚至发生派别间的武装冲突。政党碎裂化直接导致正义党1983年总统大选的惨败。1989年梅内姆上台以后一反庇隆主义的传统政策，掀起了新自由主义改革的浪潮，但却招致党内的强烈反对，并最终引发全国团结阵线同正义党的集体决裂。而1998年由梅内姆谋求三连任而导致的党内冲突几乎导致正义党分崩离析。党内最大反对派布宜诺斯艾利斯省省长杜阿尔德及其追随者甚至发誓不惜以政党分裂为代价来阻止梅内姆的不法企图。正义党内不可调和的矛盾最终导致在2003年大选中该党同时推出3名总统候选人，这在正义党的历史上是非常罕见的。大选中获胜的基什内尔是得益于党内的政治纷争，而基什内尔上台面临的最大挑战仍然来自政治层面，因为党内的昔日盟友已经成为了竞争对手。

政党的支持基础薄弱。政党同选民之间的联系方式影响着政党的政治支持基础。如果政党同选民建立起常规性、制度化的联系渠道，那么政党通常就能够建立起强大而稳固的支持力量。反之，如果政党的支持基础薄弱，那么就会出现更多的独立选民，或者转而支持无党派和反党派人士。在阿根廷，正义党和激进党在意识形态上分歧不大，其社会支持力量相似。特别是在民主回归以后，阿根廷两大政党的社会基础有雷同趋势，但这种趋势的扩大并没有增强政党的政治支持基础，因为两党几乎都没有坚实的核心选民作为长久的支撑力量。在阿根廷政党政治中，选民将选票投给哪一个政党很多情况下并不是基于政党认同，而是基于庇护关系，即政党通过向中下层选民提供食品药品等物质刺激来换取对本党的支持，用布鲁斯科（Brusco）等人的话说就是"把选票径直放进选民的口袋里①"。基于庇护关系获得的政治支持并不稳固，实际上极易波动，因为匿名投票规则下很可能导致"他们一手接受了礼物，一手却将选票投给了别人"。支持基础的不确定性很大程度上会削弱民众的政治认同，甚至引发政治不稳。阿根廷政治家和民众一致认为基于庇护关系的选票购买是阿根廷频繁陷入危机的根源之一②。从另一方面来看，政党和选举的合法性也能反映出政党的政治支持基础的强弱。政党合法性即民众对政党的认同程度。如果民众把政党视为民主的一个重要元素，那么从某种程度上来说政党就是合法的；反之如果民众普遍对政党表示不满，或持有强烈的不信任态度，那么政党就陷入了合法性危机。根据拉美晴雨表的 2003 年的报告，虽然阿根廷民众普遍认为民主是必不可少的，但政党却是阿根廷民众最不信任的机构。2003 年只有 8% 的民众认为阿根廷政党可以信任，这一数字甚至低于拉美政党信任值的平均数 11%③。

政党政治裂变为个人政治。作为民主体制的主要运作形式，政党政治在阿根廷已经沦为个人政治。虽然，从全球特别是拉美来看，政党在政治中的影响力日渐式微，但阿根廷政党体系的解体速度更为惊人。纵观阿根廷 2007 年大选便可窥其一斑。某种程度上可以说，在两大传统政党中，激进党已经名存实亡，正义党则实存名亡。成立于 1891 年的激进党是阿根廷最古老的政

---

① Valeria Brusco & Marcelo Nazareno & Susan C. Stokes，*Clientelism and Democracy*：*Evidence from Argentina*，presentation at the conference on Political Parties and Legislative Organization in Parliamentary and Presidential Regimes, Yale University, March 2002. http：//www. yale. edu/las/conference/papers/Brusco. pdf

② Valeria Brusco, Marcelo Nazareno, Susan C. Stokes，"Vote Buying in Argentina"，*Latin American Research Review*，Vol. 39, No. 2, June 2004.

③ 参见 Latinobarómetro 2003 和 2004 年报告。www. latinobarometro. org

党，它不仅赢得过阿根廷实现男子普选权和秘密投票权之后的首场胜利，而且在 1983 年结束军人独裁后的首次选举中获胜，并由此奠定了阿根廷的两党主导体制。但如今，这个承载着辉煌历史的老资格政党竟沦为天涯看客，第一次没有推出本党的总统候选人而只能为他人做嫁衣。激进党内的部分派别支持基什内尔的前经济部长拉瓦尼亚；而以科博斯为首的 5 名激进党省长则组成 K 派集团，宣布效忠基什内尔，科博斯本人则充当了正义党候选人克里斯蒂娜的竞选伙伴。可以想象，仅剩下 6 名省长职位的激进党，其政治生命的未来将是何种图景。实际上，2001 年德拉鲁阿总统的辞职已经表明，激进党，这个至今仍被视为那场"社会性屠杀"的元凶，作为阿根廷唯一一支制度化的反对力量已被宣布了"历史的终结"①。不幸的是，激进党留下的政治真空并没有为制度化的政治力量所填充，而是由个人主义色彩浓厚的所谓联盟、阵线、运动所充斥。参加 2007 年大选的 14 名候选人，没有一个是通过党内初选上来的，要么是通过内部指定，要么是自己任命自己。纷扰喧嚣的选举乱象同样让选民不知所往，各竞选联盟只设有候选人的网站，只对候选人进行宣传，因而选民无法获知竞选联盟的信息。而松散、分裂、个人色彩浓厚的力量联合又怎能形成制度化的反对力量？充满悖论的是，真正的反对力量恰恰来自于正义党内部。但问题是，正义党实质上已经不是一个政党，只能称得上是一支持续主导阿根廷政治的强大力量。

三、权力制衡机制的失衡

三权分立是是西方民主体制赖以维系的一项基本原则，这一

---

① 郭存海：《克里斯蒂娜：穿普拉达的女王》，《南风窗》，2007 年第 22 期，第 62 页。

原则基于一个普遍共识，即"权力必须为权力所制衡[1]"。阿根廷宪法规定阿根廷实行代议制和三权分立的总统制。这一制度架构是受美国宪法的启迪。但是美国的榜样作用并没有在阿根廷产生同样的效果。美国总统虽然拥有很大的权力，但国会和法院都有足够的手段对其加以制约。而在阿根廷，正如在许多拉美国家一样，形成了一种超级总统制（hyper-presidentialism[2]）：即总统行政权力一超，而司法、立法两权不强，结果平行问责机制[3]失灵了，从而大大增加滥用权力的风险。

阿根廷宪法赋予总统广泛的权力，虽然从理论上来说，立法和司法部门有权力但却很少有能力去制衡。总统不可避免地有一种越权行事的冲动，同时又会促使总统从最高法院那里获取"合法律性"。在这种情况下，最高法院常常成为争夺的对象，时常面临被政治化的危险。虽然阿根廷宪法给予最高法院法官以充分的宪法保障，但无论是军政府还是民选政府，上台后干的第一件事基本都是拿最高法院开刀：驱逐对政府不友好的法官而以自己的亲信取而代之。这一度使阿根廷陷入了"行政主导司法"的乱局，具体表现在最高法院法官的任期。从 1946 年到 1998 年，在阿根廷 115 名最高法院法官中，有 17 人被驱逐，3 名被

---

[1] Meny Yves and Knapp Andrew, *Government and Politics in Western Europe: Britain, France, Italy, Germany*. Third Edition, Oxford University Press, 1998.

[2] Nino, Carlos Santiago. 1996. *Hyper—presidentialism and Constitutional Reform in Argentina*. In *Institutional Design in New Democracies: Eastern Europe and Latin America*. Edited by Arend Lijphart and Carlos H. Waisman. Boulder: Westview Press. pp. 161~174.

[3] Enrique Peruzzotti and Catalina Smulovitz , "Civil Society, the Media and Internet as Tools for Creating Accountability to Poor and Disadvantaged Groups", *United Nations Human Development Report*, 2002. 社会问责是相对于法定问责而言的。法定问责是指一套旨在保证政府官员在宪法和法律框架内施政的制度机制，即根据法律建立的权力监督和制衡政府的一系列机构，这套机制又称为"平行问责机制"（mechanism of horizontal accountability）。而社会问责是指在法律规定的、正式的制度机制之外，一种非制度性的权力监督和制衡机制，其职能通常由公民社会来行使，因此这套机制又被称为"垂直问责机制"（mechanism of vertical accountability）。

弹劾下台，32名被迫辞职，非自然离职率高达45％[1]。横向比较同样可以佐证这一点：从1960到1995年，阿根廷最高法院法官的任期平均只有4年——这一数字不足巴西的二分之一，智利的三分之一[2]。1947年，庇隆将军一上台就将最高法院5名法官中的4名驱逐。1990年，梅内姆将最高法院法官人数从5人增加到9人，而其中6人是他的亲信；1998年，已经连任一次的梅内姆鼓动自己控制的最高法院进行宪法解释，以允许自己第三次参加总统竞选，后因本党和社会各界的反对而作罢。2003年，从阿根廷危机中诞生的新总统基什内尔烧的第一把火就是要求议会成立弹劾委员会，对最高法院院长胡利奥·纳萨雷诺（Julio Nazareno）及其8名同僚进行弹劾，最终迫使纳萨雷诺主动辞职。当年6月，基什内尔再度签署总统政令，限制最高法院院长任命法官的权限，从而将最高法院牢牢控制在自己手中。

阿根廷虽然拥有超级总统制，然而却存在一个真切的现实：强势总统执政，议会无法钳制；弱势总统执政，无力行使权力。宪法虽然赋予当选总统诸项权力，但有无能力行使完全有赖于总统本人的支持力量。阿根廷政治文化中的强人传统也有利于强势领导。对于总统来说，不经国会讨论，不同本党领导层协商而径直由总统本人或智囊团关门决策是司空见惯的事。权力和职能高度集中于总统使得阿根廷的总统制具有强烈的个人化倾向，政府的治理效能完全依赖于总统本人的素质。如果总统缺乏这些履行其职能所要求的个人素质和资本，比如伊萨贝尔·庇隆或德拉鲁阿总统，那么可治理性就大受威胁。总统权力的集中也刺激了总

---

[1] 转引自：Lee J. Alston Andrés A. Gallo, Electoral Fraud, the Rise of Peron and Demise of Checks and Balances in Argentina, www.economics.uci.edu/docs/colloqpapers/s07/Alston.pdf

[2] Steven Levitsky and María Victoria Murillo. "Argentina：From Kirchner to Kirchner."*Journal of Democracy*, Volume 19, Number 2, April 2008, p. 27.

统将本人意志强加于其他权力机构之上的欲望。权力滥用不仅出现在强势总统（比如梅内姆和基什内尔）身上，而且出现在弱势总统（如德拉鲁阿和杜阿尔德）身上。2004年11月，阿根廷国会批准了两项向基什内尔授予新的经济权的独立法令并随后决定延长2002年颁布的"经济紧急状态法令"的有效期限。与此同时，由基什内尔夫人克里斯蒂娜领导的宪法事务委员会没有采取任何步骤，以开始修订自1999年以来过期的1000多项法律和总统政令，无疑这正符合基什内尔获取超级权力的热望。如果总统因为其提出的政策同竞选纲领不一样而无法获得相应的法律授权或者想避开国会漫长的辩论和磋商（比如梅内姆），或者因为没有所需的立法多数（比如德拉鲁阿），那么总统政令便是常用的手段。滥用总统政令常常导致新的冲突，而且常常会降低总统在其他问题上获得国会支持的概率，从而形成恶性循环。

四、公民社会的挑战

1983年之后，阿根廷民选政府昔日面临的军事政变威胁减少，但政治不稳定的态势并没有遏止，而是展现出政治不稳定的新形式：公民社会的反抗。从1989年和2001年民选政府两度遭遇"公民社会政变"（civil society coup）[1]。这说明，在民主政治背景下，公民社会俨然成为政府可治理性的最大挑战。

民主的回归使阿根廷公民社会组织（CSOs）意识到必须重新定位自己在新环境下的角色，因为"在民主统治下……令人震惊的示威和暴力行动不再具有合法性[2]。"此前深受独裁统治影响的公民社会组织面临两条不同道路：或者继续采取体制外的

---

[1] Celia Szusterman: Latin America's eroding democracy: the view from Argentina, http://www.opendemocracy.net/democracy—protest/argentina_erosion_3607.jsp

[2] Lucy Taylor. Citizenship, *Participation and Democracy: Changing Dynamics in Chile and Argentina*. New York: St. Martin's Press, Inc., 1998.

激进行动，或者放弃暴力，寻求和平之路。阿方辛为巩固民主体制，防止军事政变再度发生，曾对公民社会组织采取鼓励和支持的态度。这种宽松的制度环境使此前饱受压抑的诸多公民社会组织再度活跃，其斗争目标从最初争取结社自由、要求公正选举、严惩侵犯人权的军警发展到争取更加广泛的公民权利，即从要求政府实行民主和法治转向呼吁政府实行民主治理。90年代初期开始的新自由主义改革严重冲击了阿根廷的社会和经济结构，催生了更多关注教育、住房、卫生和城市发展等以权利为导向的社会运动和公民社会组织。这一时期的公民社会表现出一种愈发关注自身利益，谋求参与政策制定过程，力求成为政府决策中的利益相关者的特点。随着新自由主义改革的深入，改革产生的负效应愈发明显，政治社会环境恶化，腐败猖獗，贫富差距增大，失业问题严重。作为捍卫自身利益的一种反映，改革的失利者纷纷组织起来，强烈要求建设高效、透明和负责任的政府，厉行法治，实现平等和社会正义，并为此进行广泛的政治宣传和社会动员，给阿根廷的政治和社会稳定造成威胁，皮克特（Piquertos，意为断路者）运动就是这一时期的典型代表。同时，新自由主义改革也给正义党的传统支持力量工人工会造成严重的冲击，恶化了工会的生存环境。工会内部矛盾重重，成员人数锐减，工人工资下降，各行业工会由于没有全国总工会的协调和领导，不断发起罢工、示威和抗议活动，持续挑战政府的治理能力。新世纪之初，政权易手后的阿根廷仍然面临许多老问题。私有化和市场化改革还催生了一种新的现象：中产阶级的贫困化。2001年阿根廷出现了一种以中产阶级为主导的社会运动新形式：锅碗瓢盆运动（Cacerolazos）。他们走上街头，敲锅打盆，抗议政府、政党和腐败的政治家，号召打倒一切政治机器。另外，必须特别指出的是，阿根廷公民社会中还出现了一支重要力量：传媒界。梅内姆时期的报纸和广播电视私有化改革进一步增强了媒体的独立性，使阿根廷媒体成为拉丁美洲最为活跃，也是独立性最强的部门之一。许多重要的报纸和电视都发挥着强大的舆论监督作用，使得传媒界在阿根廷民众中一直保持较高的威望和信任度[①]。很多情况下传媒界代表受害者联合发动组织周密而又持续性的抗议活动，迫使政府官员进行调查，成为阿根廷公民社会的一个重要组成部分。

公民社会的无序参与不仅冲击了国家和公民社会的关系，更糟糕的是给民主政府的可治理性和民主政府的生存带来严峻挑战。国家和公民社会之间的关系之所以恶化，有以下几个原因。首先，政治腐败严重损害了传统政党的公信力。腐败和政治信任具有明显的负相关性。民主政治的回归必然带来公开、平等、正义等民主的本质诉求，而遏制腐败是通向更高程度的平等和正义的一种有效途径。但是在阿根廷，特别是在梅内姆执政时期，新自由主义改革滋生了严重的腐败，民众陷入一种"审丑疲劳"症。不断曝光的权钱交易、裙带关系、挪用侵占公共资金的政治丑闻使民众越来越强烈地意识到：政党不过是政治家谋求权力和金钱的工具。腐败的蔓延也破坏了政党的威信，损害了政党形象，招致民众对政党的认同流失。在1984年参与投票的阿根廷人中，有84%的人投票支持政党；到1988年，降为63%，90年代初又降至15%[②]。其次，社会动员过程的弱制度化以及传统政治代表（政党和工会）的衰落为社会抗议打开方便之门。阿宪法第22条规定：人民通过其代表及依据宪法建立的权力机构行

---

① 1984年传媒界在民众中的信任度为47%，位列司法和国会之后；1991年27%，位列教会和武装部队之后；1995年33%；1999年38%，位列教会之后。转引自："Argentina: Economic Disaster and the Rejection of the Political Class" by Frederick C. Turner & Marita Carballo *Comparative Sociology*, Volume 4, issue 1~2, p. 176.

② Marcos Novaro, "Shifting alliances: Party politics in Argentina", *NACLA Report on the Americas*, New York: May/Jun 1998. Vol. 31, Iss. 6; p. 11

使商议和统治之能。在代议制民主下,政党成为选民表达政治和利益诉求的主要通道,承担着为选民利益代言之责。然而,在阿根廷,政党很大程度上不过是一种选举机器,一帮政客们争权夺利的工具。这种内部纷争导致他们过分地关注自身利益而置广大普通选民的呼声和利益要求于不顾。另外,阿根廷传统政党几乎也无法为公民社会提供充分的政治参与空间。在政治家和政党眼里,民众的作用就是投票选举和提供支持,而不是要参与政策制定的过程,结果民众利益的代表性大打折扣或者根本无从实现。民众的被排斥和政治精英们的冷漠使阿根廷民众陷入深深的失望,导致对传统政党和政治家的极大不满而失去政治热情。最后,政府对公民社会回应性的不足和问责缺失引起了民众的不满和抗议。民主回归之初,阿根廷民众的政治参与热情非常之高,他们满心地期望民主的回归能够开辟一个负责、公正、高效的新时代。然而,随之他们发现激进党政府所承诺的经济增长、社会稳定、减少贫困、保护人权等不过是一场虚言。正义党人利用阿根廷民众的求变心理,竖起了社会正义大旗,承诺实现社会稳定,增加就业和提高工资。然而人们很快就发现他们再次受到了欺骗。"我们不会相信任何人了,我们上当受骗不止一次了,这里根本没有真正的政治家。梅内姆说'假如我说我打算做什么的话,就没有人投我的票了。'这些所谓的政治家既不知羞耻又不讲原则,人们怎么会愿意参与政治呢?"[1] 阿根廷民主政治的这种"名不符实"已经远离了代议制民主的本质,阿根廷学者波兹(Pablo Pozzi)说"阿根廷的民主制度造成了大多数人的边缘化和公民权利的被剥夺[2]";阿根廷裔美国学者吉耶尔莫·奥

---

[1] 转引自:Lucy Taylor; *Citizenship, Participation and Democracy: Changing Dynamics in Chile and Argentina*; Macmillan Press Ltd. 1998, p. 101.

[2] Pablo Pozzi, "Popular Upheaval and Capitalist Transformation in Argentina." *Latin American Perspectives* 27.5 (2000): PP. 63~87.

唐奈将其称之为"委托制民主①"（delegative democracy）；阿根廷学者普希阿莱利则将其为"排斥性民主"（exclusionary democracy）②。或许"历史书写中占统治地位的'人'或者'公民'指的只是'精英'，而只有当底层造反时，主子们才意识到仆从们也有意识③"。2001年危机后出现的"街坊大会"和工人自我管理代表大会展示的正是底层集体意识的爆发：一种自我管理、自我实现的新的政治经济参与模式。不过，危机唤醒了草根社会，似乎并没有唤醒精英世界。

在基什内尔"新"时代，罢工和大众抗议活动并没有像想象中那样减少，反而有所上升，并在2005年达到顶峰④。不过这一时期抗议的主体、对象和性质都已经大不同于以前。首先，抗议的主体由皮克特运动转变为私营企业的工人。其次，冲突的原因由主要针对政府的决策或者抗议企业裁员和关闭工厂等转变为工资纠纷。再次，从本质上来说，基什内尔时代的罢工主要是经济性质的，很少有政治性的罢工。最后，2004~2007年间的罢工很少发生多部门的联合大罢工，多数罢工局限于一个部门、一个地区或者一个企业内。这种抗议性质的变化被尼尔·理查森视为基什内尔推行的"出口导向型民众主义"⑤的结果。90年代，特别是进入21世纪以来，大豆取代牛肉和小麦成为阿根廷

---

① Guillermo O'Donnell, "Delegative Democracy", *Journal of Democracy*, 5, No. 1, (1994), pp. 55~69.

② Alfredo R. Pucciarelli, La Democracia que Tenemos. Declinación Económica, Decadencia Social y Degradación Política en la Argentina Actual, 2002.

③ （印度）帕沙·查特吉著：《被治理者的政治：思索大部分世界的大众政治》田立年译，广西师范大学出版社2007年版。

④ Sebastián Etchemendy and Ruth Berins Collier, "Down but Not Out: Union Resurgence and Segmented Neocorporatism in Argentina (2003~2007)", *Politics Society*, 2007; 35 (3): PP. 363~401.

⑤ Neal P. Richardson, Export—Oriented Populism, "Commodities and Coalitions in Argentina", *Studies in Comparative International Development*, (2009) 44: PP. 228~255

的主要出口商品。由于大豆不像牛肉和小麦那样主要供应国内消费，大豆出口对城市工人的购买力没有直接影响，与此同时基什内尔政府趁机降低汇率，促进出口，然后再通过征收大豆出口税来补贴国内的工资商品消费，如此一来大大缓和了增加城市工人工资和避免通货膨胀之间的两难情势。虽然这种"出口导向型民众主义"消除了阿根廷政治和经济不稳定的一个重要根源，但这种模式却同时制造了新的政治冲突：与农业部门的冲突。2008年，经济生产部颁布的第125号和08号决议宣布提高对大豆和向日葵的出口并实行累进税制，税率随商品价格上涨而提高。结果引发了农业部门和政府之间长达4个月的激烈冲突，最终以政府取消出口累进税、保持固定出口税而告终。这也充分证明，在新的时代，政府如何充分整合不同社会部门的利益，对其诉求给予积极的引导将其参与通道从体制外吸纳到体制之内，是实现可治理性的一项重要任务。

五、联邦体制的脆弱性

诚然，公民社会的抗议行动给政府的统治造成了极大的挑战，但从另一个层面上来说，这一现实恰恰是因为政府或执政党缺乏治理能力——制定并实施政策的能力，有效控制行政进程的能力，制定并执行法律规范的能力，控制腐败的能力等。正如卡洛斯·卫斯曼（Carlos H. Waisman）所说："当代阿根廷的民主是脆弱的，这并不是因为缺少有组织的公民社会的政治参与，更重要的是因为国家无力有效地履行国家的基本职能。"[1] 国家的这种无力感当与阿根廷联邦体制的脆弱性有关。

---

[1] Andrew W. Maki, Decentralization and Political Participation: Argentina and Chile in Comparative Perspective http://digitalcommons.conncoll.edu/govhp/2

阿根廷是一个联邦制国家，共有 23 个省和一个联邦区①。这种联邦体制同样反映在政党政治的架构上。阿根廷的全国性政党均复制了这种联邦模式，形成了一种高度分权又组织松散的政党体制。正义党和激进党的核心组织皆集中于省，省党组织拥有相当大的自治权。在政党控制省长职位的省份，省长就是省党部的领袖，毫无例外。在这种情况下，省长可以自行决定本党的议会和公职候选人的遴选程序。议员的政治前途很大程度上掌握在省长的手里，因此议员的政治独立性较差，他们往往根据省长的意志进行投票。政党政治的联邦化使省长成为阿根廷权力结构中真正的权力终端，其影响力可以上通下达：一方面，可以通过基层党组织向下渗透入基层选民，另一方面，可以通过本省议员向上渗透进国会，进而影响政府和总统的决策。省长拥有莫大权力的经济基础在于阿根廷的财政联邦主义。阿根廷的财政体制是由联邦、省、市三级财政构成，三级财政各有自己的财税来源和范围；不过阿根廷宪法同时规定省市级政府有权分享联邦政府的某些全国性财税收入，联邦政府将资金划归各自治省、市，由各省市自由支配。在过去的十多年里，阿根廷的开支分配在联邦政府和省政府之间大致是相等的，比如 2000 年，52% 的开支归联邦政府，40% 归省政府，8% 归市政府。这种财政分享制度使得联邦和地方政府的关系围绕资源争夺而展开，实际上财税资源成为省长—总统之间利益博弈的核心：一方需要资源，藉以维持对本省政治进程的主导地位，而另一方则需要通过资源分配来换取在国会的政治支持。

在这种条件下，资源成了阿根廷政党政治运作的基点，但问题的关键是省长—总统之间的磋商机制是非正式的，其间充满很

---

① Tierra del Fuego 1990 年取得省的地位；联邦首都布宜诺斯艾利斯市 1994 年取得半自治地位。为行文方便，文中均称为省。

大的变数。在阿根廷的民主政治中，政党的支持力量主要靠庇护主义和分肥政治维持。省长之所以能主导本省的政治进程主要还是基于庇护关系下的物质恩惠。因此资源对于省长来说既是获取权力的根本，又是维持权力进而获取资源的基础。一方面，省长通过直接控制本省预算或者联邦政府资助的项目，向支持者提供物质刺激，经济补贴或者低息贷款，从而获得或维持他们对自己的忠诚。另一方面省长往往通过利用自己控制的国会议员，影响国家政治进程和政府政策，借以换取联邦政府的优惠待遇，比如财政转移、补贴、联邦政府职位或政治拨款。这种各省的国会议员弱、省长强的现实造成在联邦和省政府之间的交易和磋商中实际发挥主导作用的往往是总统和省长。不过，由于总统和省长之间不存在正式的磋商机制——虽然偶尔也签订正式的政府间协议——使得双方最后达成的交易很容易在立法院或执行阶段改变。一是因为省长在全国政治决策中的极大影响，使得他有足够的力量和资本以牺牲联邦政府或其他地方政府的利益为代价来获取偶尔的立法利益。二是，在执行阶段，总统可以轻易地放弃在议会业已达成或批准的协议。1999，1992，1993，1999，2000，2003年联邦政府和各省签订的财政协议中，省长都承诺影响本省国会议员投票支持某一法案。这从相反的角度说明各省在国会拥有实际上的否决权，省长通常将捍卫本省的地区利益凌驾国家利益之上。就此而言，总统—省长之间的协同安排是可治理性的关键所在，但这种以资源分配为中心的博弈和省长权力的异化增加而不是降低了不同级政府间交易的成本，从而增加了可治理性的难度。

阿根廷的这种联邦体制存在着很大的脆弱性。在经济繁荣期间，联邦政府有足够的财政转移能力和政治拨款能够轻易赢得各省在国会对联邦政府政策的支持；然而一旦经济增长乏力，没有足够的财税收入满足各省的资源需求时，总统—省长和总统—国会之间的关系便会受到影响，艰难之时急需的政治和经济支持便很可能无法获得。这正是阿根廷联邦体制潜在的制度性难题。

第三节 可治理性危机的拯救

公民社会并不是政府的天然敌人，双方完全可以通过协商和沟通打造建设性的合作关系，从而实现有效的国家治理，不过"为了进行好这种合作，政府应当是具有包容性、展示合作意愿并具有较强的顺应能力。国家要达到治理的目标，就离不开公民社会。因此国家领导人必须放弃自己君临公民社会的倾向，学会以平等的态度和公民社会的领袖共事"[1]。从1983年到2003年，公民社会发起的一系列对抗行动其实正是对政府倨傲态度的惩罚。当然这也让阿根廷付出了沉重的代价，无论对于公民社会还是对于政府莫不如此。为摆脱这种治理困境，阿根廷政府开始了寻求新的治理形式的尝试：阿根廷对话。

早在2001年末，联合国开发计划署和阿根廷天主教会就着手推动全国对话，意在通过"工人，企业家，非政府组织和国家本身"之间的对话和合作来克服困扰阿根廷的严重危机，以最终形成一个可持续性的全国治理计划，这是政党、国家和公民社会组织谋求协同治理的首次努力。《国民报》的社论将其称之为"引起人们充满希望地展望未来的当代新闻"。

2002年1月，杜阿尔德总统正式倡议并启动了这项计划——"阿根廷对话"（Diálogo Argentino）。阿根廷对话进程开始于"参与者对话"会议，该会议由政府同社会各部门进行多边对

---

[1] 弗雷德里克·C·特纳、亚历杭德罗·L·科尔巴乔：《国家的新角色》，《国际社会科学杂志》，2001年2月18~1期，中国社会科学院/联合国教科文组织。

话，以推动对话和共识理念，确定商议的优先事项。大约有300个组织的650名领导人参加了这场会议，其中私营部门占16%，NGOs 12%，职业和学术社团12%，政府部门12%，政党12%，新兴组织如皮克特运动10%，小企业6%，银行4%，宗教团体4%，知识分子2%[1]。"参与者对话"会议的目标是在启动各部门协作之前创造一个思想交流的空间，无疑这非常有助于融合不同的思想和价值观念。2002年2月，"部门议程"开始启动，以处理紧急问题，并就中期拟执行的公共政策达成共识。这一阶段同时还伴随着省级的对话进程，其中包括卡塔马卡、科连特斯、拉潘帕和布宜诺斯艾利斯等省份。2002年7月份，与会各方起草了《阿根廷对话的基础》。

阿根廷对话的第二阶段（2002年10月至2003年4月）引入了更广泛的议题，吸纳了更多的参与者来制定行动的战略路线。首先，设立了"增强型对话"，将来自不同宗教、非政府组织、企业和工人，以及公民社会代表吸收进来共同拟定一个支持和谐共存并推动制度转型的治理议程。随后又确定了战略指南，成立了"行动组"，借以筹划和执行完成各个目标所需要的行动。阿根廷把"对话"作为谋求社会共识的手段，打破了不同部门间的紧张局面，缓和了不同集团间的利益冲突，同时它也取得了一系列具体的社会政策成果，比如失业户主计划。现在该计划已惠及200万户贫困家庭，每户每月补助150美元，补助金的发放一直由公民社会组织参与执行并予以监督；"建筑和住房圆桌对话"提出了一个建议，即重新刺激住房建设以满足居住需求，刺激就业，这些议题后来被政府批准和实施；"司法改革对

---

[1] Barnes Helen: Conflict, "Inequality and Dialogue for Conflict Resolution in Latin America: The Cases of Argentina, Bolivia and Venezuela", *Human Development Report* 2005. http://hdr.undp.org/docs/publications/background_papers/2005/HDR2005_Barnes_Helen_3.pdf

话"成功地将积极推动司法改革的团体凝聚在一起。不过,尽管相关重要的权力机构赞成关于政治制度改革的联邦协议,但是政治改革领域并没有取得多少进展。总体上来说,阿根廷对话进程受到了广泛的支持。2002年2月的民意测验显示65%的阿根廷人认为这是一种积极的行动,约50%的阿根廷人相信这会大大推动危机的早日解决[1]。

自2003年政府更迭以来,阿根廷对话持续进行。阿根廷对话管理委员会逐步扩大并吸纳了其他诸多公民社会组织的参加。新的主题议程主要围绕环境、平等、正义、科技和国家安全而展开。许多新的对话分支也同时在门多萨、科尔多瓦和圣达菲等省开展。基什内尔的几名内阁部长一直称赞对话所取得的成就并积极地参与其中。基什内尔政府还建立了一个新的专门机构——机构改革和民主巩固副秘书处。

阿根廷对话为拥有不同利益和持有不同观点的组织和部门提供了一个倾听其呼声的机会,同时政府的努力也得到了报偿。阿根廷经济稳定性不断加强,失业率和贫困率也有所下降,物价逐步稳定下来,中产阶级多数也开始回到家里。不过,皮克特运动等公民社会组织依然非常活跃,政府依然面临巨大的挑战。因此,为把不同利益的组织和集团吸纳进制度化的表达渠道,很有必要推动政治领域的制度和机构改革。

---

[1] Barnes Helen: Conflict, "Inequality and Dialogue for Conflict Resolution in Latin America: The Cases of Argentina, Bolivia and Venezuela", *Human Development Report* 2005. http://hdr.undp.org/docs/publications/background_papers/2005/HDR2005_Barnes_Helen_3.pdf

结束语

纵览阿根廷民主转型以来的历史，我们不难发现阿根廷屡陷治理困境虽有多层次的原因，但从根本上来说，最终还是与其"制度脆弱性"这一历史的惯性脱不了干系。首先，传统政党自身的缺陷是导致阿根廷陷入治理怪圈的潜在因素。党内民主和政党共识的缺乏不仅给政党本身带来挑战，而且损害了政党形象，侵蚀着民主政治的信誉。同时，政党代表能力的不足也损害了政党职能的内核，即利益集聚和利益表达功能。这些问题使传统政党的合法性遭到极大的质疑。其次，民主宪政中的"平行问责"机制的失灵使民主政治受到严重侵蚀，结果治理效能低下，腐败现象丛生，最终失去了民众的信任。最后，公民社会，这一组织形式的蓬勃发展虽然冲击了政党的支持基础，给政府的治理能力带来了挑战，但同时也应当看到它也给民主政治的缺陷施以有效的矫正。公民社会组织通过发挥其"社会问责"职能迫使政府施以更加透明和有效的治理，无疑这会增强治理的合法性，提高治理效果的持久性。

在当前公民社会日渐政治化的背景下，一个政府欲实现对国家的有效治理，必先增强内部治理，同时注重增强整个社会的互信度和凝聚力，引导公民社会的有序参与和政治融入，通过对话和协商，谋求协同治理，以最终实现国家的善治。基于此，笔者认为应着重努力：

1. 推动政治全面改革，拓宽公民参与渠道。改革政治制度以促进代表性和增强责任感；改革政党制度，实现更具透明性的政党资金募集通道；推动政党的制度化，打造党内民主化，结束政党对候选人选择的垄断；进行司法改革，提高司法部门的独立性和法治的质量;建立有效的平行机制实现民主机构间的相互监督和权力制衡。

2. 加强对公民社会组织的引导,规避其反政治情绪,寻求协同治理。公民社会同政党政府的关系既有合作性的一面,也有对抗性的一面。允许一个强大活跃的公民社会参与国家的治理可以使政府更加负责任地对公民的需要更快地作出反应;公民社会组织广泛地参与社会发展和治理项目,可以极大地弥补政府治理能力的不足,因此政府要注重对公民社会组织的引导和梳理,着力调停公民社会内部的冲突并解决公民社会无力解决的问题,开展具有广泛包容性的对话和协商,推动"融入性政治"而非"对抗性政治"的发展。

第六章 巴西的可治理性问题研究

近年来，可治理性以及可治理性危机日益成为拉美政治研究中的一个十分重要的问题。[①]相关的概念和理论探讨涉及了政治研究中的一些最基本的问题，不同国家的可治理性缺失乃至危机的研究极大地丰富了有关拉美政治进程、结构、制度和思潮的认识。本章就巴西可治理性问题的基本情况作一介绍和初步分析。

巴西的可治理性问题源于独立以来的政治传统、国家结构形式和政治制度安排，突出表现在联邦政府决策和施政的力度和效率上。社会经济、政治发展状况以及发展道路、模式的选择深受威权与民主、中央集权与地方分权、总统制的向心力与政党和选举制度的离心力等不同趋势和倾向的影响。不同趋势之间的紧张关系构成了可治理性问题的主要内容，其分析焦点在于如何塑造兼顾代表性和效率、具有可持续性的政治制度，包括国家结构形式和一系列具体制度的设计和安排。

---

① 参见"拉美国家的可治理性问题研究"专题，《拉丁美洲研究》，2007年第5期。

第一节　巴西的可治理性问题

从最宽泛的意义上讲，可治理性涵盖了社会、政治、经济等方方面面的问题。如果将治理理解为政治系统在不同行为体或角色参与下的运作过程，那么可治理性所关注的就是这一系统运作过程是否有效及其程度。从拉丁美洲政治研究的角度讲，可治理性研究的重点是国家、政府或执政党的治理及其治理能力，将这种治理及其能力置于政治体制与社会的关系之中，则可治理性可理解为"社会需求和政府应付需求的能力之间的平衡状态或平衡程度"，它既包括政府的效率，也包括政府的合法性，其表现至少涉及法律和秩序、经济管理、社会福利以及政治体制稳定等方面。[1]

拉丁美洲国家的可治理性问题是这一地区经济社会结构变迁和政治制度演变的体现。在拉美国家的发展（现代化）进程中，不同国家在不同时期尝试了各种经济政治体制、模式和政策理念，在发展、进步甚至个别"奇迹"的同时，也伴随着大量的难题、矛盾和危机，导致不同国家各具特色的"可治理性问题"。[2] 与发达国家治理问题研究中日益注重非国家行为体和非等级制决策模式不同，拉美国家的可治理性问题是在国家建设（state—building）的任务尚未根本完成的情况下产生的，因此可治理性问题研究更多地关注国家行为体的能力及其与整个社会的

---

[1] 袁东振：《可治理性与拉美国家的可治理性问题》，《拉丁美洲研究》，2007年第5期，第3~4页。

[2] 杨建民：《厄瓜多尔可治理性问题研究》，王鹏：《对委内瑞拉可治理性危机的分析》，郭存海：《阿根廷政党治理危机及其原因探析》，《拉丁美洲研究》，2007年第5期，第10~28页。

关系，特别是政治制度的选择、质量及其代表性。巴西的幅员、历史以及发展进程决定了这个国家可治理性问题主要牵涉到国家的结构形式和政治制度安排。

首先，巴西是联邦制国家，所谓"次国家"行为体或角色——地区、州、市等在国家政治生活中发挥着重要作用。地方分权和中央集权两种趋势贯穿于巴西独立以来的整个历史之中，与国家的统一、经济的发展和公民社会的成长等问题形影相随，构成巴西可治理性问题的一个基本背景。其次，在巴西政治史上，政治制度的选择经历了民主和威权之间的反复较量和实验，在 20 世纪末叶形成了相对稳固的民主制度，影响同时也受制于国家结构形式（即联邦制）以及国家与社会之间关系的发展。其中，具体的政治制度安排直接影响着政府的决策程序和政策内容，进而影响着国家的政治稳定和社会经济发展，体现了政治制度在实现"正常的可治理性"中所发挥的关键作用，同时也带有明显的巴西"传统政治"特征（如分肥政治等）。可治理性是否能够实现取决于制度约束和传统政治双重影响下不同趋势较量的平衡点，可治理性问题的出现也表现为不同趋势之间的紧张关系：威权主义或中央集权趋势过于扩张，造成制度安排的代表性丧失；反之，若民主政治或地方分权倾向过分强大，则有损于政府的治理效率。

20 世纪 80 年代以来，随着巴西再民主化进程的深入和新宪法的制定，以上述特点为主要内容的巴西政治生活凸显了巴西可治理性问题的主题：如何塑造兼顾效率和合法性的、可持续的政治制度安排。本文将通过探讨巴西国家结构形式和政治制度安排中的集权与分权、选举与政党制度运作以及总统与国会关系，揭示巴西可治理性问题的主要内容及其意义。

第二节 巴西联邦制下的集权与分权

一、联邦制与地区主义

巴西是拉丁美洲联邦制特点最为突出的国家，这些特点在巴西历史上的不同时期有不同的表现。与西属美洲殖民地独立后裂解为众多国家的经历不同，独立后的巴西成为一个统一的帝国，通过国家政治中心即王权同时应对外部压力和平衡内部利益的传统，成为日后巴西国家发展演变的一个基本线索。在巴西的工业化进程中，国家发挥着至关重要的作用。在这架国家机器中，具有一定专业化水平的军队具有特殊的地位和作用。巴西的现代化道路循着"自上而下"的模式，国家通过保证社会利益集团的特权以及决定其在政治生活中的参与程度换取其政治上的支持，以实现所谓"秩序和进步"。这要求国家政治中心尽可能地将权力集中在中央政府手中。

然而，虽然葡属美洲殖民地最终以一个统一国家的形式存在下来，但由于幅员辽阔和地区差异，巴西的国家结构形式最终采取了联邦制的形式。19世纪巴西帝国的政治统一以及中央政府的权威既依赖于巴西王室在巴西广大腹地的影响力，也是出于巴西上层对国家分裂和奴隶制经济崩溃的恐惧。这一时期中央集权的基础是以里约咖啡种植区为代表的面向国际市场的生产商、出口商以及国家官僚队伍。但要求分权的势力也开始向王室发起挑战。除了自由派人士和面向国内市场的农业生产者外，咖啡种植扩大到圣保罗地区以后，分权势力迅速扩大。圣保罗地区的发展和繁荣导致该地区特殊的利益诉求：必须选择联邦制度才能确保自身的利益、权力，保持地区间的不平等和等级结构，以避免财富通过中央政府转移到落后地区。1889年,巴西帝制结束,联邦共和国成立。

自19世纪末20世纪初以来,巴西政坛上的一个突出现象即所谓"州长政治"的影响历久不衰。联邦制下的巴西各州可以制定自己的民法典,向国外举债或在境外发行债券。巴西各州甚至可以拥有自己的军队,20世纪20年代,圣保罗州就拥有一支1.4万人的军队并开设了自己的军事学院,而且驻有外国军事使团。当时巴西咖啡种植区各州为了维护其出口收益迫使全国接受货币贬值的政策,不仅使其他国内消费者和进口商受损,还加重了联邦中央政府本身的债务负担。即使在瓦加斯政府和所谓"新国家"集权时期,巴西各州仍保持着相当大的自主权,各州税收占联邦税收的比重维持在55%~56%之间。①

巴西地方势力的传统权力基础是大地产阶级,同时巴西的地理条件和地区主义传统也对联邦单位之间的关系发生着重要影响。虽然随着20世纪的经济发展,大地产主的力量受到了削弱,但其政治影响力仍不可小视,尤其是在农村地区。在土地广袤、人口稀少、交通不便的条件下,各州及地方当局"自然"地形成了各自独立的权力基地。而地区主义传统对联邦制度的影响则源于各地区不同的社会、文化、经济和政治条件。

巴西的地区习惯上分为东北部各州、北部和中西部各州、东南部各州以及南部各州。巴西各地区的不同条件与联邦主义传统相结合,形成了州与州之间各不相同的社会政治状况。在一些地区(如东北部),"政治"是一种传统的"谋利行业",一小撮大家族势力和当地经济寡头合谋,垄断地区政治生活。而在东南部和南部地区,由于经济利益更为多样化,政治人物的特点也更

---

① Barry Ames, *The Deadlock of Democracy in Brazil*, Ann Arbor: The University of Michigan Press, 2001, pp. 19~20.

为复杂多样，选民与民意代表的关系也更为直接清晰。以东北部的巴伊亚州为例，40%的该州国会议员（1991~1994届）拥有把持政府职位的亲属，而在圣保罗州，有类似背景的该州国会议员只占5%。①

二、再民主化与地方分权

巴西建立联邦制度以来，中央集权和地方分权的较量在不同时期呈现出不同的格局，在威权主义时期，中央集权的特征更为明显。在1964~1985年的军政府时期，中央政府大幅度强化了联邦的权力并削弱了州权。再民主化进程开始以后，各州和市政当局的权力有较大提高，特别是增加了新的税收权力。20世纪90年代雷亚尔计划实施期间，联邦政府则采取了减少向各州及市政当局转移资金的政策。

20世纪60年代中期以后，随着军人势力对国家政治生活的操纵，政治权力集中于军政府手中，从联邦到各州、市政当局的选举受到了各种各样的限制。与此同时，财政权力也日益集中于军政府手中。面临压力的州长和市长们不得不以政治上的效忠来争取更多的财政资源。在军政府时期的巴西，一方面中央政府增设了一系列直接听命于军政府的官僚机构，负责各种各样的发展项目；另一方面，各州政府增设了专门负责争取中央资金的地方机构，致使各级政府的财政资金转移和运用带有明显的自上而下的主导性和随意性。

但是，军政府时期的政治和财政集权虽然造成了地方政府对中央政府很大程度的依附性，但军政府允许有限度的政治和选举竞争，为政治力量对比的变化提供了空间。在军政府期间，各

---

① Barry Ames, *The Deadlock of Democracy in Brazil*, Ann Arbor: The University of Michigan Press, 2001, P. 21.

州、市议会仍通过选举产生。军政府试图通过操纵选区划分并强力压制反对党人士帮助"执政党"（即民族革新联盟）获取地方选举的优势。然而正是由于无法参与联邦政府的组织和运作，反对党（即巴西民主运动）只能在地方层次的活动中抓住机会并较为有效地组织起来，从而在70年代上半期赢得了一系列州、市立法机构选举的胜利。反对党的部分胜利迫使军政府在财政上加大力度支持地方当局，以巩固执政党尚未失去的阵地。随着70年代末80年代初政党和选举制度的改革，执政党候选人更需要通过来自中央的政治分肥获得对抗反对党的政治资本。其结果是，为了巩固执政党人士对联邦政府支持，军政府逐步扩大了州、市当局财政自主权；而在反对党获得选举胜利的各州，州政府则更积极更直接地向中央政府要求更大的资金转移份额。1983年，军政府通过了第一个重要的财政分权法案，扩大了州、市政府分享联邦税收的份额。这一以执政党参议员名义命名的法案表明，国会议员的政治效忠不再仅仅以党派划线，而且已明显表现为联邦与各州、市当局的利益分野。[1]

再民主化进程同时也是政治和财政分权的过程，其中所产生的政党制度、选举制度以及行政部门与立法机构的制度安排，进一步强化了各州州长和城市市长们的权力，并扩大了地方政府的影响力。1988年巴西新宪法就联邦与各州的关系做出两项重要的规定。第一，通过设立各州"参与基金"和城市"参与基金"的方式扩大联邦政府向州、市资金转移的数额；第二，通过扩大地方政府征税的权力并明确规定中央政府"法定"转移的份额，以巩固各州、市的财政收入基础。与军政府时期不同，新宪法对

---

[1] Eliza Willis, Christopher da C. B. Carman and Stephen Haggard, "The Politics of Decentralization in Latin America", in *Latin American Research Review*, 34 (1), 1999, P. 31.

各州、市如何使用新的财源基本未加限制,从而一方面削弱了中央政府运用资金转移作为治理手段的能力,另一方面,联邦政府必须在资金减少的情况下,承担本应转移到地方政府的责任。因此,再民主化时期的分权趋势伴随着巴西政府财政赤字的逐年增加。

表6-1 巴西联邦各级政府财政收支状况[1]

	各级政府税收比重(%)		各级政府支出比重(%)	
	分权前(1974年)	分权后(1988年)	分权前(1974年)	分权后(1988年)
中央	59.8	47.1	50.2	36.5
州	36.9	49.4	36.2	40.7
市	3.8	3.6	13.6	22.8

从上述巴西联邦各级政府财政收支状况可以看出,巴西的联邦制特点十分突出,同时再民主化进程进一步强化了这一特点,即中央占政府收支总额的比重有了较大幅度下降。收入和支出比重间的差额则表明了中央政府向地方政府资金转移的幅度。

20世纪80年代以后,再民主化与地方分权相辅相成,出现了新一轮的"州长政治",使巴西历史上中央政府与地方分权势力的较量进入了一个新的阶段。宪法和政治制度安排使国家政治生活的重心向地方倾斜,而各州政府不仅享有法定的税收、资金转移及各种与中央"协商"获取资金的方式,而且可以独立举债并经营自己的银行。80年代也是巴西政府财政危机频发的年代。

---

[1] Eliza Willis, Christopher da C. B. Carman and Stephen Haggard, "The Politics of Decentralization in Latin America", in *Latin American Research Review*, 34 (1), 1999, P. 13.

三、"重新集权"及其成效

20世纪90年代中后期巴西政府推出的宏观经济稳定计划中所包含的一个重要内容，就是通过重新调整联邦各级政府间的关系矫治持续的财政失衡状况，这是再民主化进程启动后巴西联邦政府一次"重新集权"的努力，但其效果似乎并不十分显著。

所谓"重新集权"并不是政治意义上的集权，而是"功能"上的集权努力，即主要涉及联邦与地方政府在具体政策领域的责任，特别是各级政府之间的财权分配。具体地讲，它涉及中央政府如何重新掌控财政资源并同时削弱地方政府在这一方面的权力。

1993～1994年，巴西联邦政府实施了著名的雷亚尔计划。该计划有效地抑制了通货膨胀，从而使各州政府失去了一个转移债务负担的途径。通过强调透明性原则，雷亚尔计划的实施还充分暴露了各州政府预算软约束和开支随意性的恶果。联邦政府推动成立了"紧急社会基金"，将法定转移资金的20%控制在中央手中。这一时期地方政府的财政自主权还受到了其他约束：地方政府必须履行还本付息的义务，否则联邦将中止资金转移；地方政府必须将收入的固定份额用于教育和医疗；地方政府必须将行政费用特别是人头费限制在一定比例之下等等。联邦政府还对各州银行实行了停业或私有化措施，并对地方政府举债规定了上限。联邦政府最重要的措施是推动国会立法，通过了"财政责任法"，对地方政府的开支进行严格的约束。

从巴西联邦制历史演变的角度看，始于军政府后期并在再民主化进程中达到高潮的地方分权趋势有了一定程度的逆转。70年代中期至90年代中期，巴西各州和城市的政治、财政权力有了显著增长，使本已具备联邦制特点的巴西成为世界上地方分权程度最高的国家之一。联邦各级政府权力的消长在军人还政于民以后更通过立法的形式确定下来。而第一位文人总统（萨尔内）和第一位直选总统（科洛尔）在处理国家经济和政治问题过程中的表现不佳，使再民主化进程初期的巴西政坛屡屡陷入危机，凸显了巴西这一时期的"可治理性"问题。90 年代中期以后，卡多佐政府似乎标志着巴西政治的一个转折点：更有效的行政部门通过治理通货膨胀和维护宏观经济稳定，争取到广泛的民意和国会支持并通过了一系列政治和经济改革计划。

从上述关于巴西联邦与地方关系的叙述中可以看出，再民主化进程加强了地方政府特别是各州州长在国家政治生活中的地位和作用，联邦制安排则加大了各级政府之间协调的难度。问题并不在于联邦与各州的权力配置应当有一个"客观"的最佳方案，而是这种配置在特定的时期给巴西政府的运行造成了特殊的困难。在巴西联邦中央与地方的关系中，地方政府的影响力举足轻重，其突出特征就是各州及市政当局"诈取"中央政府的财政资源。与此同时，各州政府充分利用了预算软约束和举债并经营银行的权力。1980 年代至 1990 年代前期，州、市政府开支远远大于其收入，积累了巨额债务。地方当局通过操纵本州国会议员迫使中央政府承担其债务负担。至 2000 年，巴西联邦政府已经累计承担了地方当局超过 1000 亿美元的债务，预算软约束是这一问题主要根源。①卡多佐上台后，借助雷亚尔计划的成功获得了争取地方当局让步的筹码，这是在地方当局的财政状况严重影响国家宏观经济稳定的背景下，联邦政府赢得的一次"有限度的"胜利。

但是，在考察所谓"重新集权"的措施时，有必要区分行政部门的集权努力与这些努力的成功程度，特别是要注意集权措

---

① David Samuels, *Ambition, Federalism, and Legislative Politics in Brazil*, Cambridge, Cambridge University Press, 2003, PP. 177~207.

施的效果是否能够持久。卡多佐的胜利之所以要打折扣，既是因为这一成就并非单纯中央政府意志的体现，而是联邦与地方讨价还价的结果，又是因为这一胜利的代价高昂，州长、市长及国会议员迫使总统修改甚至放弃其改革计划中的若干关键内容，并且屡屡通过"分肥政治"的手段才能达到总统预期的一些主要目标。事实上，卡多佐政府时期的"重新集权"努力并未改变巴西联邦最基本的特征。因此，联邦制及其各级政府间的关系仍制约着国家政治生活的走向，决定着政党及政党制度、选举及选举制度以及行政部门与立法机构的关系，进而影响着巴西可治理性的总体实现程度。

第三节 政党制度与选举制度

再民主化进程开始以后，巴西的政治发展逐步过渡到民主的巩固和制度的建设阶段。可治理性的实现在很大程度上有赖于政治制度的设计、安排及其效率，其中行政部门与立法机构的关系直接影响着政府在解决经济、社会问题和面对社会经济危机进行改革的能力。鉴于再民主化时期政治议程的主题是扩大制度安排子的代表性，巴西宪法对众多社会经济及体制问题作出了详细的限定，政府的许多计划和措施必须以宪法修正案的形式通过国会的立法程序，即国会两院60%的议员的通过，这大大增加了重要立法的难度。国会可以辩论、修改法案并可以推翻总统否决等规定，使行政与立法的关系复杂化并时常陷入僵局。地方及特殊利益集团制约着国会议员的立法行为，常常比政党更有效地影响和组织议员的立法活动。这既取决于巴西的联邦制度及二战以后的政治发展，也是再民主化以后巴西的政党制度和选举制度的产物。①

一、政党状况

巴西政党制度以竞争性强、制度化程度低、高度波动并呈"碎片化"著称。一方面由于长期以来在社会经济发展中国家的作用突出以及政治生活中威权主义的打压，政党和政党制度的发展依赖于国家机器且代表性有限；另一方面，作为上述状况的一种反弹，争取民主过程也伴随着公民社会的成长，导致社会利益的多元化且再民主化进程中形成了特殊的选举制度，即开放名单式比例代表制，致使大量政党如雨后春笋般出现。至1998年，即卡多佐连选连任时新一届国会，有18个政党获得国会议席；至2006年，即卢拉连选连任时新一届国会，有19个政党获国会议席，但除80年代后期特殊历史阶段的特例外，无一届国会最大政党能够拥有超过20%的议席。政党的组织程度和意识形态差异很大，一般而言，左翼政党如劳工党的组织结构和意识形态色彩较强。但随着主要政党的执政情况和相互结盟状况的复杂多变，各政党都呈现出一种非意识形态化和非组织化的趋势。特别是赢得总统职位的政党，都需要依靠不稳定的政党联盟执政，因而都带有某种"全方位"党的特征。政党纪律松弛，政党合并、解散以及国会议员改换党派的现象频仍。政党及政党制度的脆弱直接造成行政与立法之间关系协调的困境，特别是在国会内部难以形成和维持支持总统的稳定联盟。

---

① 张凡：《巴西政党和政党制度剖析》，《拉丁美洲研究》2006年第6期，第24~28页，第34页。

二、选举规则

政党制度的虚弱与选举制度的安排直接相关。再民主化进程启动以后,巴西相继实行了各级政府的直接选举,废除组建政党以及在国会拥有代表权的障碍,取消政党忠诚法案并允许在选举中组成多党联盟。按照比例代表制原则,政党获得的国会议席按照各个政党在选举中所获得选票的比例分配。但巴西的比例代表制实施"开放式名单"规则,政党本身并不事先确定本党候选人的提名、排序,也不能决定哪些候选人最终当选。选民可以将选票投给某一政党,也可以直接投给某一候选人。事实上,约90%的选民是将选票直接投给单个候选人的。选举结束后,各个政党的得票与该党各候选人的得票加总,然后按照各党得票比例分配议席,但各党候选人则按个人得票多少排序,每一政党所得议席名额由该党得票最多的候选人占据。同时,选举规则对议员连选连任未加限制,而政党必须重新提名有意连选连任的在职议员。上述种种安排削弱了政党及其领导人对本党议员的控制力和影响力,同时使选举成为以候选人个人为中心的竞选运动,选战成为政党内部的厮杀,多数落选议员失利的原因并非由于本党竞选表现不佳,而是由于本党候选人之间的竞争。

三、选区划分

巴西国会分参、众两院,两院的席位分配方式均有利于较小各州。参议院议席分配方式为每州三名参议员,这样一来,仅有30多万人口的罗赖马州与拥有3700万人口的圣保罗州占有同样的议席。如果人口稀少的小州联手,则代表巴西人口总数约15%的参议员即可阻止立法通过。在巴西国会众议院的选举中,选区的划分与巴西各州的行政区划重叠,即每州为一单独选区,各州议员名额最低为8位,最高为70位。由于各州人口数量悬殊，每位众议员所代表的选民数亦差异巨大。显然，相较于北部和中西部人口稀少各州，圣保罗等州处于不利地位。在巴西政治研究中，普遍认为议席分配偏向小州的方式削弱了进步力量而有利于保守势力。如果按照人口划分选区，圣保罗州可以选出更多的议员，相应地就会产生更多的工人阶级的代表。而产业工人力量薄弱、投机政客活跃的北部和中西部各州议员人数则会相对减少。在巴西当代政治史上，各类政治人物也普遍相信议员分配方式对右翼政治力量有利并充分利用这一点影响国家政治走向。在二战结束后于 1946 年举行的制宪会议上，为了遏制进步力量，来自圣保罗的保守力量代表支持这种对本州不利的议席分配方式。依同样逻辑，军政府时期将每州参议员人数由 2 人增至 3 人，将一些小州拆分以增加其代表人物，并将里约与瓜纳巴拉两州合并以压制来自里约的反对派力量。军政府的做法与圣保罗的保守派如出一辙，都是基于对东南部各州与边疆各州政治倾向的基本判断。虽然议席分配方式并不必然影响国会所有立法活动，但一些对人口稀少各州不利的法案通过的机会相对较小，一些法案甚至无法进入立法程序。[①]

四、地方政治

如前一节所述，巴西是联邦制特点最突出的国家之一，这必然反映在选举和选举制度中。虽然名义上当代巴西的政党都是全国性的，但实际运作中各个政党的力量主要集中于特定的州和地区，一些主要政党事实上是地区政治寡头或精英组成的松散联盟。在竞选活动中，候选人的提名权掌握在各州政治实权人物手中，选区的划分与州的行政区划一致是各州成为政治生活的重要舞台。

[①] Barry Ames, *The Deadlock of Democracy in Brazil*, Ann Arbor: The University of Michigan Press, 2001, PP. 52~56.

同时由于地区条件的差异，各州竞选活动也千差万别，在有些州内，州长可以完全掌控候选人提名和选战进程，在另一些州内，地方政治寡头通过操纵选票与谋求当选的政客作政治交易；而在有些州内地方政治人物对选民的影响力则十分有限。按照巴西现行选举制度，除市长选举外，几乎所有联邦、州及地方行政、立法选举均在同一年份同时举行。在每一选区（即每州）中，动辄数百候选人参与竞争。这种状况大大加剧了选民的选择难度和所需付出的信息成本。众多的候选人既意味着政党政治的"碎片化"，也表明大部分候选人与选民的联系纽带薄弱，导致选民的不满情绪或处于无从选择的境地，造成巴西历次选举中大量废票和空票的存在。以2002年众院选举为例，选举结束两个月以后，超过半数的选民已无法记住在选举中自己的选票投给了哪一位候选人。①

五、多党联盟

在巴西的竞选活动中，两个或多个政党结成竞选联盟的现象司空见惯。对于小党而言，与较大政党联盟可以扩大竞选联盟所获选票的总数，增加联盟达到选举上（即每一议席所需票数）的机会，从而使本党获得一定的讨价还价的空间。对于无力单独赢得议席的候选人来说，加入多党联盟后却有可能凭借自己有限的支持率影响联盟的命运。这些竞选联盟仅仅是为选举而存在的，即它们并不延续到选举结束以后的立法活动中。但政党联盟在各州之间并不一致，来自不同各州的同一政党的代表可能持有不同的纲领和立场。以1986年选举为例，巴西工党在阿克里州和帕拉州与巴西民主运动党结成联盟，但在巴伊亚、戈亚斯、南马托格罗索、圣卡塔琳娜和圣保罗等州，却加入了反对巴西民主运动党

---

① Workshop Report, "Revisiting Governability in Brazil: Is Political Reform Necessary?", Friday 26 May 2006, Centre for Brazilian Studies, Oxford.

的阵营。自由阵线党与民主社会党在大多数州都是盟友,但在皮奥伊、里约热内卢、南里奥格兰德和圣卡塔琳娜,自由阵线党或者成为民主社会党的对手,或者单独参选。基督教民主党在巴伊亚州与自由阵线党结盟,但在塞阿拉州却与巴西民主运动党结盟反对自由阵线党。政党在各州结盟状况呈现如此"乱象",根源就在于上文提到的巴西全国性政党只具有名义上的意义,事实上除左翼的劳工党和右翼的自由阵线党外,巴西政党只是各州权贵的政治机器。与此同时,不同政党或政党联盟之间关系错综复杂,支持和反对的对象常常因人因地有很大不同。在 1994 年选举中,巴西社会民主党总统候选人卡多佐击败劳工党的卢拉当选总统,但卡多佐却转而支持劳工党候选人竞选圣埃斯皮里图州州长。劳工党与民主工党在大多数州里是死敌,但南里奥格兰德和里约热内卢却保持合作关系。更奇怪的例子是在圣保罗州,前州长凯尔希亚既主导着巴西民主运动党圣保罗州组织的活动,同时在若干年内还主导着自由阵线党圣保罗组织的活动,圣保罗的自由阵线党人不听从该党领导人的指挥却听从巴西民主运动党人的号令。①

针对多党联盟在巴西政坛特别是在竞选活动中造成的种种"乱象",巴西 1988 年宪法曾作出规定,要求各党派在联邦层次和地方层次的结盟关系保持一致,这一规定被称为"垂直化"条款。如果这一规定能够在实践中畅行无阻,则各政党领导人将无法任意选择结盟伙伴,因此该条款的存废也成为巴西政坛争论不休的问题。2005 年末至 2006 年初,巴西参众两院分别通过表决决定取消"垂直化"条款,为 2006 年联邦各级各类选举中多党联盟谈判打开了绿灯。但国会的决定在巴西法律界引起一片哗然。由于临近 2006 年大选,部分法律界人士认为国会的举措明

---

① Barry Ames, *The Deadlock of Democracy in Brazil*, Ann Arbor: The University of Michigan Press, 2001, P. 68.

显"违宪"。① 2006年3月,巴西最高法院裁决,2006年大选继续维持"垂直化"条款的效力。

有关"垂直化"条款的争论直接触及巴西政党制度的运作,关乎竞选中各政党的沉浮,并影响大选后政府的行政效率。"垂直化"条款要求各个政党必须在联邦和各州选择同一个或几个政党结盟,这在一定程度上使呈"碎片化"的巴西政党制度更为有序。主张废除"垂直化"条款的议员主要来自巴西民主运动党,即巴西最大的政党,该党领导人希望解除现行规则对本党地方候选人的约束。但随着最高法院裁决的生效,巴西民主运动党决定不再组建联邦层次的联盟,规避"垂直化"条款的限制,而全力组建地方联盟争取更多的州长和议员席位。这对于2006年争取连选连任的卢拉总统形成了一定的压力,即在巴西现存四个大党中有两个(巴西社会民主党和自由阵线党)结成反对党联盟后,未能实现另外两大党(劳工党与巴西民主运动党)的联盟,而在地方州、市层次竞选中,这两个党还处于激烈的竞争之中。这种状况不但影响当年大选的结果,更重要的是,一旦卢拉重新当选,还将影响新政府能否在立法机构获得足够的支持率,而总统与国会的关系正是制约巴西可治理性实现程度的一个关键因素。

第四节 行政部门、立法机构及其相互关系

一、总统制与"大联盟"

巴西的国家结构形式、政治制度安排和政治传统决定了巴西

---

① 根据1988年巴西宪法有关原则,选举规则的任何改变必须至少在选举日期一年以前作出。

总统与国会之间关系的复杂性，也决定了立法和政策结果的不确定性。各种政治力量的角逐、合作以及种种政治交易最终都表现为并取决于行政和立法部门之间及其内部权力关系的均衡状况，使总统在决策和施政过程中得到国会支持的程度成为可治理性问题的焦点所在。在国家政治生活中，巴西总统作为人民直选的国家元首和政府首脑拥有至高无上的合法性，作为行政部门的主管拥有制定和实施公共政策的权力，并且掌握着庞大国家机器的人事权和财政权。

然而，巴西总统权力的行使同时受到制度和政治上的一系列约束，总统制与联邦制和多党制处于复杂的互动关系中。总统提出的大部分政策措施，特别是针对现行体制或政策的改革，一般需通过国会的立法程序。巴西的政党和政党制度状况决定了总统不可能拥有一个保证获得简单多数的稳定的政党联盟。因此，巴西总统惟有依靠组建多党联盟争取国会的支持。在实践中，巴西总统的多党联盟都采取所谓"大联盟"（grand coalitions）形式，即支持总统各政党所拥有的议席数大大超过获得国会简单多数所需要的议席数。如上所述，巴西是一个联邦主义特点十分突出的国家，再民主化以后地方政治势力和影响显著扩大，总统的联盟必须考虑和照顾到地区和各州在国会多数中的力量平衡，尽量将主要地区和各州的政治代表人物纳入到"大联盟"之内。与此同时，鉴于现行选举和政治制度造成了众多纲领模糊、组织和纪律涣散的政党，总统必须争取"额外"议席以缓冲政党或议员改变立场时造成的冲击。

建立和维持一个稳定的政党联盟对历任巴西总统都是一个严峻挑战。面对十几个政党和数百名议员的不同利益和要求，总统主要依靠官员任命和利益分肥等手段争取支持，其中最重要的政治任命是内阁各部的安排。每一位总统都会认真考虑一个由本党和友党实力派人物组成的内阁，依靠各内阁成员对各州、各政党议员的影响力确保国会的多数。因此，内阁任命与国会支持也是一种交换关系。历史上，巴西总统在组建多党联盟内阁时的方式多有不同，内阁的规模、意识形态色彩的异同、非党派人士（技术官僚）的任命以及内阁职位与政党在国会的议席数相配的程度都表现出一定的差异。例如，就政党所拥有的国会议席份额和内阁职位份额之间的对应关系而言，在1946~1964年所谓"民主实验"阶段的巴西历届内阁中，内阁成员在各政党间的分配比较接近各政党在国会所拥有的议席份额。在1985~1999年再民主化以后的历届内阁中，由于国会内拥有议席的政党增加，两者之间的对应关系减弱，内阁的组成偏离国会议席的分配格局。2002年卢拉总统的内阁是再民主化以来上述对应关系偏离最甚的一届内阁：劳工党所拥有的国会议席占16%，劳工党与其他政党组成的联盟也只占29%，但劳工党成员占据了内阁各部首长职位的60%，执政联盟各党共占内阁职位的87%。但卢拉的结盟努力没能获得其前任卡多佐在国会立法中所得到的那种比较有力的支持。2006年重新当选以后，卢拉总统吸取教训并改变策略，将内阁中负责与国会及其参众两院协调关系的部长职位分别给予巴西民主运动党和巴西工党的议员，并且任命若干巴西民主运动党人担任重要的内阁职位，以期扩大执政联盟的范围并争取更有利的国会支持。

二、"生理"政治及其途径

从选举和政党制度的角度分析，选举领域的因素影响着立法领域的行为，由于"开放式名单"比例代表制造成选举活动的个人化和政党政治的碎片化，制度安排给行政部门推动立法进程设置了障碍，增加了政府实现可治理性的成本。选举规则、多党体制和联邦主义等都可以视为政治体系中趋向"非集中化"的离心的力量。但是，鉴于联邦行政部门仍掌控着重要的政治资源，例如总统的人事、预算控制、行政法令以及在立法程序中的动议、否决等权力，加之国会立法程序中仍为政党领袖施加影响保持的内部规则，巴西政治生活中的集中倾向也仍有着政治上和制度上的基础和空间。由此形成了有关巴西治理问题的两种解释模式，前者称为"两个领域"模式，强调选举对立法的影响，后者为"一个领域"模式，否认选举与立法活动的密切联系。① 事实上，两种趋势的较量在不同时期和不同问题上表现出相当不同的"动态平衡"状况。政策和行为后果既取决于总统及其所属政党运用行政资源的能力，也取决于各州、各政党以及不同国会议员在不同政策领域具体的利益诉求和力量组合。

在巴西当代政治史上，联邦政府运用财政资源换取国会支持的实践被称为"生理"政治（politics of *fisiologismo*），即国家政治生活的有机组成部分，犹如人的生理机能一样。地方政府对联邦政府的财政依赖是这一政治生态的基础，同时这也构成总统据以遏制、利用和操纵地方势力的一个主要渠道。

由于大部分税收仍主要集中于联邦政府手中，再民主化进程并未立即改变各州的财政依附状况。财政状况直接影响联邦各级政府之间的政治关系，因为资金和发放权力仍由联邦政府财政部（最终是总统）掌握。1988年宪法曾试图矫正财政权力的失衡状况，各州及市政当局获得了扩大税基的权力并可以得到更大份额的联邦收入，但资金份额的改变并没有伴随着政府责任的转移，即各州及市政当局并没有相应地增加提供公共服务的义务。与此同时，各州政府仍未改变赤字财政的惯性，因而也不得不继续与联邦政府谈判债务的重新安排问题。在财政和预算问题上，地方

---

① Cf. Carlos Pereira and Bernardo Mueller, "The Cost of Governing: Strategic Behavior of the President and Legislators in Brazil's Budgetary Process", *Comparative Political Studies*, . Vol. 37, No. 7, 2004, PP. 783~786.

政府仍在相当大的程度上依赖联邦政府。①这种状况为总统利用中央财政权力影响立法进程预留了空间。

三、立法程序中的障碍

虽然再民主化以后的巴西总统仍掌握着广泛的正式和非正式的权力,历任总统必须面对国会立法程序中的无法回避的重重困难。巴西的制度安排决定了国会立法程序中政党领袖与议员间关系的复杂多变,在很多情况下政党领袖需要本党议员自下而上的支持,而这种支持又因各个法案的具体情况而有所不同。在许多重大、有争议的议题上,政党领袖的态度并不能产生决定性的影响。由于政党领袖在立法内容、总统与议员之间协调以及政治分肥中处于居中斡旋的地位,政党领袖在立法程序中缺乏影响力导致总统无法有效地主导立法进程。巴西总统的难题在很多情况下就是由于政党领袖无法说服本党议员支持总统的立法建议而产生的,其结果常常是总统的许多立法建议无法付诸表决;一些建议只是在各专门委员会进行讨论后即成死案;还有一些根本就没有进入国会立法程序。而经国会通过的立法建议由于讨价还价过程中的让步以及通过政治任命或物质利益换取支持而大打折扣。到达巴西国会表决阶段的立法只是总统、政党领袖、地方或部门利益集团以及议员个人之间一系列讨价还价过程的最后一环。

再民主化进程以后巴西历届直选总统的重要立法建议都命运多舛。面对国会的强烈反对,科洛尔总统放弃了原计划推出的一系列改革法案。佛朗哥总统根本未将其财政改革和征收财产税的计划提交国会。卡多佐总统则放弃了实行公私混合型养老金制度的努力。在卡多佐总统任上,虽然税制改革是其经济稳定计划最

---

① Francisco Panizza, "Brazil", in Julia Buxton and Nicola Phillips, eds., *Case Studies in Latin American Political Economy*, Manchester University Press, 1999, P. 14.

关键的内容,但政府第一任其并未提交任何税改建议。卡多佐也未能推出长期鼓吹的政治体制改革方案。在巴西总统提交国会的立法建议中,有许多根本没有到达实施表决的阶段,例如科洛尔提出的新的工资指数化建议以及佛朗哥增加税收的一揽子方案。还有众多的法案在立法程序中久拖不决。卡多佐第一任期上任伊始就提出了养老金和行政改革计划,但直到其第二任期开始即四年以后才得以在国会通过。几乎所有法案的通过都必须考虑议员个人、利益集团或各州政府的要求,因而不得不作出实质性的修改和让步。卡多佐的社会保障体系改革方案经过了四年之久的讨价还价,并且是在对原计划作出重要修改同时动用大量资金、使用政治分肥手段以后才得以最后通过。在国会比较顺利通过的主要是经济开放和国有企业私有化的法案,这主要是由于一些利益集团和地方势力能够从国家减少干预和国企出售中获得相应的利益。①

四、卢拉政府的特点

卢拉政府的治理方式有别于其前任几届总统。卢拉的威望特别是其连选连任的经历在很大程度上有赖于政府在社会政策领域的举措。事实上,卢拉政府的社会政策与劳工党长期以来提倡的社会变革相去甚远,它并不是基于财富再分配性质的结构性变革。例如,劳工党曾力主实施土地改革,但执政以后这一主张已淡出议事日程。而受到推崇的是政府对于建立社会安全网的重视,特别是近年来实施的家庭补助计划。卢拉政府与卡多佐政府的一个重要区别在于:卡多佐政府是一个"改革"政府,而卢拉政府是一个"项目"政府。卡多佐政府遵循的改革之路要求

---

① Barry Ames, *The Deadlock of Democracy in Brazil*, Ann Arbor: The University of Michigan Press, 2001, PP. 191~195.

政府开展耐心的谈判,与各种社会政治势力讨价还价,进而在国会谋求足够的支持,以实施许多不得人心的改革政策。而卢拉政府则将重点放在社会政策上,其主要途径是依靠行政部门的计划项目,这些项目的实施并不需要通过国会的立法程序。以社会政策为主要执政目标卢拉政府不仅比以结构改革为己任的卡多佐政府获得了更多的选民支持,而且这些社会项目具体、可见、见效迅速的特点对联邦与地方各级政府均有巨大的吸引力。卢拉不仅聪明地避开了国会立法程序的泥沼,而且将巴西5500个市政当局纳入家庭补助计划的日常管理,使地方精英也享有实施这一广受欢迎项目的名誉和利益。[①]但在卢拉的任期内,政府高官以及劳工党领导层屡次卷入腐败丑闻的实践也说明,卢拉政府同样受制于现行政治制度并遵循各政党的惯常做法,如多党联盟和分肥政治。其中2005年导致劳工党领导层集体辞职的腐败案正是出于处理行政部门与立法机构关系的需要,劳工党不得不行贿国会议员以争取国会支持。卢拉政府的实践表明,即使总统本人能够通过行政部门的特权在一定程度上降低治理成本,作为激进左翼政党的劳工党在面对和服从现行政治制度安排以及各种政党政治惯例时,也必将在道义上和意识形态上陷入种种困境。

第五节 结语

从本章涉及的几个方面看巴西可治理性的实现程度,可以归纳出如下几点看法:

[①] Wendy Hunter and Timothy J. Power, "Rewarding Lula: Executive Power, Social Policy, and the Brazilian Election of 2006", *Latin American Politics and Society*, Vol. 49, No. 1, 2007, PP. 17~18.

第一，巴西再民主进程启动以来，政治的发展一直围绕着政治制度的代表性和整个社会政治经济生活的可治理性展开。军人还政于民和新宪法的颁布开启了巴西政坛新的发展阶段，其中制度安排在民主、包容、问责等方面的进步是巴西历史上前所未有的，现行的选举和政党制度基本上清除了所有对选民政治权利的限制。但代表性与可治理性之间存在着某种紧张关系，犹如经济发展中的公平与效率难以兼顾一样，巴西的再民主化和民主制度的巩固伴随着可治理性问题甚至危机的出现。

第二，巴西的可治理性问题在政治生活中突出表现为"集中化"和"分散化"（或"非集中化"）两种趋势在不同时期形成的动态平衡之中。从政治制度的角度分析，巴西的总统制安排体现了政治生活向心的集中化倾向，而联邦制、选举制度和多党制则表现出离心的分散化倾向。由于地方势力、特殊利益集团、众多的政党之间相互制衡，威权政治已难以立足，民主制度易于巩固，而现行政策不易改变。同样因为各种力量之间相互掣肘，政策的倾向是肯定和维护现状，而不利于体制和政策的改革。

第三，上述两种趋势较量的后果突出了巴西可治理性实现的成本和代价，表现为巴西独特的可治理性问题。巴西的经济发展、社会状况和政治演变问题多多，改革的必要性不言自明，但制度安排形成的约束条件阻碍着改革共识的形成。事实上，除经济危机或政坛突发事件（如严重的腐败丑闻）能够暂时形成某种改革压力以外，巴西改革或转型的步履维艰在拉美各国中是首屈一指的。与此同时，改革的推动力量集中于总统或其个人选定的工作班子，使改革进程充满了不确定性。再民主化进程以来的历届总统无不凭借个人背景和特质推出新的执政举措，也无不由于个人背景和特质半途而废或陷于困境。仰赖个人而缺乏制度性条件，促使行政部门诉诸"传统"政治手段，即以"生理"政治为标志的政治分肥（包括官员任命和利益分赃）手段来推进国家急需的各项改革，其结果是政治实践与现代民主理念相互冲突，同时手段演变为目的本身，政治分肥成为政治势力追逐的目标，改革进程屡屡受挫。因此，巴西可治理性问题的解决应该兼顾两方面的要求和标准，即政治制度的代表性和包容性，以及政府解决国家面临难题时的改革力度及效率，并尽量避免为争取点滴进步付出更大的代价，其实质是为实现正常的可治理性构建可持续的制度环境。

第七章 智利的可治理性问题研究

和其他拉美国家一样，智利也曾经历严重经济、社会和政治动荡，甚至经历过严重的可治理性危机。20世纪90年代以后，智利执政党和政府在总结历史经验的基础上，合理应对了各种社会矛盾，使智利实现了近20年的经济持续稳定增长、政治和社会相对稳定，比较成功地摆脱了可治理性问题的困扰。智利解决可治理性问题的经验值得总结和借鉴。

第一节 可治理性问题的起源

在长期历史发展进程中，智利社会也呈现出贫富分化和不平等的特点。贫富分化和不平等的存在和发展，引起一些社会阶层的不满和反抗，激化了社会矛盾。社会矛盾不断积累，导致社会动荡、社会冲突加剧、局势失控，引发对国家体制有组织的反抗，加剧了可治理性问题，最终发展为可治理性危机。

智利民众对不平等社会制度的反抗有较长的历史。进入20世纪，随着经济和早期工业化的发展，智利工人阶级和中间阶层不断壮大，权利意识不断增长，对不平等社会制度的不满情绪增加，社会矛盾逐渐激化。人民群众通过罢工、游行示威、甚至武装起义的方式表达对社会秩序的不满，为争取合法权益而抗争。当时的政府缺乏满足民众不断增长的需求的能力和条件，通常以暴力和镇压来回应民众的不满和反抗。20世纪20年代前后，由于不满、反抗和镇压的不断升级，智利出现了社会冲突的第一次高潮。1925年6月智利硝石矿工人罢工遭到残酷镇压，数千人被杀害。但暴力镇压并不能平息此起彼伏的群众运动，反而加剧了最贫困阶层和受压迫阶层的不满。从20世纪30年代开始，智利政府尝试用改良主义的社会政策缓解社会冲突，工人阶级在就业、劳动条件、工资、教育、卫生、营养、住房、社会保障等方面逐渐获得了一些实际利益，一些群众组织和社会运动被纳入国家体制之内，中间阶层和有组织的工人阶级对体制的反抗力度有所减轻，社会冲突得到一定程度化解。

社会转型加剧了社会矛盾和社会冲突。20世纪五六十年代是智利社会转型的关键时期[1]，社会结构变革过程中产生了新的矛盾。首先，围绕社会变革问题，各阶层产生矛盾和分歧。没有分享到经济和社会发展利益的阶层，要求通过急剧的社会变革，分享相应利益；传统权力阶层（大地主、寡头、大资本家等）希望社会变革不要损害自己的根本利益，因而反对急剧的变革；已经获得利益的中间阶层和有组织的劳工阶级也希望，社会变革不要影响自己的既得利益，对改革也持一种温和态度。其次，在社会转型过程中，贫富差距加剧，城乡发展失衡，社会分化更加明显，边缘阶层不断扩大，社会矛盾更加突出。

智利历届政府也试图缓和社会矛盾和冲突。特别是1964～

---

[1] 1960年智利有760万人口，1983和1987年分别为1170和1250万。城市人口从68%增加到82%。1952～1970年，首都圣地亚哥地区的人口翻一番，达到280万，1983年增至400万以上。

1970年执政的基督教民主党政府开展所谓自由革命,试图通过改革缓解社会矛盾,维护国家政治与社会稳定。基民党政府最主要的措施有三项:

一、实行铜业部门国有化,增强政府社会政策的能力

1965年议会通过政府提出的"铜矿智利化"法案,主导思想是通过购买美国资本控制的铜矿公司股份,及建立合资公司的途径,取得这些公司的部分所有权和经营权,增加政府收入。根据上述法律,智政府从几家美资铜矿公司分别购得51%、30%和25%股权。1969年对美资控制的丘基卡马塔铜矿实行"契约国有化",智政府购买51%的股份,并保留购买其余股份的权利。有学者认为,在美资铜矿智利化过程中,外资享受的优惠较多,国家从铜矿资源中获得的收入并无显著增加[1]。

二、实行土地改革,缓解社会矛盾

基民党政府强调土地改革的重要性,党内一些人甚至提出进行"激烈、大规模和迅速"土改的建议。1967年颁布新土地改革法,规定征收拥有80万公顷土地以上庄园的土地。尽管土改进程比政府预期的要慢,但到1969年已经取得重大进展,被没收的农场有1300多个,被征收的土地超过300万公顷,占智利全部可耕地面积的6%,而且包括全部灌溉地的约12%;建立了大约650个农村公社,可容纳约2万户家庭;同时还将土地直接授予另外2000户家庭。有外国学者认为,基民党政府的土地改革目标宏大,土改政策取得不小成效[2]。

---

[1] 王晓燕:《智利》(列国志),社会科学文献出版社2004年版。
[2] (英)莱斯利·贝瑟尔主编:《剑桥拉丁美洲史》第8卷,当代世界出版社1998年版,第338~339页。

但在土地改革问题上，基民党政府遭到右翼和左翼两方面的反对。基民党在政治上属于中间派，虽然该党执政期间所进行的土地改革并没有触动大庄园的根本利益，但右翼仍千方百计予以抵制；与此同时，左翼却指责政府的土改政策不彻底，步伐太慢，因为仍有大量贫苦农民没有获得土地。土地改革不仅没有解决智利社会的固有矛盾，反而孕育着新的冲突。

三、改善贫民生活条件，维系社会安定

基民党政府在缓解贫困方面取得一些进展。1964~1970年间，工薪阶层收入占国民生产总值比重由42%增加到近51%，农村地区实际工资增加40%；1964~1967年，教育经费增长66%，各类学校入学率大幅上升，总入学率增长46%；政府为贫困阶层提供住房25万套；税收收入增加，税收占国民生产总值比重从12.8%增加到21.2%；公共支出占GDP比重从1965年35.7%增至1970年46.9%。但是，随着公共支出增加，国家财政压力加重，民众的要求并没有得到根本满足，新的要求反而越来越多。

基民党政府政策的出发点是缓和社会矛盾，但未能达到目的。曾任基民党主要领导人的拉多米罗·托米奇（Radomiro Tomic Romero）认为，在1964~1970年自由革命过程中，"经济发展纲领"与"社会发展纲领"不协调，加剧了智利社会的许多矛盾。特别是在基民党政府执政后期，由于经济停滞、失业增加、通货膨胀加剧、消费品匮乏，政府被迫采取冻结工资、提高税收等措施，引起普遍不满。到1970年政府行将卸任时，智利社会两极分化现象更趋严重，暴力活动明显增多，罢工、非法占

据土地的事件增多①；政府遭到左右两翼两方面的反对，基民党自身也陷于分裂，可治理性危机已经初步显现。

第二节 可治理性问题的根源与主要表现

阿连德政府（1970~1973）在推进社会变革和应对社会矛盾过程中，政策频频出现失误，造成可治理危机加剧。皮诺切特军政府（1973~1990）虽然克服了阿连德时期的政策性危机，但社会矛盾和社会冲突并未从根本上得到解决，而且形成新的体制性危机。

一、阿连德执政时期的政策性危机

萨尔瓦多·阿连德·戈森斯（1908~1973），是智利社会党创始人和领袖，1938~1940年曾任智利政府卫生部长，1945年起连续当选为参议员，1966~1969年任参议院议长，具有强烈的民族主义和反帝思想，主张进行土地改革和财富重新分配等社会改革，主张将外国资本控制的重要企业和部门国有化。阿连德曾于1952年、1958年和1964年参加总统竞选，均未成功。1970年以人民团结阵线（由社会党、共产党和激进党等六个政党组成）候选人再次参选，并获胜。除阿连德外，参加1970年总统选举的还有两位候选人，即中翼的基督教民主党候选人拉多米罗·托米奇和右翼的民族党候选人豪尔赫·亚历山德里。在选举

---

① 罢工次数从1964年564次增至1969年977次和1972年2474次。在农村，1960年仅发生3次罢工，1964年增加到39次，1968年648次，1970年1580次。占领农场和城市土地的事件也增多了。1968年16个农场遭到农场工人侵犯；1970年发生68起侵犯事件。同一时期，占领城市土地的事件从15次增加到352次，被占工厂数目从5个增加到133个。参见《剑桥拉美史》第8卷，第340页。

中阿连德获得36%选票，亚历山德里获得35%选票，托米奇获得28%选票；阿连德实际只获得约1/3选民的支持，民众基础并不牢固。

阿连德领导的人民团结阵线政府给自己规定的任务是"探索取代现有经济结构的办法，取消外国和本国垄断资本集团以及大庄园的权力，以便开创社会主义建设"。人民团结阵线政府的执政纲领规定，政府的任务是"结束帝国主义、垄断集团、地主寡头的统治，在智利开始建设社会主义"。执政后，对内实行铜矿等基本财富国有化，没收大庄园，进行土改；对外执行反帝、反殖、捍卫国家主权、维护民族独立的政策。阿连德政府的最终失败，固然有国内外政治、经济、军事等多方面的原因，但政府政策性失误是重要原因。因此我们把阿连德时期的可治理性危机称为政策性危机。

（一）政策性失误导致政府失去对国有化进程和对经济的完全控制

如前所述，在铜矿国有化问题上，国内已有共识。铜是智利最重要出口物资，是国民经济命脉，智利80%税收和外汇收入来自于铜。智利铜矿的开采和生产长期由外国垄断资本（特别是美国资本）主导甚至控制。早在1952年，智利当选总统就曾提出将主要矿业（包括铜）国有化的政纲，但没能付诸实施。1964年基民党人爱德华多·弗雷当选总统。基民党执政时期，议会于1965年通过政府提出的"铜矿智利化"法案。根据这项法律，政府从几家外国铜矿公司分别购得不同数量的股权。阿连德执政后进一步推进铜矿国有化的政策，得到举国上下一致支持①，主要反对党对此也无异议。实行大铜矿国有化被一些学者

---

① 王晓燕：《智利》（列国志），社会科学文献出版社2004年版，第104~105页。

誉为阿连德政府"不朽的成就之一"①。因此可以断定，实行铜业国有化本身不是导致智利出现可治理性危机的根源，国有化进程中的政策失误才是危机的主要原因。

1. 在对外资铜矿公司补偿方式问题上态度偏激，与美资公司及美国政府发生激烈冲突。阿连德政府1970年12月向国会提出一项法案，提出把美资铜业公司股份收归国有；对（除矿产资源之外）被没收的财产，由审计长根据其账面价值确定赔偿额，用30年期、年息不低于3%的债券支付；授权总统从赔偿额中扣除美资铜业公司1955~1970年间所获得的超额利润（智利政府从1955年开始保存有关铜业公司利润记录）。1971年7月国会通过宪法修正案，授权政府对外国大铜矿公司实行完全的国有化。同年10月智利审计长宣布了对三大铜矿公司所属铜矿的估价：账面总价值6.636亿美元，扣除智利资本所占股份，美国公司财产的价值为3.333亿美元。在此之前，阿连德政府已经宣布，超过账面价值12%的年利润为超额利润。按此计算，肯奈科特（Kennecott）公司1955~1970年间获得超额利润4.10亿美元，安纳康达公司的超额利润3.64亿美元。扣除超额利润后，智利政府对收归国有的这两家美国铜矿公司将不支付任何赔偿或补偿②。

阿连德并不是智利国有化政策的创始人。他的前任、基民党的弗雷总统就推出了"铜矿智利化"政策。弗雷总统的国有化基本采用赎买方式，向外资支付了其基本认可的赔偿费；"铜矿

---

① （英）莱斯利·贝瑟尔主编：《剑桥拉丁美洲史》第8卷，当代世界出版社1998年版，第249页。

② 阿连德政府认为，安纳康达公司的一个分公司1955~1970年在智利的年均利润为21.5%，而这家公司在其他国家年均利润只有3.5%。1969年肯奈科特公司在世界的平均利润为10%，在智利高达205%。阿连德认为，在过去40年间，美国公司从智利拿走40亿美元。他理直气壮地认为，"我们每个人都明白，我们并没有没收外国的大铜矿公司"。

智利化"进程比较平稳，美智两国间未发生大的对抗。但阿连德政府在国有化过程中提出的"扣除超额利润的要求"，严重损害了外国资本的利益，超出了其容忍程度。

阿连德政府在外资赔偿问题上的立场，遭到美国政府和美国公司拒绝，它们对阿连德政府施加巨大经济压力。美国务卿罗杰斯公开指责智利"没有先例的、追溯运用超额利润的概念"，"严重违背了公认的国际法准则"，因为按照国际法，没收外国财产必须给予合理赔偿。他向受到影响的美国企业代表保证，将对智利政府进行强有力的报复措施；随后美国对智利实施"事实上的经济封锁"，拒绝购买智利的铜，极力压低国际市场铜格，以此打击智利经济；美国还停止了每年达2000万美元的对智经济援助；鼓动美国私人银行减少和停止对智利提供短期贷款，使这种贷款从1970年秋天的2.2亿美元剧减到1972年的0.32亿美元。尼克松总统1972年1月发布一项政策声明，表示对象智利这样没收美国投资却不做出"适当和有效"赔偿的国家，将不提供新的双边经济援助、不支持多国开发银行对其提供贷款。

2. 损害中小企业利益，私人投资失去动力。在国会通过铜矿国有化法案，并把安那康达和肯奈科特两家最大的美资铜业公司和其他一些外资公司收归国有的同时，智利政府还确立了国营经济、私有经济和公私合营企业并存的三种所有制形式。政府决定，对全国3.5万家私人企业中的150家大型企业（包括银行、外贸、铁路）实行国有化。但国有化的实际规模远远超出了预期。1973年阿连德政府被推翻前夕，国家已经控制了矿业、金融业和制造业等部门的507家企业；在被国家征收或干预的企业中，80%是中小企业。政府的政策损害了中小企业主利益，他们不愿更新设备，发展生产，例如1971年国内生产性投资比上一年减少24%。特别是在工业部门，不仅国家直接接管了大量企业，工人在未得到国家授权的情况下也自发地接管了一些企业，企业主时刻担心企业被没收。上述几种情况，导致智利私人部门的投资几乎终止。

3. 企业经营管理不善，经济和生产秩序遭破坏，财政负担加大。铜矿国有化后，外国公司撤走技术人员，停止贷款，智利政府不得不把大批不懂技术的人安插在管理岗位上，导致生产秩序混乱，劳动纪律松弛，并造成产量下降，出口减少。1971年底丘基卡马塔等两大铜矿的产量比1970年下降10%，1972年再度下降，智利铜产量从世界第三位下降到第五位，铜的出口值从1971年6.5亿美元减少到1972年4亿美元。其他部门的生产也出现下降，例如1972年煤炭、硝石和铁产量分别下降12%、15%和23%。智利本国技术人员因对政府经济政策不满大批外流，从1970年9月到1973年7月，约有3000名工程师、建筑师、医生、护士和建筑承包人离开智利。到1972年，几乎全国所有企业都已亏损；亏损企业不得不依靠国家补贴，加大了财政负担。

4. 政府逐渐失去对国有化进程、继而失去对经济的控制。继铜矿之后，越来越多的公司和企业被国有化（如煤炭和钢铁部门），60%的私人银行也被国有化。工人们通常还会自发地接管一些企业，并强迫政府把一些企业国有化，"工人们常常逼迫阿连德这样做，因为他们占领了经理的办公室，直到宣布将企业收归国有后才离开"。"工人采取的独立行动意味着在国有化进程中居于统治地位的是政治标准而不是经济标准。许多被接管的企业是中小型企业，这些国有化措施往往有悖于阿连德的愿望"[1]。这种情况越来越频繁出现，说明政府实际上已经失去对

---

[1] 莱斯利·贝瑟尔主编：《剑桥拉丁美洲史》第8卷，当代世界出版社1998年版，第351页。

国有化进程的控制。由于企业普遍亏损，1972年8月政府被迫放弃对物价的控制，批准一系列基本商品价格上涨50%~100%，引发通货膨胀压力，继8月份通胀率上涨一倍后，9月又上升50%，政府日益丧失对经济的控制。

（二）政策性失误导致农村地区社会矛盾和冲突加剧

土地改革是阿连德政府最重要的一项社会政策，土改的两个最主要目标是缓和社会矛盾和促进农业生产。然而，一系列政策性失误和政策设计缺陷，使政府所预期的土改目标未能实现，土改作为一项主要社会政策遭到失败，农村地区社会冲突和不稳定不仅未能消除，在许多方面甚至有所加剧。

智利土地改革的历史较为久远，并非阿连德政府的发明创造。智利1962年土改法规定，只征收100万公顷以上大庄园的土地，允许大庄园主把不耕种的土地卖给政府等。由于大庄园主和大地主反对，从颁布土地法到1963年8月，总共才征收11个庄园的6万多公顷土地，土改基本没有成效。1967年智利政府颁布新土地改革法，规定征收拥有80万公顷土地以上庄园的土地，为10万农户重新分配土地，后来缩小为4~6万户。阿连德执政后加快了土改进程，仅1971年经过土改的土地面积就等于弗雷政府6年的总和。在阿连德政府执政3年间，先后从4000多个大土地所有者手里征收800多万公顷土地，这些土地或用于建立国营农场、集体型合作社，或直接分给农户。但一系列政策性失误或政策设计缺陷，削弱了土改的效果，土改未能实现预期目标。

1. 政策设计的缺陷。阿连德政府忽视了征收土地之外的其他政策环节，特别是未能向新出现的小土地所有者、国营农场或集体合作社提供有效服务，没有培育政府在信贷、农业投入、设备等方面为土改受益人提供相应服务的能力。许多贫苦农民虽然分得土地，但缺少农具、种子和资金，无力耕种；土改中建立的生产合作社也因经营管理不善,造成大量土地荒废;私人中小农场主深恐农民夺地,无心生产。在阿连德政府期间,智利的耕种面积减少22%,1972和1973年农业产量分别下降12.7%和16.8%,1973年农业产值下降19.6%,造成粮食供应紧张。政府一方面要求人民勒紧腰带,另一方面不得不耗费大量外汇增加粮食进口。1970年进口粮食的花费为1.68亿美元,1973年增加到6.19亿美元。

2. 政策实施中的混乱。阿连德政府把私人地产的最高限额从80公顷降为40公顷,扩大了征收土地的范围。在政策执行过程中,上述限制还常被突破。土改过程中出现了过火或激进行为,负责土改工作的土改委员会经常超出法律规定,强迫中小土地所有者交出更多的土地;越来越多的农民绕过政府,在左派激进组织的支持下,开展自发抢占土地的活动;大量中小农场主的土地被非法侵占。激进的土改引起地主阶层的强烈抵制,许多地主雇佣了武装保安人员,试图以"合法手段"进行回击,还有不少地主选择逃离农村。许多本来可以成为阿连德政府同盟或同情者的中小土地所有者最终起来反对政府,抗拒土改,甚至将土地弃耕。政策执行的混乱造成农村地区秩序的混乱和社会矛盾加剧。到阿连德执政后期,许多地区的形势已经失控,"地主阻止土改的斗争和农民对重新分配土地的强烈要求……使一个通常是和平的农村社会变成了一个阶级冲突和政治冲突尖锐的农村社会。"[①]

(三)政策缺陷导致社会局势失控

阿连德执政期间,积极推进包括增加人民福利在内的社会改革,但社会政策固有的局限与缺陷,导致社会政策缺乏可持续

[①] 莱斯利·贝瑟尔主编:《剑桥拉丁美洲史》第8卷,当代世界出版社1998年版,第316页。

性，最终陷入一场社会灾难。

阿连德政府的执政纲领指出，在智利，"帝国主义资本和不足人口10%的特权阶层垄断了国民收入的一半"。为了改变收入分配不合理局面、调动群众积极性、促进经济发展，政府提出了实现"收入再分配"和"普遍改善人民生活"的政策，包括大幅度提高工资和增加社会福利。1971年初颁布的法律规定，工人最低工资提高50%，职员薪金提高30%，把最低退休金确定为最低工资的80%；在一年内按照城市工人标准发给农村劳动者家庭补贴。工资占国民收入比重从1970年45.3%上升到1971年61.6%。政府还规定，对孕妇、哺乳期妇女和15岁以下儿童每天供应半公斤牛奶；宣布对全体接受基础教育的学生免收学费、提供早餐，实行免费医疗，低价出售粮食和生活必需品，兴建大批简易住房，等等。

起初，阿连德政府改善收入再分配和增加民众福利的措施得到受益阶层积极支持。但由于这些政策缺乏强有力经济增长的支撑，未能持续多长时间，打乱了正常的经济秩序和人民生活秩序，最终引起人民强烈不满。

1. 正常生活秩序被打乱。大幅度增加工资在短时间内出现购买热，消费品供不应求。1972年消费者购买力比1971年增长55%，市场商品供应紧张，食品、衣服等生活必需品严重短缺，据1972年对首都贫民区一家商店的调查，在3000种日用品中竟有2500种缺货。与此同时，大商人囤积居奇，甚至把商品运往邻国出售。产品短缺助长了黑市的猖獗和物价失控，严重影响到人民日常生活。政府不得不成立供应与物价委员会，实行配给制（即"人民采购蓝"制度）。

2. 不满情绪不断扩散。商品短缺和财政赤字造成物价飞涨和恶性通货膨胀。据统计，1970年智利通货膨胀率为34.9%，1972年163.4%，1973年达到508.1%。中下层民众从政府收入再分配政策中所获得的利益被全部抵消。1972 年底劳动者实际收入在国民收入中的比重低于 1970 年；到 1973 年阿连德政府被推翻时，实际工资只相当于 1970 年的 50%。在这种背景下，失望和不满情绪迅速扩散，经常演变成全国性的示威和罢工。

在经济秩序、人民生活秩序被打乱，民众不满情绪急剧增长的情况下，即使没有外来势力的干预，阿连德似乎也已经没有能力完成其 6 年的总统任期。

3. 政治力量分化加大了政府实施社会政策的难度。在 1964～1970 年基民党弗雷政府执政时期，智利政治力量两极分化现象就已很明显。右翼势力极力阻挠改革（虽然改革是相当温和的），对改革危及自己的利益表示不满；左翼力量则抱怨弗雷政府的改革过于保守，不能解决根本问题，要求通过激烈的变革改变现状。阿连德就是在政治力量分野越来越严重的背景下上台执政的。

阿连德执政后，政治力量的两极分化进一步发展。阿连德政府"改变现行经济结构，结束本国和外国垄断资本以及大地主的权力，以便开始建设社会主义"的政策主张，以及所采取的土改、提高工资、加强基础教育、降低房租、冻结物价、增加家庭补贴等改革措施，虽受到中下阶层支持，却遭到大地主和大资产阶级集团敌视和反抗，国内逐渐形成了反对阿连德政府的强大力量。反对派利用政府改革失误所引起的民众不满情绪，频繁给政府制造麻烦。右派组织"祖国和自由运动"甚至鼓动用军事推翻阿连德政权。在阿连德执政三年间，曾发生过六次未遂政变。到 1972 年中期，智利的政治和社会冲突已相当激烈。支持和反对阿连德的两派政治力量举行大规模街头示威已经司空见惯。在主要城市，支持阿连德政府的力量经常召集有数十万人的游行和集会；反对阿连德政府的活动也明显增多。值得指出的是，人民团结阵线内部也发生了分化，极左派要求采取更激进的行动；要求更彻底的国有化，对反对派采取更严厉的措施，主张用颁布行政命令的办法实施统治，诉诸超出法律以外的手段。

（四）政治领导失误，导致国内政治危机

阿连德政府的政治基础相当薄弱，从一开始就潜伏着危机。由于在1970年总统选举中三位候选人得票都未超过半数，按照宪法，议会将从得票最多的两位候选人中挑选总统。作为在议会选举中支持阿连德的条件，基民党向阿连德提出了"宪法保证条款"。主要内容包括：阿连德执政后必须严格遵守宪法，尊重军队和国家警察的原有体制，不得建立同国家军队和警察平行的武装组织。通过谈判，阿连德接受了上述"条款"，阿连德的盟友智利共产党也保证要在资产阶级法制范围内行事。值得一提的是，阿连德政府的支持率从来就没有超过半数。阿连德在1970年大选中只得到36.3%的选票。在1971年地方选举中，人民团结阵线虽居首位，但也只得到49.7%的选票。在议会中，支持阿连德的党派也无优势可言。

随着经济和社会危机不断出现，各主要政治力量之间的共识逐渐被打破。阿连德政府的许多政策在议会中遭到反对，最初支持他的基民党也对其政府政策提出异议。1972年议会拒绝了政府修改宪法的建议，国内政治危机升级；阿连德及其支持者试图把修改宪法问题交付公民表决，以此绕过反对派占优势的国会，但这一设想最终未能成功。1973年3月智利举行议会中期选举。反对派希望获得2/3多数，以便可以弹劾阿连德，或至少重新对他施加法律上的影响。结果人民团结阵线得到43%的选票，所获选票超过1970年的议会选举；反对派在参议院中的席位从32席减到30席（总数50席），在众议院的席位从93席下降到87席（总数150）。由于不能用合法方式弹劾总统，为后来的军事政变打下了伏笔。

为摆脱危机，阿连德试图与基民党谈判，希望与其达成一个降低冲突和维护民主体制的协议，但未获成功。不少基民党人认为，如果人民团结阵线名誉扫地，基民党也许会得到更多好处，他们甚至猜测，军事政变或许能使基民党重新掌权。越来越多的中产阶级认为，不存在结束智利政治危机的民主方案；阿连德政府不仅"没有能力对付智利的经济问题"，在政治领导方面也存在"严重错误"，"政治和意识形态的两极分化和矛盾达到了任何宪政体制都无法生存的剧烈程度"①。打破这种政治困局的是1973年9月11日右翼军人政变。

二、军政府时期的体制性危机

军政府在一定程度上纠正了阿连德时期的政策性危机，却造成了新的体制性危机。

1973年9月皮诺切特为首的右翼军人集团发动政变，推翻阿连德总统。军政府上台后，力图迅速扭转阿连德时期的困境，但由于最初对形势缺乏清醒认识，措施并不得力，无论是在减少财政赤字，还是在降低通货膨胀方面，都没有收到明显效果。在急于控制通货膨胀的同时，实施对外开放，大幅度降低关税，取消对绝大部分商品价格的控制。由于工资冻结，物价上涨，信贷紧缩，引起需求下降，投资不振，生产萎缩，失业增加。加上当时国际经济危机的影响，特别是进口石油价格大幅度上升，铜价大幅下降（由1974年每磅140美分降至1975年的60美分），智利经济形势进一步恶化。在这种形势下，军政府决定把国民经济交给芝加哥弟子，按照货币主义的主张进行改革。

智利军政府1975年制定"经济复兴计划"，计划的短期目标是解决当时面临的经济失调问题；长期目标是变革经济体制和

---

① 莱斯利·贝瑟尔主编：《剑桥拉丁美洲史》第8卷，当代世界出版社1998年版，第315页。

经济结构，改变长期以来所实施的发展模式。军政府认为，20世纪30年代后所实施的进口替代发展模式，发展了一些低效能的产业部门，形成了包罗万象的产业结构；智利国内市场狭小，不可能支撑这样一种结构，因为那些低效能的产业部门没有竞争力；必须改变传统发展模式和发展政策，国家应当退出私人可以经营的所有领域，应取消关税、保护政策和国家补贴，实行经济开放，着重发展有比较优势的部门。

（一）对政策性危机的纠正

纠正阿连德时期的政策性失误。首先，纠正过激的国有化政策，将一些国营企业私有化。1973年底由国家掌握的企业共464家，其中205家是自30年代以来建立的国营企业，另259家是由国家征收或干预的私人企业。军政府决定把后一类企业交还原主，将绝大部分国营企业卖给私人。到私有化进程基本结束时，国营企业只剩10多家，政府只保留了对铜矿等战略部门的控制。其次，纠正激进的土改政策，推进农业部门的私人所有制和个体经营。军政府对20世纪60年代以来土改所涉及的约1000万公顷土地进行了分类处理。把一部分土地归还原主，到1978年底已归还293万公顷（占29.4%）；解散土改过程中建立的农业合作社，把合作社土地分配给个体农户，到1978年底197个合作社被分成了3000多个体农户；将还没有来得及分配的土地全部出卖。第三，修补政策性危机的一些后果。例如，为了吸引外资，恢复信誉，军政府偿还了被阿连德政府征收的那些外国公司的损失，仅向三家美国铜业公司就支付3.58亿美元。

纠正政策失误造成的经济和财政危机。主要手段是增收节支。军政府增收主要有三个途径：一是税制改革。1974年通过税制改革计划，增加增值税和直接税，加强反偷税漏税的工作。税收收入1973年占GDP19.2%，1979年占34%。二是治理亏损国有企业。1973年"社会所有制领域"的亏损相当于GDP的

14%，占当年公共部门赤字总额的 61%。军政府把国营企业卖给私人，不仅得到数亿美元收入，且不再为亏损企业提供补贴。三是提高燃料价格和公共部门收费标准。军政府节支主要也有三个途径：一是精简机构。仅 1974~1976 年政府机关和国营企业就裁员 10 万，撤销土地改革委员会等一批公共机构；制定有利于节支的财务制度，如限制国家机关购买车辆、土地、房屋和机器，减少车辆及汽油定额等。二是冻结工资和缩减社会福利开支。工资占国民收入比重 1970 年为 52.3%，1976 年下降到 42.1%；如果以 1970 年为 100，1973~1976 年分别降为 71.9、68、66.2 和 70.4。三是削减公共投资。1973 年公共投资占 GDP12.5%，1975 年下降为 6.9%，1975 年公共投资比上一年减少 48%。

纠正社会政策，放弃福利国家政策。军政府认为，经济增长是减少贫困和提高人民生活水平的主要动力源；社会政策的唯一明确目标是减少贫困，经济和社会不平等问题不应该是公共政策的目标，这些问题可以随着经济的增长和市场机制的完善而得到解决；市场机制应该是引导资源分配、鼓励储蓄和投资的手段，应避免社会政策通过补贴等影响经济发展现象的出现。军政府放弃了自 20 世纪前半叶就开始实施的类似福利国家的社会政策，改为聚焦式的政策，通过建立直接补助，向最贫困、最缺乏资源的人群提供直接帮助，传统上从社会政策中获益较多的中间阶层和有组织的劳工阶层在很大程度上失去了保护。

在付出了沉重社会成本后，军政府基本克服了阿连德时期的政策性危机，使智利经济增长逐渐步入正常轨道，社会领域改革也取得显著成效。智利的经验甚至得到了世界银行和国际货币基金组织等的重视。尽管如此，军政府也经受着严重的可治理危机，这种危机在很大程度上是由体制的缺陷和缺少合法性造成的。

(二) 军政府的统治缺乏合法性

1973年军人发动流血政变，阿连德本人在政变中丧生。军政府对反对派使用了铁腕手段。人民团结阵线所属的政党和政治组织领导人或被杀害，或被流放；报刊、广播和电视等媒体被置于军人控制下；某些学科遭到禁止，许多教师和学生被开除。工会也遭到"干预"，处于分裂和被控制的状态。军政府统治期间，共有数千人惨遭杀害或失踪，数十万人被迫流亡国外。军政府时期犯下的镇压和侵犯人权的罪行，成为智利社会"不愈合的伤口"，也成为军政府统治缺少合法性的重要标志。1980年在军政府操纵下通过新宪法，依据宪法"产生了一个几乎不受什么限制的总统政治制度"。相当一部分参议员不是通过选举，而是通过任命产生；众议院丧失了对行政机关的有效监督；军队被赋予重要的政治职能。

皮诺切特军政府的专制统治与智利民主政治的传统不符，一些社会阶层始终对军政权抱有敌意和不满，甚至连当初支持军事政变的天主教会在70年代中期以后也开始批评军政府的政策，并为受军政府迫害的人提供庇护。

(三) 军人专制统治加剧了社会分裂

1973~1990年近17年的军人专制独裁造成智利社会的分裂和各阶层严重对立，加剧了各社会集团利益的极化趋势。在对待军政府的态度上，各社会阶层的立场始终存在对立。即使在军政府下台后，在如何处理军政府执政期间所犯罪行问题上，社会各阶层一直存在严重分歧，甚至分裂成为"两个智利"。左派力量和军政府时期受害者强烈要求清算军政府的罪行，要求审判军政府领导人。而军政府时期的受益者及其家属（包括大企业主）则要求中止对皮诺切特的审判。如果一个体制、一个政府的统治不断加剧社会各阶层的分裂和对立，即使在这个体制和政府的统治下实现了经济增长，人民也未必满意，也会对政府的统治产生怀疑和不满，政府自然也不具有完全的合法性。

（四）经济增长没有为军政权统治的合法性提供支持

从军政府统治的后期开始，智利经济走上了稳定增长的轨道，但经济增长利益的分配并不合理，收入分配依然严重不平等，许多智利人仍然感到没有从经济增长中获益。1987年平均工资比1981年低13%，比1970年还要低。许多人抱怨卫生和教育开支在减少。已经私有化的社会保障体系只为一部分人提供优厚的待遇，50%以上的居民被排斥在私有化了的社会保险体系之外。这些没有从经济增长中获益的人有充分理由不支持军政权。

军政府时期的经济社会政策使智利付出高昂社会代价，甚至在短期内引起了社会灾难。在军政府期间，除预期寿命和死亡率（特别是儿童死亡率）仍保持了自20世纪50和60年代后下降的势头外，其他社会指标均出现明显恶化。平均失业率超过17%；1989年的平均工资收入比1970年低8%，最低工资低9%，最低工资覆盖范围下降，一些部门实际上已经不受最低工资制度保护；家庭补贴计划失去了60年代那种持续增长的势头，日益失去作用，1989年比1970年低71%；用于公共卫生、教育和住宅的人均公共支出也出现下降，1989年比1970年低约22%，公共卫生体系受到强烈冲击；军政府执政后期，贫困人口占总人口的40%，总量达到500万，赤贫人口占总人口的近20%。

总之，军政府虽然克服了阿连德时期的政策性危机，为智利经济的持续增长创造了条件，但却付出沉重社会代价。经济增长并不能抵消民众不满，更不能阻止民众要求恢复民主制度的呼声。在1988年10月全民投票中，仅有43%的人支持皮诺切特继续留任，55%的人反对，另外2%是废票。这次全民投票实际上是关于智利政治问题的公决，而不是关于经济问题的公投。投票结果表明，皮诺切特军政府遭遇了因体制缺陷所引发的可治理危机。

第三节　智利应对可治理性问题的对策与基本经验

在结束军政权17年统治后,"民主联盟"1990年开始执政。在总结历史经验基础上,"民主联盟"政府积极应对各种社会矛盾,妥善处理历史遗留问题,自觉提高政府执政能力和水平,不断满足民众日益增长的各种需求,保证了经济持续增长、政治和社会相对稳定的局面。

一、"民主联盟"及其执政的基本历程

自1990年民主化后,一直由中左翼政党组成的"各政党争取民主联盟"(简称"民主联盟")执政。联盟目前由基督教民主党、社会党、争取民主和民主社会激进党四党组成。

"民主联盟"是在反对皮诺切特军政府独裁专制统治的斗争中形成的。1988年6月,在反对军政府独裁统治和争取民主斗争过程中,形成了以基督教民主党、社会党等17个政党组成的"各政党争取民主联盟",其中基督教民主党力量最强大。1989年2月,基督教民主党推举本党主席帕特里西奥·艾尔文为该党总统候选人,此后,其他各党同意艾尔文为联盟唯一候选人。在1989年12月总统选举中,艾尔文以55.17%的得票率获胜,并于次年3月上台执政,上述四个中左翼政党组成第一届"民主联盟"政府。

"民主联盟"在政治民主化进程实现后得到维持和巩固。1993年5月,基督教民主党总统候选人爱德华多·弗雷被上述四党推举为唯一总统候选人,并在1993年12月以58%的得票率当选为总统。1994年3月上述四党组成第二届"民主联盟"

政府。1999年5月，经过联盟内初选，社会党和争取民主党领袖里卡多·拉戈斯成为联盟唯一总统候选人。在同年12月总统选举中，拉戈斯和右翼反对党联盟候选人华金·拉温分别获47.94%和47.57%选票。由于没有候选人获得50%以上选票，按照智利选举法，次年1月16日得票最多的两位候选人进行第二轮角逐，拉戈斯最终获胜，当年3月组成第三届"民主联盟"政府。在2005年12月总统选举中，"民主联盟"候选人米歇尔·巴切莱特获得45.95%的选票，在2006年1月15日第二轮选举中，获得约53.49%的选票，成为智利历史上第一位女总统，"民主联盟"赢得1990年民主化以来的"四连胜"，并于2006年3月开始了为期四年的新任期。

二、"民主联盟"提高可治理性的主要措施

"民主联盟"自1990年执政后，"民主联盟"执政时，面对着严重的可治理性问题，面临一系列政治和社会难题，如军政府遗留的高额社会成本急需偿还，社会各阶层和集团利益的严重对立与冲突，实现全国和解的任务异常繁重，贫富两极分化现象既普遍又严重，持续的就业压力等等。这些问题如得不到及时或妥善解决，势必危及智利的经济发展、政治和解与社会稳定。能否妥善处理这些问题和困难，是对智利政府执政能力的检验。

"民主联盟"对上述难题和矛盾给予高度重视，采取一系列对策和措施，增强了政府应对社会矛盾的能力和效率，提高了智利的可治理性。

（一）推动全国和解，清除历史创伤

自1973年开始的近17年军人专制统治造成智利社会的分裂和社会各阶层立场的严重对立。军政府时期犯下的镇压和侵犯人权的罪行，是智利社会"没有愈合的伤口"。1990年军人还政于民后，前军政府首脑皮诺切特仍掌握着军队的领导权，仍可对国

内政治生活施加影响。支持和反对皮诺切特的力量阵营分明,立场对立,且势均力敌。如果不能妥善处理文人政府与军方的关系,如果不能妥善如何处理军政府领导人所犯罪行问题,智利的社会和政治稳定就会受到严重威胁。"民主联盟"政府理智分析国内形势后,并没有像阿根廷文人政府那样对军政府时期的主要领导人进行审判,而是选择了全国和解的政策取向,试图避免因这一问题处理不当可能导致的社会和政治动荡。首届"民主联盟"政府执政后,把实现全国和解作为首要执政目标,此后的历届政府基本延续了这一政策。首先,成立专门机构对军政府侵犯人权的行为进行调查,公布军政府的主要罪行,表明了谴责军政府罪行的基本态度。其次,在公布军政府罪行的同时,提出"原谅与忘却"原则,除个别罪大恶极者外,并不起诉有关人员,对皮诺切特本人最终也没进行审判,表明了推进全国和解的立场。第三,安抚受害者家属,对军政权受害者按照损失大小,给予包括生活补贴、子女免费受教育等在内的经济补偿。第四,极力缓和军政府反对者的不满情绪,如为已故总统阿连德举行公开葬礼。"民主联盟"政府实现全国和解的态度和政策,在一定程度上缓和了各社会阶层在军政府及其遗留问题上的对立,有利于为深化经济改革、促进经济持续稳定增长营造良好政治和社会环境。

(二)调整社会政策,缓和社会矛盾,为消除皮诺切特时期的体制性危机创造条件

"联盟"政府积极调整社会政策,推行了一系列有助于减少贫困和推进社会公平的社会计划。这些计划的原则和内容包括:1. 强调经济目标的社会性,把追求经济增长与解决就业等社会问题结合在一起。2. 继续推进税收制度和社会保障制度改革,增加在教育、医疗、住房、公共工程、扶贫等社会福利方面的投入,重视社会开支在缓解贫困阶层生活条件方面的作用。1990~

1999年智利社会开支在GDP中的比重由13%增加到15%,绝对数量约增加了100%,其使用方向也更为集中。例如在1998年用于卫生、教育和现金补贴的主要计划中,有69.4%是面向40%收入最低的家庭,这些家庭得到卫生支出的85.4%,现金补贴的73.1%,教育支出的61.2%[1]。在住房政策上也向贫困阶层倾斜,越便宜的住房,政府的补贴越多,因为这些住房的购买者和居住者主要是中低收入阶层。在税收制度改革过程中,有意识减轻中低收入阶层的负担。3. 强化教育的收入再分配职能。政府进行大规模教育改革,力图实现教育平等发展的战略。具体做了三件事:为贫困家庭的学生提供免费膳食、课本、学习用具和医疗保健;把义务教育期限从8年扩展至12年;为保证所有符合条件的青年人不因家庭贫困而失去享受高等教育的机会,向经济困难的学生提供贷款,扩大政府奖学金的范围。

(三) 寻求最广泛共识,保证政府政策的可持续性

"联盟"各中左翼政党与智利右翼政党在经济政策方面没有原则分歧,二者的分歧主要体现在社会政策领域。"联盟"认真总结了历史教训,注意把社会政策建立在全社会共识的基础上,特别重视与反对派、非政府组织和受助者达成共识。首先,为确保社会政策的稳定和有效,注意争取反对派支持,为此有时甚至作出必要的让步[2]。其次,有意识发挥非政府组织的作用。在社会政策领域,通常是政府和公共部门提出基本构想和计划设计,私人部门(包括社会组织、非政府组织、基金会、自愿者组织、

---

[1] Oscar Muňoz, Carolina Stefoni (coordinadores), *El Periodo del Presidente Frei Ruiz—Tagle*, p. 347, Editorial Universitaria—FLACSO, Santiago de Chile, 2003.

[2] Ricardo Ffrench—Davis, "Distribución y Pobreza", Nuevo Espacio, №3, 1996, p. 110.

咨询机构）负责具体项目的设计和实施[①]。再次，注意发挥被救助者（包括贫困人口、贫困地区和贫困市镇）对社会政策和计划的参与。

（四）实施持续的扶贫政策，清除体制性危机的社会基础

"联盟"历来重视扶贫工作。1990年上台的艾尔文政府明确提出把减少失业和消灭极端贫困作为政府政策的优先目标；弗雷政府成立了全国性官方和非官方两个消除贫困全国委员会，负责为社会福利事业筹集更多资金；拉戈斯总统2002年5月提出"智利团结"计划，向全国22.5万最贫困家庭提供一揽子社会保护；2006年上任的巴切莱特政府，把消除社会排斥现象作为执政纲领的要点，充分体现了"民主联盟"政府扶贫政策的延续性。"民主联盟"减少贫困的主要手段有：1. 把增加就业作为减少贫困的主要手段，为此制定了一系列增加就业的措施；2. 把增加劳动者收入作为脱贫的重要方式。20世纪90年代，劳动者的收入增长了80%。3. 加强国家财政转移在扶贫中的作用。最贫困家庭通过住宅、教育和卫生等计划得到了财政转移所带来的益处，改善了生活条件。4. 实施具有部门特点的扶困计划，例如针对顽固的农村贫困问题，于1998年制定了"农村贫困地区创新合作计划"。

（五）拓展就业途径，缓和社会矛盾，推进社会稳定

"民主联盟"政府制定了一系列与扩大就业相关的计划。1. 通过增加公共开支和投资，扩大就业。例如公共部门仅在2001年就创造了15万个就业机会，占当年劳动力总数的2.5%。2. 开展多种形式的职业培训，为贫困阶层创造更多就业机会。加强对贫困青年的培训：政府出资举办各类培训班，对16~24岁低

[①] Oscar Muñoz, Carolina Stefoni (coordinadores), *El Periodo del Presidente Frei Ruiz—Tagle*, P. 350, Editorial Universitaria—FLACSO, Santiago de Chile, 2003.

收入青年进行培训,以便他们能掌握一技之长,找到合适的工作。重视对在职职工的职业培训:在规模超过15人的企业成立由工人和雇主参加的培训委员会,负责制定本企业的培训计划;为鼓励企业主动开展职业培训,实行减免税政策,规定每年的培训费用要达到本企业当年工资总额的1%。对失业、无业人员以及首次进入劳动力市场的青年及弱智、残疾人进行培训:对于此类培训,国家给与直接补贴;青年和弱智、残疾人受训后由政府劳动部门统管的培训中心安排就业。3. 完善失业保险,扩大对失业工人的保护。"民主联盟"政府强制扩大失业保险的覆盖范围,规定雇主有责任为雇员代扣代缴失业保险费。这极大地扩大了失业保险覆盖范围,完善了社会保障体系。

(六)关注最脆弱的社会群体,积极推进社会公平

政府一直把推进社会公平作为社会政策的核心,重点有五个:1. 强调把经济增长的利益扩展到全体公民,而不能由特权阶层独享。2. 培养绝大多数智利人适应和把握新机会的能力,具体措施包括:通过改革课程设置、提高教育质量等完善公共教育,推动教育的发展;提高就业质量;提高生产率;提高劳工培训质量,鼓励劳动力的流动等。3. 推进公共管理改革,完善公共服务,使接受公共服务的人既能得到有效和及时服务,又能获得尊严和尊重。4. 加强对脆弱群体的司法保护,扩大穷人进入司法体系的可能性。5. 改善贫民居住区的居住和社会环境。

(七)维护执政联盟的团结,巩固执政基础

"民主联盟"是在反对军政府独裁统治的斗争中出现的,结束军人独裁统治和恢复民主这一共同目标把各中左党派联合在一起。但这些政党的历史背景、人员组成、政治理念、经济主张和政策取向不尽相同,例如社会党和争取民主党是联盟内的左派,两党有更多的共同利益,关系更加紧密,不少党员同时拥有这两个党的党籍;而基督教民主党比较接近中间立场。此外,每个党

还都有各自的实际利益（如在政府中的地位，在议会中的席位等）要争取和维护。各党在一些问题上曾存在分歧（例如在政治改革、国内工作重点、对外政策、对侵犯人权的军人进行审判等问题上）；各党之间的严重分歧甚至曾险些造成联盟的分裂。然而各党都意识到，如果"联盟"分裂，就可能导致右翼政党上台，因此"联盟"各党仍有团结一致的共同愿望。"联盟"在协调各党派之间的关系、强调纪律和超党派意识等问题上达成了一致。从"联盟"最高利益出发，各党基本能顾全大局，及时消除分歧，保持了执政联盟的团结，巩固了执政基础。

（八）推进廉洁和高效政府的建设，争取民众信任

"民主联盟"政府一直加强腐败的预防工作，把建立廉洁高效的政府作为一项长期的任务。"民主联盟"历届政府都较廉洁，未发现严重腐败行为。"联盟"推进廉政建设的主要做法是：1. 建立全国反腐败委员会，积极加强腐败的预防工作。2. 从制度上杜绝和预防腐败。"民主联盟"政府制定的《行政机构章程》、《廉洁行政法》等对国家工作人员的行为作了许多限制。3. 完善腐败监督机制，在政治、司法、行政、群众组织、新闻媒体等各个环节加强对腐败行为的监督。4. 注意增收节支，树立政府廉洁形象。由于规章制度较完备，特别是奖惩制度严明，在腐败行为异常严重的拉美地区，智利"民主联盟"政府在民众中树立了廉洁、有效的形象。

（九）妥善处理少数民族问题，促进社会和谐

智利的土著人口约占全国人口 10%。多数土著居民处于社会边缘，生活贫困。从 20 世纪 40 年代开始，一些土著居民就与在其居住区从事林业和农业开发的公司发生冲突。为缓解土著人贫困状况，缓和民族矛盾，"民主联盟"政府十分重视各少数民族居住区的发展。"民主联盟"于 1991 年向议会提交一项法案，承认马普切等印第安部落的自治、权利和土地，尊重其文化和传

统，尊重他们的差异以及接受两种语言教育的体制。法案还试图制止印第安人与有关林业和农业开发公司之间冲突。"土著民法案"于1993年生效。"民主联盟"政府还拨专款，用于资助印第安人的发展项目，款项主要用于资助购买争议中的土地、颁发土地征、实施改善环境及帮助印第安人发展经济。为了维护少数民族居住区的社会稳定和保障土著民生活，政府把大量土地分配给土著居民[1]。"民主联盟"政府的民族政策对于推动印第安社会的发展、缓解印第安人居住区的社会冲突、促进社会和谐具有积极意义。

三、"民主联盟"提高可治理性的基本经验与教训

智利联盟政府执政期间，实施了一系列增强可治理性的措施，取得了显著成就，政府已经初步具有了有效化解社会矛盾和冲突的机制和手段，可治理性程度逐步提高。

第一，经济实力和国际竞争力不断提高。"民主联盟"政府坚持经济改革的路线，并通过社会政策的调整，缓和社会矛盾，保持政策的相对稳定，为智利经济持续稳定增长创造了条件。1990年联盟执政以来，智利GDP年均增长5.6%，被世界银行和西方国家誉为新自由主义改革的样板，许多国家都试图借鉴智利改革的经验。2000~2003年智利经济增长速度几乎是拉美地区增速的2倍。2005年人均GDP已经达到6500美元，按购买力平价计算达到1.1万美元，在全球经济竞争力排名中居第23位，远高于其他拉美国家。

第二，贫困减少。智利贫困人数已从1990年占全国人口的38.5%下降到2005年的18.8%，赤贫人口从12.9%减少到4.7%。智利是第一个，也是唯一提前完成联合国"千年首脑会

---

[1] 王晓燕：《智利经济改革重点的转移》，《拉丁美洲研究》，2004年第3期。

议"所确定的"将赤贫人口减半"目标的拉美国家。

第三，政治和社会稳定。由于"民主联盟"政府在相关问题上处理得当，智利政局和社会形势一直比较稳定，避免了一些拉美国家所出现的那种动乱现象。智利在解决社会矛盾、增强治理性方面的经验和教训值得重视。

2010 年是智利建国 200 周年，政府提出了到 2010 年把智利建设成发达国家的目标，并认为缓和社会矛盾，促进社会和谐，增强政府执政能力是上述目标得以实现的重要前提。为此，政府"2006～2010 年执政纲领"把缓和社会矛盾和提高可治理性放在特别优先的位置，纲领所确定的政府工作的五个重点是：构建新的社会保护网，建立一个包括就业、教育、医疗、居住和预防在内的社会保障体系；保持经济政策稳定，为经济快速发展和减少贫困创造条件；改善人们生活质量和生活条件；反对歧视与社会排斥，公平地对待所有的人，推动民众对公共事务和政府决策进程的参与；在公共行动领域覆盖所有的智利人，消除社会的不平等和各种歧视现象。上述目标能否实现，从根本上说取决于可治理性的实现程度。

智利在实现可治理性方面还存在一系列挑战，无论是在完善体制，还是在改善政治与社会环境方面，都有很大的提升空间。

政治体制需进一步完善。民主联盟执政后一直把修改军政府 1980 年颁布的宪法作为完善民主政治体制的一项重要措施。2005 年 9 月智利颁布宪法新文本，对 1980 年宪法作了 58 处实质性修改，取消终身参议员和指定参议员，规定所有参众议员均由选举产生，确立了民选政府对军队和警察的绝对领导权和指挥权。用智利前总统拉戈斯的话说，宪法改革使智利成为"完全的民主国家"。但宪法改革并没有完全消除政治体制、特别是选举制度的缺陷。有人批评说，智利每个选区选举 2 位议会议员的制度，使几乎所有议会席位都被两大政党联盟获得，不利于在选举中获得较少选票的各个小党的利益,这不仅阻碍政治民主的进一步完善,甚至有可能加剧政治不稳定。因此,选举制度的改革和完善,仍然是不可回避的问题。

监督机制需进一步加强。在透明国际腐败程度排名中,智利是最廉政的拉美国家之一,民主联盟连续执政20年,未发生过涉及政府高级官员的严重腐败案件。但监督机制还需进一步加强。2005年12月大选过程中,执政联盟曾挪用用于增加就业计划的资金220万美元、用于体育运动的资金75万美元。该事件被曝光后,右翼反对派大做文章,宣称中左翼执政联盟已经走到了最后阶段,不仅在政治上衰落,在道德上也衰败。中左翼联盟的声誉在一定程度上受到损害。该事件的出现说明智利政治体制的效率仍有进一步完善的空间①。

政治与社会参与有待进一步提高。在拉美地区,智利的民主政治传统较为久远,民众政治参与程度较高。1990年军政府还政于民后,各社会阶层表达利益和要求的渠道基本是畅通的,但远未达到完善的程度。然而智利2006年以后爆发的学生运动不仅引发了动荡和骚乱,也促使人们对政治与社会参与问题进行新的思考。2006年后智利发生过多次学生示威游行活动。学生们要求政府废除将教育管理权赋予市(区)政府的法律条款,提高教育质量,改善学校条件,深化教育改革,降低收费等。学生的抗议是智利人对社会改革结果不满的一个缩影,体现出了智利社会发展和社会改革,以及政治与社会参与的缺陷。这次学生运动充分说明,如果智利政府不能在经济持续增长的基础上逐步消除社会事业的缺陷,如果不能有效地推进社会领域的改革,如果不能切实推进社会公平,不断推进民众的参与程度,就不能保证

---

① Paulina Abramovich, "El Oficialismo Afronta Crisis en Chile", http://www.miami.com

政治和社会的长治久安。

政府有效化解社会矛盾和冲突的能力还须进一步提高。任何国家和社会的任何时期都会有各种形式的矛盾和冲突。因此，可治理性并不一定意味着社会矛盾和社会冲突的消失，而是意味着政府和社会拥有一套有效缓解社会矛盾和冲突、并使其始终保持在可控制范围内的机制和手段。如果国家调节和整合不同集团利益、调节不同集团分歧、缓和社会矛盾和冲突的机制和体制瘫痪时，那么这个国家肯定就处于不可治理的状态。智利前军政府首脑皮诺切特2006年12月病逝。皮诺切特之死一度引起其支持者和反对者之间的不同反应，这从一个侧面反映出智利社会仍存在不同利益之间的冲突和对抗，这种对抗仍是社会和政治不安定的隐患。因此智利政府化解社会矛盾和冲突的能力还须提高。

总之，智利执政党和政府在总结历史经验基础上，合理应对了各种社会矛盾，比较成功地摆脱了可治理性问题的困扰，其许多经验教训值得总结和借鉴。

第八章　哥伦比亚的可治理性问题研究

哥伦比亚的可治理性问题有一定特殊性,既不像海地、玻利维亚及厄瓜多尔等国家那样主要是由贫困或不发达引起的,也不像委内瑞拉和秘鲁那样主要是由社会—政治体制缺陷或体制不成熟造成的,也与巴西、墨西哥、智利、阿根廷等国家的可治理性问题有较大差异。哥伦比亚的可治理性问题是由历史与现实因素、国内和国外因素综合作用的结果,历史因素和国际因素的作用较明显。与其他拉美国家相比,哥伦比亚的可治理性问题持续时间较长,影响面较广,解决难度较大。

第一节　可治理性问题的起源与发展

哥伦比亚的可治理性问题历史较长。政治暴力是哥伦比亚的历史传统,可治理性问题最初源于传统政党之间长期的暴力冲突及其所导致的动乱。19 世纪中叶以后,保守党和自由党两大传统政党逐渐成为主导国家政治生活的力量。但这两个政党争夺国家权力的斗争一直没有停止,由此造成政治和社会局势的长期动荡。从 1830 年到 19 世纪末的 70 年间,哥伦比亚政局一直不稳定，暴动、政变和内战成为政治斗争的主要手段，宪法和选举流于表面和形式。哥伦比亚文学家奥尔金认为，在这70年间，发生27次内战，其中10次是全国规模的战争①。1899～1902年，自由党和保守党进行了持续三年的内战，在这场所谓"千日战争"中，有10多万人死亡，工农业生产、商业和交通遭到极大破坏。

上述两大传统政党不能代表所有社会阶层的利益，自然没有能力整合所有社会阶层的诉求。自19世纪末和20世纪初开始，除上述两个传统政党外，又不断涌现出新的、要求社会变革的政党、政治力量和政治组织。与此同时，工人运动、农民运动和其他社会运动也不断发展。1948年4月，首都波哥大爆发大规模人民起义，并迅速波及到其他省份。起义加剧了政治不稳定，全国陷入极度混乱。两大传统政党失去了掌控国家政治和社会秩序的能力，导致1953年罗哈斯·皮尼亚独裁统治的出现。

1953年陆军司令皮尼亚通过政变夺取政权，保守党和自由党两大政党当时都对皮尼亚上台表示支持，希望他能结束国家长期的动乱局面。但皮尼亚上台后采取的停止议会活动、擅自延长自己的任期、压制保守党和自由党等措施使两大政党改变了态度，两党开始共同谋划建立稳定民主体制的途径。两党经过谈判于1957年签署建立"民族阵线"的协议，规定进行宪法改革，决定在今后12年（后延长到16年）两党共同掌管所有国家机器，共同控制国家政权，把其他政党和政治力量排除在外，把政治权力集中在总统手中。这个协议虽然结束了独裁统治，但却"取消了所有形式的民主反对派"，政治参与受到限制。政治体制中的这一缺陷为后来政治的不稳定，以及部分阶层对体制的抵制和反抗埋下了祸根。此后，哥伦比亚国内各种政治暴力活动几

---

① 李春辉：《拉丁美洲史稿》，商务印书馆1983年版，第596页。

乎就没有中断过。

第二节 可治理性问题的根源

哥伦比亚可治理性问题的存在和发展，不仅有深刻历史根源，而且有深刻体制性根源、社会根源和政府根源。

一、体制性根源

哥伦比亚的政治体制未能有效缓和社会矛盾和社会冲突。"民族阵线"阶段是哥伦比亚社会转型的重要时期。在这一时期，城市人口爆炸性增长，加剧了城市化中的混乱；工业发展集中在少数大城市（波哥大、卡利、麦德林和巴兰基亚），地区发展不平衡加重；农村地区改革滞后，成千上万的农民被从土地上赶走，社会矛盾激化。这些问题产生了不利于社会稳定的后果，加剧了社会冲突。由于政策偏好不同，加之对利益分配的争夺，自由党和保守党内部相继出现分裂，两个党内都出现众多派别；许多社会阶层对现代化的后果和现实不满，反对现存秩序的情绪不断增长。20世纪五六十年代后，反政府游击队组织不断出现、发展、壮大。1964年"革命武装力量"和"民族解放军"先后建立，1968年又出现了"人民解放军"，1974年"四一九运动"开始公开活动①。如今仍活跃在哥伦比亚的游击队组织主要是这一时期出现的。在农民、知识分子和天主教会当中，不满情绪也不断增长，一些天主教人士甚至加入了反政府游击队（如卡米洛·托雷斯神父）。由此可见，"民族阵线"协议的实施虽保证

---

① 徐宝华编著：《哥伦比亚》（列国志），社会科学文献出版社2004年版，第185页。

了民主体制恢复，但并没有从根本上缓和社会矛盾，未能带来政治和社会稳定，反而在一定意义上加大了可治理性问题。

政治参与不充分是哥伦比亚传统政治体制的重要特征，而政治参与不充分，通常会造成政治暴力活动持续加剧。1974年"民族阵线"协议结束后，国家政治生活仍然由保守党和自由党主宰，两党仍控制着议会的多数席位，轮流控制着总统职位，其他政治力量仍处于边缘化状态。虽然不断有新的政治力量被纳入国家政治体系（例如1989年"四一九运动"游击队成为合法政党，1991年参加立宪大会选举，正式加入到国家政治进程中），但政治参与仍有很大局限性，政治体制和国家政权的合法性一直没有得到国内所有政治力量的认同。国内最主要的2支游击队（革命武装力量和民族解放军）并没有能融入国家政治进程中，暴力活动并未减少，而且呈现间歇性不断加剧的趋势。哥伦比亚的政治进程已经充分表明，如果不扩大政治参与，和平进程就难以实现，社会就会陷于动荡，甚至发生分裂。因此，扩大民众参与程度，充分考虑各政党、政治力量和群众运动的正当与合理要求，提高国家体制的效率和合法性，是克服可治理性问题的重要条件。

南安普顿大学的库格勒（Maurice Kugler）和普林斯顿大学的罗森塔尔（Howard Rosenthal）把哥伦比亚政治体制的主要缺陷和问题归结为三个方面：第一，缺乏安全。在长达数十年的时间，严重犯罪行为的扩散，以及游击队和准军事组织引发的暴力活动加剧，对国家的现实安全构成威胁。第二，政治决策缺乏透明性。第三，政治缺乏代表性。哥伦比亚议会具有庇护主义（clientelist）和政治分肥（pork barrel）的特点，利益主要在特殊集团之间分配。他们认为，政府提高效率或促进增长的种种建议或在议会遭否决，或被修改，政府通常被迫做出让步，削弱了政策的效率①。虽然上述三点并不能包容哥伦比亚政治体制的所有缺陷，但却足以证明，政治体制的固有缺陷是哥伦比亚可治理性问题的重要根源。

二、社会根源

保守党和自由党自19世纪中叶就开始长期的暴力斗争，哥伦比亚没能出现其他一些拉美国家所发生的自由改革，社会结构依然如故，引发矛盾和冲突的社会根源一直根深蒂固。

哥伦比亚农村地区基本没有改革，社会矛盾一直尖锐。1936～1953年间，国内改良派曾经两次试图推进土地改革，但均无果而终。1961年在美国"争取进步联盟"计划的推动下，哥伦比亚颁布新的土地改革法，成立了土改委员会，但成效甚微。当时全国无地农民80多万户，分到土地的只有5万多户。在1962～1967年分配的88.9万公顷土地，大部分来自购买和转让的公共土地，只有7.4%是征收的大庄园土地。土地所有制度未受到丝毫的触动，土地集中问题不但未能解决，反而越来越严重。1960年政府的调查显示，6.9%的土地所有者占有全国77.8%的土地，而广大农民只占有农牧用地的8.9%。1970～1971年的调查表明，1961年进行的土改对大地产者特别有利，不仅大地产者人数增加，而且他们生产单位的规模也扩大。20世纪80～90年代，土地集中状况不仅没有减轻反而愈加严重；90年代末，占农村土地所有者0.06%的2655个超级大地主（拥有2000公顷以上土地）占有全部土地的51.5%，而占农村土地所有者67%的农户（相当于232.5万人）每户拥有土地不到5公顷，仅

---

① Maurice Kugler and Howard Rosenthal, "Checks and Balances: An Assessment of the Institutional Separation of Political Powers in Colombia", in Alberto Alesina, *Institutional Reform: the Case of Colombia*, pp. 83～84, MIT Press, 2005.

占有全部土地的3%。特别是20世纪70年代后古柯种植和毒品泛滥，进一步加剧农村地区毒品交易和各种暴力活动。许多小农的土地被剥夺，农民被从土地上驱逐，大批农民背井离乡，流离失所，1997~2001年总数达到150万人，仅2001年就有34万多人。

由于缺乏真正的社会变革，哥伦比亚社会形势一直严峻，特别是收入分配、贫困和就业三项指标一直未见根本好转。（1）有关研究和统计显示，哥伦比亚是拉美收入分配最不平等的国家之一，不公平程度仅次于巴西和智利等少数国家[①]。（2）贫困规模长期维持在较高水平。拉美经委会认为，20世纪90年代哥伦比亚贫困和赤贫现象在农村和城市都有所增加；哥伦比亚（和委内瑞拉）是90年代拉美地区仅有的没能减少农村贫困的国家。1997年贫困人口比重45%，其中城市39%，农村54%，均高于拉美平均水平（分别为36%、30%和54%）。21世纪初全国4000万人口中，贫困线以下的有1800万。（3）失业率一直较高。1995年以后失业率又有所增加，2002年第一季度为14.9%，2003年第一季度为13.9%，另有650万人处于半失业状态。哥国家统计局统计，2005年8月全国平均失业率11.3%，其中13个主要城市达到13.8%；15~29岁青年人的失业率最高。随着失业率不断增长，就业质量不断下降，2002年在全部就业岗位中，私人部门占44.8%，自谋职业占33.3%，雇主占6.2%，公共部门占6.1%。据劳动者民主联合会统计，2002年就业人员中，劳动合同期限不固定者占41.5%，期限固定的占8.1%，临时工占14.6%，学徒工占13%，其他22%。

---

① Steven Levitt and Mauricio Rubio, "Understanding Crime in Colombia and What Can be Done about It", in Alberto Alesina, Institutional Reform: the case of Colombia, p.156, MIT Press, 2005.

三、政府根源

哥伦比亚可治理性问题的政府根源主要是指政府政策缺乏效率，政府缺乏抑制暴力活动、抑制腐败和维护社会稳定的能力。

政府政策缺乏效率。体制缺陷降低了政府政策的效率。哥伦比亚实行行政、立法和司法三权分立的体制。但三权分立制度远没有达到完善和有效的程度，没有表现出应有的效率，制度设计者们所期望的目标未能实现。相反，权力的分立反而为权力和利益的争夺提供了平台，三个权力机构甚至成了各政党斗争的工具，这必然会降低政府政策的效率。

政党和政党制度缺陷也降低了政府政策的效率。哥伦比亚政党制度和政党发展有重大缺陷，党内不团结，党内派别林立。例如，保守党内有所谓的主流派、民族拯救运动派、独立保守党派、核心民主力量派等，自由党内的派系斗争也一直存在。不同的政权机构往往被利益不同的集团或群体占据，即使这些集团或群体属于同一政党，也往往属于党内不同派别。在这种体制下，行政机关的许多政策措施在议会往往遭到否决或制约，即使与总统同属同一政党的议员，为了特定集团的利益，也有可能不支持政府或总统的政策或建议，从而加大了政府政策失败的风险。例如，2002年，乌里韦作为1957年民主体制恢复后第一位非传统政党总统，提出了一系列雄心勃勃的改革方案，试图改变因政治体制缺陷导致的政府政策的低效率，建立重新赢得民众信任的政府。他相继提出了反对恐怖主义、税制改革、反腐败、与反对派对话等议案。在2003年试图通过全民公决通过其改革方案的计划失败后，乌里韦总统试图争取议会对这些改革计划的支持。但由于缺少共识，这些改革方案在议会未获通过。政府的改革意图受到抑制，这不能不降低政府政策的效率和效果。

政府和有关当局缺乏惩治犯罪的手段和能力。国外学者研究显示，对于犯罪的惩罚力度每增加10%，犯罪就下降2%左右；对犯罪惩罚较轻的国家，犯罪率一般较高；对犯罪惩罚较严厉的国家，犯罪率通常较低。有学者将哥伦比亚和美国惩治犯罪的力度进行比较后得出如下结论，对犯罪惩治不力、司法部门效率低下，是哥伦比亚暴力和犯罪活动猖獗的重要原因，也是加重可治理性问题的重要原因①。在美国，当发生谋杀案时，疑犯会被逮捕，所有案件都要进行调查，有65%的被告人会被审讯，一半以上的人会被定罪。而在哥伦比亚，只有38%的谋杀案被调查，11%的疑犯受到审判，只有7%的人被定罪，不及美国的1/7。在美国，刑期平均为20年，实际执行时间一般为刑期的1/3；在哥伦比亚，平均刑期仅为14年。综合上述各种因素，在哥伦比亚，疑犯所受到的惩罚还不及美国的1/10。如果"惩罚增加10%，犯罪减少2%"的命题成立，如果哥伦比亚对犯罪的惩罚力度增加到美国的程度，哥伦比亚的犯罪率会减少50%，平均每年就会有1万人免于成为谋杀的牺牲品②。

政府缺乏遏制腐败的能力。腐败问题在自由党和保守党执政时期不断发展。特有的两党协议统治模式，以及随后的两党轮流执政模式，使国家机关及其官员缺乏必要和最低限度的外部监督，政府对腐败现象或长期视而不见，或长期拿不出有效治理措施，腐败逐渐成为司空见惯的现象。1995年桑佩尔总统（1994~1998年执政）在大选过程中接受贩毒集团资金案曝光，引发了一场政治危机，也使腐败成为哥民众最关心的问题。2002年乌里韦第一次参加总统选举时，将打击腐败作为其重要竞选纲领，结果以较大优势击败传统政党候选人而当选。腐败成为两大传统

---

① Alberto Alesina, *Institutional Reforms: The Case of Colombia*, p. 149, MIT Press, 2005.

② Alberto Alesina, *Institutional Reforms: The Case of Colombia*, p. 161, MIT Press, 2005.

政党失去民众支持和信任的重要原因。虽然哥政府在控制小型腐败案件上已经取得进展,但还缺乏强有力和富于创造性的反腐败机制。在透明国际公布的腐败指数排名中,哥伦比亚得分在3~4分之间,国际排名60左右,如2000年3.2分,2001年3.8分,2002年3.6分,2003年3.7分,2004年3.8分,2005年4.0分[①]。当前76%的哥伦比亚人认为国家的政治生活已受到腐败的影响。腐败仍然是制约政府政策效率的重要因素。

第三节 可治理性问题的主要表现

一、体制维护稳定的能力减弱

如前所述,两大传统政党曾长期争斗,使国家陷入动乱,并导致1953年军事政变后的专制独裁统治。1957年两党签署建立民族阵线的协议,确立两党统治模式,两党平分议会席位和政府职位,两党领袖轮流担任总统。1974年协议结束后,两党仍控制着国家政治生活,例如1998年议会选举后,两党控制着81%众议院席位和80.4%参议院席位[②]。进入新世纪,两大传统政党实力削弱,在2002年3月议会选举中,两党严重受挫,议会席位大幅下降。在2002年5月总统选举中,两大传统政党遭到惨重失败,独立派候选人阿尔瓦罗·乌里韦在首轮选举中以53%选票胜出,成为1991年宪法改革以来首位在第一轮选举中就获胜的总统候选人。乌里韦获胜,表明传统政党衰落和传统政党制

[①] Transparency International, *Corruption Perceptions Index*, http://www.transparency.org

[②] Harry E. Vanden and Gary Prevost, *Politics of Latin America: the Power Game*, p. 522, Oxford University Press, 2002.

度的危机。

此后，两大传统政党继续衰败，两党政治模式瓦解。在2006年总统选举中，乌里韦以绝对优势获胜，成为哥历史上第一位连选连任的总统；左派政党"变革民主中心"候选人卡洛斯·加维里亚获得22%选票，居第二位，超过自由党候选人奥拉西奥·塞尔帕。保守党继2002年后，再次放弃参加总统竞选。两大传统政党把持政坛100多年的历史终结。

在传统两党政治体制瓦解过程中，其维持政治和社会稳定的功能减弱，权力机构之间经常出现激烈对抗。如上所述，哥伦比亚实行三权分立制度，总统和议会分别由举行产生，因而总统所属的政党在议会中可能占多数议席，也可能只占少量议席。在执政党在议会占多数席位的情况下，政府的政策或重大措施容易得到议会认可，政府和议会的矛盾不明显。但随着政治力量的多元化，执政党在议会中并不一定能占有多数席位，在这种情况下，可能会导致行政和立法机构的激烈冲突[1]。

政治新人崛起未能解决传统体制中的老问题。由于传统政党政绩平平，民众对其失去信心，而像乌里韦这样具有新思想却缺乏传统政党支持的人得到选民青睐，并在总统选举中获胜。这类人物执政后缺乏强大政党支持，提出的一些重大经济和社会政策往往受制于现行宪法，在议会得不到足够支持[2]。在这种情况下，往往会削弱政府政策的效率。

---

[1] 乔纳森·哈特林和阿图罗·巴伦苏埃拉指出，由于总统所在的党在议会不占多数，哥伦比亚1949年就出现过行政和立法机构的冲突。参见莱斯利·贝瑟尔主编：《剑桥拉丁美洲史》第六卷（下），当代世界出版社2001年版，第78页。

[2] 在2006年5月总选举中，以62.32%的得票轻松连任；其他5名候选人的得票与其相差悬殊。而在2006年3月议会选举中，支持乌里韦的党派获参议院102个席位中的68席，众议院166个席位中的88席，优势并不明显。

二、政治热情低迷

按照西方的主流政治理论，民主的重要内容是参与，离开民众的参与，民主就丧失了合法性和效力。民众政治参与热情的降低，在一定程度上预示着政府合法性的日益丧失。

哥伦比亚人对选举历来缺少热情。早在"民族阵线"期间，由于传统两大政党完全控制国家政权，其他政党和政治组织被排除在外，缺乏政治竞争的气氛和环境，人们对选举逐渐失去兴趣，总统和议会选举中的弃权率上升。其中总统选举弃权率高达50%~66%，议会选举弃权率达到40%~70%。"民族阵线"结束后，国家政治仍然由两党控制，人民的政治热情并无明显提高，对选举政治的态度依然冷漠。1990~1994年间参议院选举的投票率持续下降，1998年选举中投票率虽有所上升，但仍不足一半。在2006年总统选举中，登记选民有2673万人，只有1205万人参加了投票，投票率仅为45.31%，其中一部分选民投了无效票。

不足一半的投票率，说明多数哥伦比亚人缺乏足够政治热情，缺乏参与国家政治生活的积极性和意愿，这必然削弱政府和议会等政治机构的代表性，削弱"参与制民主"的合法性。

三、社会暴力活动失控

暴力、犯罪、毒品是哥伦比亚主要的、具有标志性的社会问题，这些问题相互交织，互相渗透，互相包含，互相影响。严重的社会暴力问题严重影响民主体制的运转，严重危及社会安定和正常的生活秩序，加剧了可治理性问题。

哥伦比亚的暴力问题既与其他拉美国家有相似之处，也有不同的特点。由反政府武装引发的暴力活动明显多于其他拉美国家，暴力活动往往带有较多的政治色彩。

具体地说，哥伦比亚的暴力活动有以下特点。第一，暴力活动种类繁多。厄瓜多尔著名政治家萨尔加多曾经把哥伦比亚的暴力归结为四种类型①，即社会暴力（以一般犯罪为主要形式）；体制性暴力（如寡头和排斥性的经济、社会秩序等）；压迫性暴力（表现为国家的暴力，如非法拘捕、迫害、酷刑、失踪、政治谋杀、对反政府行为的镇压）；来自底层的暴力，或源于起义或正义战争引起的暴力（这种暴力体现了被排斥者和底层民众的要求）。第二，暴力活动无处不在。暴力活动不仅已经渗透到社会、经济生活中，且已渗透到政治生活中，政治领袖遭暗杀的事件时有发生。暴力成为挥之不去的污点，影响哥伦比亚的国际形象。资料显示，20世纪50年代中期到70年代中期，每10万人中有约20人死于暴力谋杀。70年代末因谋杀而丧生的人数急剧上升，1991年达到高峰，每10万人中有80人被谋杀。此后虽有所下降，但下降幅度并不大。波哥大、麦德林和卡利三大城市集中了全国谋杀案的38%，1991年上述3城市每10万人中有120人死于谋杀。1991～1997年，三大城市以外地区每10万人中平均有约60人被谋杀。第三，暴力犯罪活动具有持续性。哥伦比亚暴力活动历史较久远，20世纪30～50年代，自由党和保守党的斗争付出了30万人死亡的代价。在40年代末和50年代初，全国1/10人口和1/3领土受到暴力活动的影响。此后，暴力和死亡一直没有中止。从20世纪80年代开始，除了传统的暴力活动外，又出现了新形式的暴力，即与毒品相关的暴力活动。随着毒品非法种植、加工和商业化的不断出现，暴力活动进一步升级。20世纪最后40年，哥伦比亚平均每年暴力活动的受害者达到3万人，仅1996～2002年就有18795人被绑架，其中9%是

---

① Manuel Salgado Tamayo, Drogas, *Terrorismo e Insurgencia: del Plan Colombia a la Cruzada Libertad Duradera*, p. 99, Ediciones la Tierra, Quito, 2002.

13～17岁的少年儿童。2000年10月到2001年3月间，每三天就有一位未成年人死于政治—社会暴力①。

暴力和犯罪活动产生巨大经济损失。美洲开发银行估计，暴力活动每年给哥造成的经济损失相当于其GDP24.7%②。暴力和犯罪活动增加给政府造成巨大负担，增加了实现可治理性的难度。首先，增加预防和控制暴力和犯罪的支出，如对受害者提供医疗救助的、监狱、司法、警力增加等的费用和军事费用等。根据国外一些学者的研究，哥伦比亚应对暴力和犯罪活动所产生的费用在20世纪90年代增长了2个百分点，21世纪初该项支出约占GDP5%左右。其次，增加了企业和个人的安保支出。在正规私人企业，保安人员增加很快，1980年保安人员与警察人员数量之比为1:2.5，1995年达到1:1。另外还有至少约1万人的非正式或非正规的私人保镖，每月人均费用约500美元。家庭用于安全保卫的支出也有所增加，在哥伦比亚三大城市，此项支出占GDP的1.4%。再次，对人力和物质资本造成严重破坏。有学者估计，暴力和死亡造成的人力资本的损失占GDP4%，每年迫使20万人流离失所，其中50%是儿童。在物质资本损失方面，对基础设施危害较大，如石油、电力、道路、机场以及环境等，据估计，仅用于这些损失的维修费用占GDP的1%。最后，对投资环境产生不利影响。从20世纪80年代开始，学者们开始研究哥伦比亚暴力活动对投资和农业生产决策的影响，得出的结论是，暴力对投资和生产发展有不利影响，对GDP的影响可以达到2%③。

---

① FLACSO—Chile, Colombia: "Crisis de Gobernabilidad y Conflictos Armadas", p. 5, Observatorio, Numero Especial, Enero de 2004.
② Harry E. Vanden and Gary Prevost, *Politics of Latin America: the Power Game*, pp. 13～14, Oxford University Press, 2002.
③ Steven Levitt and Mauricio Rubio, "Understanding Crime in Colombia and What Can be Done about it", in Alberto Alesina, *Institutional reform: the case of Colombia*, pp. 131～167.

四、国内政治冲突呈现出长期性

国内政治冲突持续了数十年，暴力和冲突成为哥政治发展的重要标志，也成为实现可治理性的障碍。政府和反政府武装间的谈判反反复复，断断续续，但成效并不显著，迄今未取得实质性突破。哥是拉美仅有的依然存在大规模反政府武装的国家，一些反政府游击队还没有被整合到国家政治体系之内。关于政府与这些组织的关系问题，将在下一节做详细分析。

第四节 应对可治理性问题的对策分析

历届政府高度重视日益严重的可治理性问题，采取了一系列应对措施，并在不同时期收到不同的成效。哥伦比亚政府应对可治理性问题的对策主要有：加大对暴力和犯罪活动的打击力度，以维护正常的社会秩序；积极推进和平进程，为可治理性的实现创造必要的国内环境；通过政治和选举制度改革，提高政府和政治机构的合法性；缓解社会矛盾，促进社会和谐，为可治理性的实现创造必要的社会氛围。

一、预防和打击暴力犯罪，维护正常社会秩序

加大对暴力和犯罪活动的打击力度，维护正常社会秩序是政府应对可治理性问题的首要措施。2003年12月议会曾以67：28票通过一项"反恐条例"，允许进行电信拦截和监听，在未经司法允许的条件下搜查住宅和拘捕相关人员，进行住所登记和检

查，组建由军队和司法警察组成的专门机构①。该条例虽然有利于军队和警察打击恐怖和犯罪活动，但也受到联合国及众多人权机构的强烈批评，这些机构认为该条例与哥伦比亚业已批准加入的国际条例不符，有人权组织称该法令使哥伦比亚在保护人权方面倒退了55年。

哥伦比亚各级政府日益重视加强对暴力和犯罪的预防工作。例如波哥大成立了一批调解和中介中心，负责调解社区纠纷，取得一定成效；波哥大和卡利等主要城市颁布法令，限制在一天的某个时段或某些天出售酒类，还规定只要交出武器就可获得一定货币奖励；为了加强对犯罪的预防工作，哥伦比亚对执法和司法体系进行改革，简化诉讼程序，引入新的争端解决机制，降低审理费用、增加法律援助、开设小型案件法庭；波哥大、卡利和麦德林等城市对警察部门进行改革，加强警察与社区的合作，改善警民关系，减少了警察滥用职权的现象。上述这些措施，在一定程度上有利于抑制暴力和犯罪活动②。

二、加强反毒斗争力度，减少毒品引发的暴力和犯罪

政府重视反毒斗争，试图减少因贩毒而加重的暴力和犯罪活动。对于哥伦比亚毒品生产和出口规模、数量等，社会各界的估计相差很大，但都承认哥伦比亚是世界主要毒品生产国和输出国。从20世纪80年代开始，哥伦比亚的毒品向邻国扩散，贩毒集团把制毒贩毒活动扩展到整个美洲大陆。到90年代中期，

---

① FLACSO—Chile, Colombia: "Crisis de Gobernabilidad y Conflictos Armadas", Observatorio, Numero Especial, Enero de 2004, Anexo VI, Reforma Constitucional Antiterrorista.

② 林华：《拉美国家的社会治安和暴力犯罪问题》，苏振兴主编：《拉丁美洲和加勒比发展报告》（2007~2008），社会科学文献出版社2008年3月版，第292~300页。

"拉美和加勒比所有国家都以这种或那种方式牵扯到毒品贸易和生产"。相关机构估计，80年代末哥伦比亚的毒品年收入为55亿美元，最低的估计也有12亿美元。毒品出口收入占哥伦比亚GDP的3%～14%。有证据显示，毒品贸易加剧了暴力活动。从理论上说，从事毒品交易的人不能合理地履行合同和财产权，通常会使用暴力和非法手段达到目的。在毒品贸易中，正常的竞争比较困难，暴力成为建立市场统治的主要手段。毒品活动的存在还降低了人们对法律的尊重，迫使国家把有限的本应用于应付日常犯罪的司法预算用来对付贩毒集团。哥伦比亚政府的反毒政策主要有以下方面：

依靠美国援助，铲除毒品。政府力图借助"哥伦比亚计划"减少国内毒品种植与加工。2000年"哥伦比亚计划"开始实施，"计划"的一项重要任务就是减少毒品种植、加工和买卖。"计划"最初的目标是在5年内将古柯（生产可卡因的主要原料）种植面积减少50%。美国不仅为计划提供巨额资金支持，还派出军事顾问训练哥政府军，以提高其反毒和打击国内反政府武装的能力；2003年8月美国批准恢复两国自2001年4月中断的空中打击毒品走私合作项目，以遏止贩毒集团使用轻型飞机将可卡因从安第斯国家走私到美国。

修改法律，加大对贩毒集团的威慑。国会于1997年修改宪法，取消禁止将本国人交给其他国家审判的规定，恢复了引渡条款。自2002年8月到2004年底，哥政府将约200名毒贩引渡到国外（主要是美国）。这项措施加大了对贩毒集团的威慑力。

加大摧毁毒品种植和加工活动的力度。2002年乌里韦执政后，强化取缔古柯和罂粟种植计划，军队和警察在原始林区和山区对非法作物喷药灭杀。仅2003年上半年，哥警察就没收贩毒集团8架飞机、102批货物、254辆汽车，在反毒行动中逮捕4304名哥伦比亚人和17名外国人；没收可卡因48吨；摧毁

83313公顷古柯种植园和1658公顷罂粟种植园。据美国的统计，哥罂粟种植面积从2001年6540公顷减少到2002年4900公顷，减幅25%。但也有资料显示，哥古柯种植面积并无减少，已经扩大到边远地区。另外，喷洒药物减少毒品种植的行动也引起邻国（特别是厄瓜多尔）对可能出现难民、环境等问题的担心和不满。

三、推进国内和平进程，为可治理性实现创造必要国内环境

哥伦比亚国内的武装冲突已持续数十年，给国家经济和社会发展造成不可估量的损失，严重威胁国家民主政治体制，成为政治和社会长期动荡的重要根源。

历届政府对游击队的态度有所不同，但基本没有放弃通过谈判实现国内和平的基本立场。哥和平进程断断续续，特别是20世纪最后20年，和平进程成为政府国内政策的优先目标之一，政府与游击队的谈判也曾取得一些成果。20世纪80年代前期，政府曾与四支游击队（革命武装力量、民族解放军、人民解放军、"四一九运动"）展开谈判，并签署停火协议。80年代末期政府又提出和平计划，呼吁通过谈判实现全国和解；继1989年与"四一九运动"签署"和平民主政治协议"后，又与劳工革命党（PRT）、金廷·拉梅运动（Quintin Lame）、人民解放军（EPL）等达成和平协议。1993和1994年，民族解放军内的"社会改革派"和一支名为"社会变革潮流"的游击队也相继放下武器。但两支最主要的游击队"革命武装力量"和"民族解放军"在与政府和谈破裂失败后，继续坚持武装斗争。

（一）与"革命武装力量"的谈判曲曲折折

哥伦比亚革命武装力量（FARC）成立于1964年，是哥最大的反政府武装。政府与FARC的第一次谈判始于1984年，双方的停火持续了六年。1982~1986年执政的贝坦库尔总统对哥伦比亚传统内外政策进行较大调整。他在竞选时就提出了推动国内和平进程的主张；执政后做出积极推动国内和平进程的姿态，承认国内"不同语言"和"不同行动"的存在，颁布大赦法，释放数百名在押游击队员和左翼人士。FARC 对贝坦库尔总统和谈倡议做出积极回应，并于 1983 年 1 月在一项备忘录中公开宣布了其和平的概念①。1984 年 3 月双方签署"乌里韦协议"（Acuerdo de la Uribe），FARC 承诺停火，在全国范围内停止一切军事活动，谴责并宣布将放弃有悖自由与尊严的绑架、勒索及各种形式的恐怖主义活动；政府则承诺推进政治体制现代化，推进国家民主生活，推进农业改革，推进社区参与，增加各级教育，完善国家体制，保证公共秩序，在选举进程中推进民主参与等。

为落实"乌里韦协议"，FARC 与其他左派政党于 1985 年组成"爱国联盟"，第一次参加大选，并取得显著成就。在 1986 年总统选举中，爱国联盟候选人得到 35 万张选票，创左派得票最高纪录；左派成员有 6 人当选为参议员，9 人当选为众议员，350 人当选为市议员，23 人当选为市长。然而右派不能容忍爱国联盟的胜利，伺机发动针对左派人士的暴力活动。许多地区发生了针对左翼政治运动和政治家的"肮脏战争"，甚至出现了对民众的集体和有选择的屠杀，并波及到大批记者、知识分子、艺术家、民主人士和法官，被暗杀的左翼人士达到 3000 名。在被暗杀的人中，包括自由党总统候选人帕尔多（Jaime Pardo Leal, 1987 年）和加兰（Carlos Luis Galan, 1989 年），"四一九民主联盟"总统候选人卡洛斯·皮萨罗、爱国联盟候选人哈拉米略（Bernardo Jaramillo, 1990 年）。1990 年 12 月加维里亚政府（1990～1994 年执政）下令轰炸 FARC 秘书处所在地，双方和谈

---

① Manuel Salgado Tamayo, *Drogas, Terrorismo e Insurgencia: del plan Colombia a la Cruzada Libertad Duradera*, pp. 253～254, Ediciones la Tierra, Quito, 2002.

最终失败。FARC 放弃了坚持六年的停火承诺，重申坚持走武装斗争的道路①。

在帕斯特拉纳政府（1998～2002 年执政）期间，政府与 FARC 进行第二次和谈。帕斯特拉纳出任总统后，放弃加维里亚政府的强硬立场，提出与 FARC 谈判的建议，希望能依照萨尔瓦多和危地马拉的模式和经验，解决哥伦比亚国内冲突②。为了显示诚意，帕斯特拉纳答应了 FARC 提出的苛刻条件，即政府军从哥南部 4.2 万平方公里的地区撤军，将这一地区作为缓冲区，交给游击队控制。帕斯特拉纳当选总统后，亲往哥南部丛林地与 FARC 领导人马鲁兰达会晤，是哥历史上第一位与 FARC 领导人举行直接会晤的总统。在 1998 年 11 月总统命令政府军和警察撤出所谓缓冲区后，和平谈判于 1999 年 1 月正式开始；5 月双方签署"新哥伦比亚变革共同日程"（Agenda Comun por el Cambio hacia una Nueva Colombia），共同承诺以政治方式解决国内严重的社会和武装冲突，通过政治、经济、社会变革，在社会正义、维护国家团结的基础上，实现建立新国家的共识。双方谈判和讨论的日

---

① 在加维里亚执政末期，FARC 提出 10 点纲领，作为停火与向和平过渡的前提条件：1. 通过政治方式解决国内的严重冲突。2. 改革军事和国防。3. 实现国家、地区、市场决策的民主化。4. 实现经济发展、经济现代化与社会公正同步。5. 将 50% 的国家预算用于社会福利（就业、工资、卫生、住宅、教育、娱乐）；把哥伦比亚人作为国家政策的中心；将 10% 的预算用于科研；追求社会与环境、自然的平衡。6. 促进收入分配改善，财产多的人多纳税，增值税应只涉及奢侈品和奢侈服务。7. 实行将贷款、技术援助和市场民主化的农业政策，促进工业和农牧业生产；在国际不公平竞争面前实行国家保护政策。8. 在有利于国家及各地区的原则下利用石油、天然气、煤炭等自然资源。9. 在尊重民族自决原则和互利原则下发展与所有国家的友好关系。10. 解决毒品生产、买卖、消费现象，将其视为严重的社会问题，不能只依靠军事方法解决，需要国际和国内社会的参与以及毒品消费大国的配合。参见 Manuel Salgado Tamayo, *Drogas, Terrorismo e Insurgencia: del Plan Colombia a la Cruzada Libertad Duradera*.

② 萨尔瓦多和危地马拉政府分别于 1992 和 1996 年与本国游击队签署协议，实现了国内和平。

程有12点内容，其中包括：保护人权，促进农业发展，保护和利用自然资源，重新审定经济发展模式，司法改革，推进民主政治改革，实行国家改革，改革武装力量，维护国家主权，反对外国干涉。"共同日程"提供了为寻求政治方式解决国内冲突进行谈判的具体内容。

但随着和谈进程的深入，谈判遇到困难。游击队向政府提出了解除右翼准军事组织的武装、执行土地改革法、解除地主对土地的占有权、逮捕和审判被指控违反人权的军队高级官员、限制与美国发展关系的要求。哥伦比亚政府很难满足游击队的这些要求。2002年1月9日和谈曾一度破裂，经过努力，1月20日双方决定重新启动和平进程。由于双方立场相差甚远，而且缺乏基本信任，和谈未能持续下去。2月20日帕斯特拉纳总统中止了和平进程，命令军队占领缓冲区，双方又重新进入交战状态。

乌里韦总统（2002年8月就职）执政后，在美国政府支持下，对包括FARC在内的左翼游击队加大了军事打击和围剿力度，游击队受到重创，活动范围受到压缩。但由于游击队的存在和发展有着深刻的国内政治、经济和社会根源，单纯的军事打击很难从根本上解决问题，反而会加大暴力活动的力度。鉴于此，哥伦比亚政府并没有把和谈的大门完全关闭。乌里韦政府多次提出与游击队进行人道主义对话，2005年9月10日哥伦比亚政府又向FARC提出进行对话的建议。但由于复杂的原因，遭到FARC拒绝，真正的和谈并没有实现。

（二）与"民族解放军"的谈判断断续续

"民族解放军"（ELN）成立于1964年，是仅次于FARC的国内第二大游击队组织。从20世纪80年代上半期开始，哥政府与ELN也断断续续地开展了多轮谈判，曾数度达成停火协议，但和谈均无果而终。

1999年哥政府与ELN重开和谈，由于双方在北部玻利瓦尔省游击队控制区建立和谈区等问题上分歧太大，谈判数次破裂。2001年8月政府认为对方缺乏诚意，宣布中断谈判，并取消该组织的政治地位。从2001年11月起，政府和ELN代表在古巴进行两轮会晤，通过了"哈瓦那声明"。此后，哥政府恢复了ELN的政治地位，宣布双方重开和平谈判。在此后的谈判中，双方深入讨论了未来进一步谈判的议题，以及召开包括哥社会各界人士参加的全国和平大会等问题，并在很多方面达成了一致。双方还商定将继续在哈瓦那和委内瑞拉举行新的谈判。2002年5月帕斯特拉纳政府中断了与ELN已持续三年多的和谈。

乌里韦2002年8月就职后不久，派代表在古巴与ELN就重开和谈举行首次会晤。哥伦比亚政府处理国内冲突与实现和平特别委员会高级专员路易斯·卡洛斯·雷斯特雷波表示，如果ELN愿意重开和谈，政府随时会作出回应，讨论游击队员重返社会的一切事宜。2003年10月乌里韦也表示，缴械的游击队员可以获得政府在教育、医疗、住房和工作方面的帮助。ELN对政府的和谈计划作出积极回应，于当年圣诞节前无条件陆续释放了被绑架两个多月的七名外国游客，为重开和谈提供了条件。2005年12月双方在哈瓦那举行第一轮对话，此后又进行四轮会谈，双方在实现互信和建立定期对话等方面取得重要进展。2007年2月开始第五轮和平谈判，直到2007年底。双方在游击队放下武器、为解决冲突进行政治经济变革等问题上分歧较大，谈判陷入僵局。此后双方不断发生武装对抗，并造成人员伤亡。

（三）遣散右翼准军事武装

右翼准军事武装也是国内冲突的重要当事方。为了对付左翼游击队，哥农村地区相继出现由地主组成和支持的右翼准军事组织，这类组织最初只是科尔多瓦省的地方势力，称为"科尔多瓦农民自卫队"。在哥政府、军队纵容和一些社会阶层支持下，它的实力和政治地位不断增长，逐渐扩展成全国性武装力量。

1996年，全国16个右翼准军事组织联合组成"哥伦比亚联合自卫军"（AUC），卡洛斯·卡斯塔尼奥（Carlos Castaño）成为最高领导人。此后数年，该右翼组织人数增加50%以上，超过1万人，武器装备充足精良，有一定作战能力。AUC虽然在政治上没有得到政府正式承认，但它的行动一直得到政府默认和支持。2002年3月地方选举后，AUC宣称它控制着议会35%的席位。在2002年总统选举期间，AUC在致主要候选人的一封公开信中表示，准备参加新一轮和谈，要求在政治上得到承认，并在大选中支持主张对游击队采取强硬手段的乌里韦。

在乌里韦获胜后，政府与AUC在和平遣散问题上取得重大进展。政府自2002年8月起开始实施所谓"和平遣散计划"，承诺向放下武器接受遣散的武装组织成员提供经济帮助，包括技能培训和提供就业，保护他们及其家人的人身安全，鼓励国内非法武装组织成员自愿放下武器、重返社会生活。2002年底，乌里韦政府成立一个专门委员会，负责与AUC进行直接接触。2003年11月，政府与AUC签署和平遣散协议。AUC承诺，从2003年起到2005年12月31日前，逐步解除其所有成员武装；宣布赞同政府提出的把哥伦比亚建成没有毒品的社会的目标；支持政府采取的反毒政策和措施，认为毒品现象摧毁了民主、共存、经济和环境。政府则承诺采取必要措施将AUC成员纳入社会生活。2003年11月25日，首批800名AUC成员解除武装。到2005年10月中旬，已有1.1万名自卫军成员接受和平遣散。政府2006年4月18日宣布，AUC各派成员已全部解除武装，遣散工作已经完成。

经过3年多努力，AUC共交出各种武器1.7万件，车辆117辆，直升机3架，房产59处，土地2.4万公顷。由于被解除了武装，AUC成员所从事的非法暴力活动显著减少。与AUC达成遣散协议，是乌里韦政府推进国内和平进程取得的最重要成果，但这一成果并不稳固,例如由于不满意政府对待该组织被囚禁领导人的严厉措施,AUC 曾威胁要中止与政府的和平进程,使"和平进程正经历最危急的时刻"①。遣散的成果能否巩固,在很大程度上取决于政府的后续政策,以及全国的政治发展进程。

四、推进体制改革,增强公共机构代表性与合法性

政府把完善选举制度,扩大公民权利,作为增强体制和公共机构合法性的重要途径。1991 年新宪法扩大了少数民族的公民权利,并在参议院专门分配给土著人两个席位。1991 年以前,总统选举采用简单多数当选制度;1991 年进行修改,候选人必须得到 50% 以上选票才能直接当选,否则将举行第二轮投票,总统职务的合法性得到提高。2005 年以前总统职务不能连任,2005 年修改宪法后,可以连选连任一次,在加强总统职务合法性的基础上,增加了政府政策连续性的可能。在地方选举方面,1986 年以后市长由直接选举产生,省长从 1991 年开始由选举产生,公民的政治权力得到进一步扩展,地方权力机构的合法性也得到增强。

通过实行地方分权,提高政府效率。哥伦比亚权力分散化进程在 20 年代 80 年代初就已逐步展开。1991 年新宪法提出,进行以分散化为目标的改革,把权力分散化作为政治和经济改革的重要措施。权力分散化主要有两方面内容,一是扩大地方政府的政治自主权,二是加大中央政府向地方政府的转移支付。虽然中央政府在税收方面依然占主导地位,但地方政府支出在总支出中的比重不断增加,1985 年为 32.1%,1995 年增加到 39.0%,10

---

① "Proceso de Paz Colombiano Afronta Uno de Sus Momentos Más Críticos; Colombia: Paramilitares Dan por Terminado Proceso de Paz",http://www.miami.com(7 de diciembre de 2006).

年间增幅6.9个百分点。地方分权的基本目标是推动政治民主化进程，提高政府效率，减少农村人口向城市的转移，消除社会和地区发展进程中的"排斥"现象，用更公平的方式重新分配经济资源，更有效地使用社会支出（特别是卫生和教育支出），重建政府的合法性[①]。

通过抑制腐败，提高公共机构公信度。哥伦比亚的腐败在拉美地区居中等程度，按照透明国际的评估，2004年的腐败指数为3.8分，名列美洲第12位、世界第70位。乌里韦执政后一直倡导开展"反对腐败和官僚主义"运动，要求严惩政府中的腐败行为，并把腐败提升到威胁国家安全和事关祖国荣誉的高度。政府明显加强了对国家执法部门工作人员监督和惩处力度。大批与腐败有关的警官、海关官员被免职和被捕（例如乌里韦上台仅2个月，就有156名海关官员或因曾经收受贿赂，或由于渎职和监管不力被撤职），一些军人也因腐败受到惩治。

2002年12月哥颁布第793号法，即"没收财产法"，加大了对非法致富、损害国家利益的经济犯罪、严重违反社会公德犯罪的惩罚力度。法律将以下活动定为非法：非法致富；损害国库犯罪（盗用公款、为获取非法利益而签署合同、非法发行有价证券、垄断罪或滥用国家公债、滥用国家安全和国防安全设施、侵犯国家财产、不正当利用信息）；严重违反社会公德（人身伤害、扰乱经济和社会秩序、公共安全，破坏自然资源和环境，破坏法律秩序，绑架，敲诈等）。法律加大对经济犯罪的惩治力度，规定对以下财产均予以没收：不合理增加的财产、不能解释合法来源的财产；直接或间接来自非法活动的财产；用于充当非

[①] 关于哥伦比亚的分散化措施可参见 Alberto Alesina, Alberto Carrasquilla, and Juan Jose Echavarria, "Decentralization in Colombia", in *Institutional Reform*, pp. 175~207, MIT Press, 2005.

法活动手段或工具的财产；在犯罪过程中涉及到的、尚未对来源、使用情况进行调查和正在调查而尚未做出决定的财产；被用于藏匿非法财产的财产。

五、缓解社会矛盾，创造可治理性实现的社会氛围

哥伦比亚是较早制定减贫计划的拉美国家。20世纪80年代以后，随着经济形势恶化，贫困人口增加，失业增多，社会冲突加剧，"危及民主体制的稳定"。为此，政府制定了"根除绝对贫困计划"，这项计划又叫做根除绝对贫困和增加就业的总政策，包括近期计划和长远规划两部分。近期计划是对穷人提供紧急援助，解决其温饱问题，并建立一批简易住房供无家可归者居住；长远规划是采取有利于穷人的特殊政策，增加就业，改善公共服务和社会保障条件。上述计划包括五项具体计划，即家庭福利计划，医疗计划，基础教育计划，基本食品供应计划，统一的农村发展和就业计划。上述计划对于缓解社会矛盾具有积极意义。但由于资金不足、缺乏协调及本身的局限性，计划并未实现最初的设计目标。但随后的各届政府依然在一定程度上延续了上述计划所确定的政策目标。如1994年上台的桑佩尔政府提出一系列反贫困措施，宣布通过"社会团结网"向1000万贫困人口提供具体援助；宣布了一项减少农村地区贫困的紧急计划；通过社会契约方式缓解通货膨胀对贫困阶层的冲击。

2002年乌里韦就任后，强调经济与社会和谐发展，强调经济增长需要稳定与和谐的社会环境；认为没有社会稳定，就不会有经济稳定发展；强调从教育革命、社会安全、经济巩固、农村社会发展、公共服务、支持中小企业、提高城市生活水平七个方面推动公平社会的建设。2005年8月，在其执政三周年之际，提出2005～2019年长期发展规划，对国家政治、经济、社会进行战略规划，并提出2010年根除毒品、2016年消除有组织非法武装的目标；规划特别强调推进经济高效增长，保障较高福利水平，促进社会平等和团结，增强国家向国民和社会提供高效服务的能力，培育国民的责任心。规划提出，到2019年贫困人口将由51.5%降至15%；加强社会治安，为吸引外国和本国投资提供稳定的法律保证；进行教育改革，制定公平的教育、卫生和儿童保护政策；建设更适合居住的城市，建设多种族、多种文化的国家；在将人均GDP由1830美元提高到4000美元的同时，将失业率降至6%，实现用工男女平等；消除文盲，基础教育覆盖率达到100%，高等教育达到40%；到2016年实现医疗补贴制度覆盖率100%，降低母婴死亡率。根据规划，仅2005年政府就投入1万亿比索（1美元约合2300比索）用于社会项目，包括食物保证、营养和教育项目等，300万人受益。

政府还试图通过改革劳动制度，促进社会稳定。2002年12月议会通过第789号法，即新的劳工法。新劳工法对原劳工法进行修改，把支持就业，扩大社会保障作为重点，在保护劳动者利益的前提下适当减轻雇主负担。新劳工法重视劳动者在社会保障方面的权利，设立社会保障基金，用于支持社会项目，资金来源是中央政府财政预算和地方政府项目资金；新劳工法还对就业补贴制度做出规定，设立临时就业补贴，对中小企业扩大就业提供补贴，并对每月工作时间不少于96小时，月收入低于四个法定最低工资的家庭直接提供补贴；设立临时失业补贴，补贴范围、人数、数额和期限由中央政府确定；对失业人员给予不同程度的就业支持和失业补贴，在教育、培训、娱乐、旅游等方面给予不同程度支持；新劳工法还确定了促进就业的特殊制度，规定增加雇佣人员的企业，可以享受减免交纳有关费用的优惠政策；鼓励自由职业者加入社会保健体系。

政府所采取的一系列措施，对于打击和遏制暴力和犯罪活动，维护正常社会秩序具有重要意义，有利于推进国内和平进程，有助于提高政府和公共机构的合法性和代表性，有利于为提高可治理性的实现程度创造必要氛围。然而，与其他拉美国家相比，哥伦比亚的可治理性问题根源更为复杂，表现更为特殊，实现可治理性的难度更大。

第九章　厄瓜多尔的可治理性问题研究

厄瓜多尔可治理性问题的根源与表现主要有如下几个方面：一是以高度"碎片化"为特征的国内政治格局使政府的政策难以取得民众信任，表现在传统上的高地—海岸之争愈演愈烈，新兴土著人政治力量的崛起给本来就复杂的局面增添了新的变数；二是政治体制缺乏效率，主要表现在缺乏资金和训练有素的人员以及司法机构政治化等；三是腐败削弱民众对政治体制的信任；四是贫困和社会公正问题长期得不到解决使可治理性问题更加突出。解决上述问题需要具有感召力的一揽子方案，现任总统科雷亚提出的"21世纪社会主义"就是在这方面的重要探索。

第一节　政治发展与可治理性问题的起源

一、高度"碎片化"的政治格局是可治理性问题产生的重要根源

自独立至今，厄瓜多尔一直存在所谓"高地—海岸之争"，从一开始政治就具有分裂特征，每一派势力执政时都难以推行对整个国家都有利的政策，这样的政策在国内民众中也达不成共识，因而无论哪派势力当权，实行的都是有利于所在地区利益的政策。20世纪90年代以来土著人政治力量兴起更使国内政治格局复杂化，呈现出"碎片化"特征。当前，厄瓜多尔政治格局中主要有来自四个不同地区、政治观点甚至截然不同的政治力量。(见表9-1)

表9-1 厄瓜多尔政治格局和各地区主要力量一览表

地 区	包括的主要省份	主要政治力量
亚马孙地区	莫罗纳—圣地亚哥、苏昆比奥斯、帕斯塔萨、奥雷亚纳波、萨莫拉—钦奇佩	帕查库蒂克多民族统一运动（MUPP）
高地丛林地区	卡尔奇、皮钦查、因巴布拉、科托帕希、通古拉瓦、玻利瓦尔、钦博拉索、卡尼亚、阿苏艾、洛哈	人民民主党（DP）、民主左派党（ID）
海岸地区	埃斯梅拉达斯、马纳维、洛斯里奥斯、瓜亚斯、埃尔奥罗	罗尔多斯党（PRE）、基督教社会党（PSC）、国家行动制度革新党（PRIAN）
加拉帕格斯地区	加拉帕格斯	尚未形成全国性政治力量

资料来源：本章作者根据相关资料编制，本表只列举了具有全国性影响的传统政党。

(一) 传统上的"高地—海岸之争"仍然是政治冲突的主线

1822年，厄瓜多尔摆脱西班牙的殖民统治，加入了哥伦比亚、巴拿马和委内瑞拉组成的"大哥伦比亚联邦"。1830年"联邦"解体，厄瓜多尔成为独立国家。自那时起，政治不稳定便一直伴随着这个国家。政治不稳定首先表现为高地和海岸之间的政治经济竞争。从19世纪30年代到20世纪初，由于海岸的工商业不发达，政权一直掌握在高地的地主阶级手中。这期间高地代表保守的右派，海岸则代表新兴的左派。海岸银行业的发展和可可种植面积和产量的扩大，促进了海岸中产阶级的发展。他们开始寻求更大的政治影响力，加剧了高地与海岸之间的政治竞争。20世纪20年代国际市场可可价格的波动和30年代的经济大萧条更是加剧了政治的不稳定，1931～1948年间的21届政府都没有完成法定任期。1948年后，海岸迅速扩大的香蕉种植支持着政府的经济政策，使厄瓜多尔政府保持了罕见的政治稳定，直到1960年军事政变打断了厄瓜多尔的民主进程。这期间，海岸以香蕉种植者组成的经济集团开始出现，其中以全国最大的香蕉出口商路易斯·诺沃亚为代表。这个集团在厄瓜多尔实行新自由主义的过程中不断壮大，现在已经使厄瓜多尔成为世界上最大的香蕉出口国，同时也因为其到现在仍然坚持自由贸易、开放市场、与美国进行自由贸易谈判等主张而转化为右派。同时高地开始主张维护公共部门的利益、保持较高的关税、对石油等企业实行国有化，反对继续执行新自由主义政策，反对与美国进行自由贸易谈判，高地转化为左派的代表。从1979年军队"还政于民"到1996年，虽然各党之间的关系仍然紧张，但各届政府都完成了法定任期。

建立于20世纪50年代的基督教社会党（PSC），开始是代表基多信仰天主教的中上阶层，但近20年来与瓜亚基尔附近的海岸地区联系紧密，捍卫海岸私有部门的利益，反对政府的高税收政策。年迈的前总统费夫雷斯·科尔德罗（1984～1988）仍然是该党的实际领导人。该党曾拥有全国最大的议会党团和最强大的选举力量，但在2006年10月的选举中只取得15席，居第三位。厄瓜多尔罗尔多斯党（PRE）成立于1982年，为纪念在飞机失事中不幸身亡的前总统海梅·罗尔多斯得名，其支持者也主要集中在海岸地区。1996年，其候选人布卡拉姆当选总统，而1997年就在人民的抗议声中下台。1998年阿尔瓦罗·诺沃亚作为该党候选人参选失利。国家行动制度革新党（PRIAN）是香蕉大王路易斯·诺沃亚的儿子阿尔瓦罗·诺沃亚为参加2002年总统选举创立，该党是纯粹的竞选机器，没有任何意识形态的立场，但代表的是海岸香蕉出口集团的利益。[①] 上述三党形成当前厄瓜多尔政坛的海岸派，即右派。

民主左派党（ID）成立于1970年，属中左派政党，其中也有激进派和温和派。主张提高税收，反对裁减公共部门的职员，反对私有化。民主左派党是厄瓜多尔第二大党，主要支持者来自高地的首都基多和公共部门的工作人员。该党和后文的帕查库蒂克多民族统一运动和"1·21爱国社团"（2006年大选中更名爱国社会党）形成厄瓜多尔政治中的左派。

值得注意的是，由于厄瓜多尔民众对这些传统政党的执政能力丧失了信心，在21世纪初举行的两次大选已经证明，厄瓜多尔政治和政党格局发生重大变化，就总统选举而言，所谓的"第一大党"和"第二大党"已经完全失去了意义。

（二）土著人政治力量的兴起使国内政治冲突更加复杂化

20世纪90年代开始，厄瓜多尔的政治发展主要有两个特点：一是国家政治再度回到动荡不安的状态；二是土著人政治力量兴起，土著人政党成为一支不可忽视的、全国性政治力量，彻底打破了厄瓜多尔政坛"左"与"右"，高地与海岸竞争的两极格局。

厄瓜多尔土著人政治力量的兴起可以归结为以下几个阶段：首先，20世纪80年代，土著人不再仅仅为土地和其他物质资源而斗争，而是开始认识到其他权利（如文化和政治权利等）的重要性，不同地区的土著人组织开始结成联盟。如1982年的厄

---

① Economist Intelligence Unit, Country Profile——Ecuador, 2006, p. 12.

瓜多尔—亚马逊土著人联盟（CONFENIAE）和1986年厄瓜多尔土著人民族联盟（CONAIE）把高原地区和亚马逊地区的土著人联系起来。二是以抗议1992年拉美纪念发现美洲大陆500周年的活动为标志，许多国家的土著人组建了抗议组织。这次抗议活动成为厄瓜多尔最重要的社会运动。第三阶段以贯穿整个20世纪90年代厄瓜多尔土著人抗议政府的斗争为标志，厄瓜多尔土著人已经充分认识到其种族特性，并在全国乃至世界层面向政府提出自己的要求。第四阶段就是厄瓜多尔政府开始调整对土著人的政策，多方面满足其要求，包括给予宪法和法律上的承认和权利等。土著人政治参与的形式不仅包括联合起来的大众动员、游行示威、占领土地，还包括起义、谈判以及合法的政治参与。他们参加政府、赢得席位、参与宪法的起草，还积极与世界多边组织建立联系，如联合国土著人问题工作组、美洲人权委员会等。自1990年起，厄瓜多尔土著人民族联盟就举行大规模示威游行，迫使政府与之谈判。1994年阻止土地法的通过，使土地改革得以继续。1996年成立土著人政党，并以前印加领导人的名字命名，称帕查库蒂克多民族统一运动（MUPP），并在当年的全国选举中获得20%的选票和10%的国会议席，使之可以通过政治体系提出自己的要求。1998年的宪法改革中，规定厄瓜多尔是多民族和多元文化的国家，承认土著人的集体权利，尊重古医学和司法惯例。1997年厄瓜多尔土著人民族联盟参加大规模抗议行动，迫使总统阿夫达拉·布卡拉姆辞职。1999年在基多发动了1.5万人的游行，并与哈米尔·马瓦德总统进行了10个小时的谈判，迫使其修正处理银行危机的措施。2000年1月，针对马瓦德总统的"美元化计划"，在基多和各省成立"人民议会"，并在下级军官的帮助下占领议会，组成拯救国家的"洪达"，成员包括军人、前首席法官和厄瓜多尔土著人民族联盟主席安东尼奥·瓦加斯。马瓦德总统辞职后，成立了以副总统古斯塔沃·诺沃亚为首的新政府,宣布不承认"洪达"。诺沃亚的新自由主义政策导致土著人在2001年再次起义。遭到镇压后,通过类似墨西哥萨帕塔民族解放军的方式,在网上将自己的主张公诸世界。在巨大的国际压力下,政府再次回到谈判桌前,承诺在政府与土著人之间建立新型关系。鲁塞罗(Lucero)认为,像厄瓜多尔土著人民族联盟这样的土著人组织已经成功地改变了国家的政治文化,由单一文化走向了多元文化,土著人在任何一级公共机构都有了自己的代表。① 2002年11月,土著人政党支持卢西奥·古铁雷斯领导的"1·21爱国社团"参加总统选举和组织政府。21世纪初,由于内部分裂,力量涣散,土著人政党在厄瓜多尔政治格局中力量不断上升的势头已经停止。2005年初,由于古铁雷斯背弃竞选诺言,继续推行新自由主义政策,帕查库蒂克运动与之决裂,但并没有参加4月的抗议行动。

土著人政党帕查库蒂克多民族统一运动的基本目标是维护和增进土著人的利益。它的意识形态属于左派,但又非左派所能概括,②而且近几年该党激进的左派主张也已经比较温和。目前仍然是厄瓜多尔土著人民族联盟在议会中的主要代表。同时,土著人在议会外部发起的草根运动不断游说政府,甚至对政府施加压力。然而,由于高地土著人集团和亚马孙少数民族之间的分歧,加上某些势力的变节,严重地削弱了运动,但它仍然激烈地反对与美国签署自由贸易协定。在2006年10月厄瓜多尔第一轮总统选举中,该运动得票列第六位,在11月第二轮总统选举中支持主权祖国联盟运动的科雷亚。

各政党都一开始就代表所在地区的利益,推行有利于所在地

---

① 转引自 Peadar Kirby, *Introduction to Latin America：Twenty—First Century Challenges*, p.176, London, Thousand Oaks, New Dehi, SAGE Publications, 2003.
② 刘承军：《印第安文化与印第安政治运动的新崛起》,《拉丁美洲研究》,2007年第5期。

区的政策，但作为全国性政党，要赢得全国选举，争取其他地区人民的支持是必不可少的，这样的结果是其上台后也能实行一些有利于全国人民利益的政策。但令人失望的是，这些全国性政党，最初还能得到不少其他地区的支持，而随着时间的推移，它们得到的选票越来越集中，说明政治的分裂在不断加剧。（见表9-2）

表9-2 1978～1996年省议会选举各政党所得选票（%）（按地区划分）

年份	人民民主党		民主左派党		罗尔多斯党		基督教社会党	
	高地	海岸	高地	海岸	高地	海岸	高地	海岸
1978	——	——	66.98	29.05	——	——	51.40	47.89
1984	52.14	41.97	67.00	29.00	15.67	83.86	53.03	45.65
1986	63.45	29.96	65.33	32.01	7.96	91.96	36.27	61.37
1988	70.41	24.43	62.60	32.96	17.77	81.56	39.76	59.19
1990	74.43	19.49	59.74	34.58	28.73	70.18	23.69	75.65
1992	64.66	29.01	64.00	31.29	29.46	68.38	25.24	73.02
1994	60.45	33.58	64.42	29.11	24.48	74.49	30.08	67.43
1996	69.81	24.08	65.08	31.97	26.65	72.15	29.64	68.26

资料来源：*Gobernabilidad y Descentralizacion en Ecuador*, http://www.iigov.org/tiig/attachment

二、政治危机的加重与2005年"蓝色革命"

2005年是厄瓜多尔政局的动荡之年。4月20日，主要由反对派控制的议会以60票的绝对多数（总票数是100票）解除了卢西奥·古铁雷斯的总统职务，由副总统阿尔弗雷多·帕拉西奥接任总统。反对派多数议员还推举基督教社会党成员、议员比特里担任议会临时议长,并由她主持新总统的就职仪式。厄瓜多尔代理检察长塞西莉亚·德阿尔马斯立刻发布命令,以下令军警以非法镇压示威民众为由拘捕古铁雷斯,后者于24日流亡巴西寻求政治避难。厄瓜多尔政局急转直下的原因主要有以下几点:

第一,执政期间未能兑现竞选承诺。2002年11月,在印第安人组织、左派政党帕查库特克运动和人民民主运动的支持下,古铁雷斯高举反贪和反腐败大旗,承诺维护穷人利益,改善人民生活,增加对教育和医疗的投入等,得到下层民众的支持,赢得了大选。然而,古铁雷斯却未能兑现竞选时的诺言,不仅在反腐问题上毫无作为,而且政府不断爆出腐败丑闻。古铁雷斯以左派领导人的面目上台,但执政后背弃了改善人民生活、维护穷人利益的诺言。政治上向右派政党靠拢,在不到两年中就20多次调整内阁,经济上继续实行自由主义经济政策,外交上寻求美国支持,奉行迎合西方投资者和国际金融机构的经济路线,失去了执政的基础。主要竞选盟友帕查库特克运动及人民民主运动党与之决裂。石油、教育、卫生、交通、香蕉农和公务人员的罢工和抗议此起彼伏。

第二,政府干预司法是这次政治危机的导火线。2004年12月8日,在政府授意和执政党策划下,在亲政府议员——主要是罗尔多斯党议员的支持下,议会以多数票解散了当时试图弹劾总统的最高法院,罢免了全部31名法官,同时议会决定以亲政府人士取代宪法法院和选举法院的法官。此举使基督教社会党在最高法院的法官成员从18名骤减到4名。以基督教社会党、民主左派党和帕查库特克运动为主的反对派遭到沉重打击,几乎完全失去了在司法部门的控制权和影响力。议会还选举以罗尔多斯党成员卡斯特罗为院长的新的最高法院及其组成人员,而前总统阿夫达拉·布卡拉姆领导的罗尔多斯党与古铁雷斯保持着良好关系。按照厄瓜多尔宪法，最高法院法官终身任职，罢免法官的行动引起了反对派的强烈不满，被认为是严重的违宪行动和反民主措施。2005年2月，改组后的最高法院决定，取消对前总统阿夫达拉·布卡拉姆和古斯塔沃·诺沃亚及一名前副总统的"盗用公款"的刑事指控，使他们结束流亡生涯回国。此举更引发了反对派和民众的强烈抗议，从4月初开始举行大规模示威游行。他们指责曾任两位前总统侍卫官的古铁雷斯干预司法。

第三，古铁雷斯政府失去了媒体和军队的支持。在厄瓜多尔局势持续动荡的几周时间里，许多民众正是受到媒体的鼓舞走上街头、迫使古铁雷斯辞职的。电台在节目中大肆宣扬古铁雷斯应当下台的论调，并且开设了热线，让一些听众打进电话，鼓动民众走上街头抗议。

第四，面对示威者的抗议浪潮，古铁雷斯没有通过对话解决危机，而是动用军队和警察，实施紧急状态，并且再次采取解散最高法院的违宪行动，使得矛盾激化。4月13日，皮钦查省和基多市联合举行反政府大罢工，要求改组最高法院。古铁雷斯宣布在基多和皮钦查省实行紧急状态，同时再次解散最高法院。20日，数千名身着蓝色校服的学生敲着鼓，喊着"卢西奥下台"的口号走上基多市主要街道。由于本次运动中着蓝色校服的学生带动了其他市民，造成政治变局，因此又称为"蓝色革命"。面对政治危机的严重局势，警察和军队的倒戈亦是古铁雷斯不得不下台的重要原因。4月20日，国民警察司令若热·波韦达辞职。在议会宣布罢免古铁雷斯之后，武装部队总司令维克托·乌戈·罗塞罗将军宣布军队不再支持古铁雷斯。数百名保卫总统官邸的士兵随后听命撤离。示威者在与警察的对峙中出现死伤后，军队和警察的突然倒戈，使得古铁雷斯不得不下台。

总之，各党派在司法和最高法院的权力之争是议会迟迟不能改组最高法院的原因,并直接导致了厄瓜多尔的政治危机。危机的深层原因则是民众生活困难、执政党上台后未能执行有效的反腐败、消除贫困的政策,未能重视土著人组织在政治参与中的作用。最近几年,厄瓜多尔经济增长较快。由于国际油价和农产品价格高涨,该国经济受益颇多。2004年GDP增长了5.4%,在拉美和全球都属于较高水平。但是,下层民众没有分享到经济增长的好处,被排除在发展之外。始于20世纪90年代初,贯穿整个90年代的CONAIE,以及土著人政党帕查库特克运动不仅使宪法承认了他们的地位,而且已经通过抗议等行动将两位积极推进新自由主义改革但忽视社会公平与民生的总统(布卡拉姆和马瓦德)赶下台。古铁雷斯虽然在帕查库特克运动的支持下赢得选举,也吸收印第安人进入内阁,但后来由于他多次改组内阁、在司法等部门安插亲信,失去了竞选盟友帕查库特克运动和人民民主运动对他的支持。

三、"蓝色革命"之后的动荡

古铁雷斯下台后,厄瓜多尔各党派在组建新政府问题上各有打算。原副总统帕拉西奥宣誓就职新总统后,在议会阳台上对民众发表讲话,称"独裁统治已终结,我们将恢复共和政府"。然而示威民众对这一结果仍然感到不满,要求帕拉西奥下令解散议会,重新举行选举。

2005年8月,帕拉西奥在国内开始面临执政以来最严重的政治压力,民众要求放弃其前任古铁雷斯所实行的自由市场政策。有分析认为,在厄瓜多尔经济发展中得益最多的是西班牙裔的特权阶层,他们的收入远远超出厄瓜多尔土著居民;在厄瓜多尔,大多数穷人都是该国的土著人。10月,就与美国签署自由贸易协定问题,数千民众组成"厄瓜多尔抉择"阵线,集体签名反对协定的签署,捍卫国家主权。①

2005年10月,东北部两个重要石油生产省奥雷亚纳和苏库姆比奥斯发生大规模罢工,导致石油产量大减,当地生产活动基本陷于瘫痪。他们希望厄瓜多尔政府与在当地投资开采石油的美国西方石油公司、巴西石油公司和加拿大能源公司重开谈判,要求分享石油开采利润的50%,希望政府将石油出口收入更多地用于基本建设以及增加就业方面。②帕拉西奥总统解除了国防部长埃斯皮诺萨的职务,由奥斯瓦尔多·哈林接任,并在上述两省实行紧急状态,同时被迫宣布停止全部石油出口。新任国防部长随即命令军队使用武力,施放催泪瓦斯,试图驱散群众。动荡局面导致数十人受伤。

近年来,厄瓜多尔政局动荡,主要原因是传统政党执政能力低下,腐败严重,民众抗议不断。2005年,根据透明国际的排名,在全球159个国家中,厄瓜多尔政府廉洁度排在第117位。1996~2006年10年间,厄瓜多尔已经先后更换了7位总统,其中三届民选政府未能完成正常任期,在人民的抗议声中下台。虽然国家自然资源丰富,但经济增长缓慢,国民经济始终无法走出困境,而且贫富差距悬殊,贫困人口占全国总人口的60%。这些使得民众对传统政党失去信任,强烈呼吁新的政治领袖带领国家进行深刻变革。

四、科雷亚当选总统与"公民革命"政治纲领的提出

2006年总统大选中,科雷亚作为新兴左翼势力的代表,组建主权祖国联盟运动,适应民众求新求变的要求,提出的竞选纲

---

① Luis Reyes, *Jornada por la Soberanía en Santo Domingo* (Ecuador) en http://movimientos.org/noalca/show_text.php3? key=5507

② *Peoples' Struggle in Ecuador*:*Lucha de los Pueblos en Ecuador* 2005 http://www.nadir.org/nadir/initiativ/agp/free/imf/ecuador/txt/2005。

领具有鲜明的左派色彩,"革命"成为其纲领中最引人注目的字眼。针对厄历届政府执政能力不强,政局动荡的弊端,科雷亚提出实行"宪法革命"。主张实行真正民主和参与民主,建立"公民革命政府",对政治体制进行激进改革,消除各政党中实际上存在的为寡头服务的秘密组织,科雷亚批评某些政党是"腐败的黑手党"。

针对频发于厄瓜多尔政坛的腐败丑闻,科雷亚提出实行"道德革命"。联盟将为了根除腐败进行一场激烈的斗争;所有的公务人员都有义务公开自己的财务状况;采取措施保证透明执法,尤其是在税务、海关、进出口许可、石油管理、政府组织的预算或负债方面;惩罚政府败类,建立依法公正追究其民事和刑事责任的机制。

在经济增长和社会政策方面,科雷亚则提出实行"生产力革命"和"社会革命"。主张转变经济增长方式,结束投机钻营,规范企业家的过高收入。生产力革命还意味着向农村的贫困开战,促进农业生产率的提高和可持续发展以及加强土著人地区的生产能力;根本改革金融体制,使信贷过程民主化、银行现代化,促进基础设施建设和公共服务方面的投资;拒绝支付非法的债务、限制支付外债,同时寻求拉美兄弟国家的支持。在社会政策方面,通过"社会革命",建立医疗机构网络推行普遍的卫生制度,鼓励建立预防性医疗系统,并与家庭医疗相结合;政府将对教育进行全面改革,发动扫盲运动,实现厄瓜多尔人都毫无例外地具有10年以上受教育的经历;政府将推动公私组织合作加强对弱势群体的社会保障。

在对外政策方面,实行"主权和拉美一体化革命"。厄瓜多尔公民革命政府将乐见一个通过政治、经济和社会一体化而形成的大拉美国家。厄瓜多尔政府将不会与美国签署自由贸易协定,要像其他拉美国家一样,通过公正地谈判维护自己的国家利益，而不会屈从于引发贫穷和失业的任何外来政策。国家将重返石油输出国组织，与私人和外国的石油企业重新进行谈判。美国军队应该从厄瓜多尔撤军，2009年后不再延长有关蒙塔军事基地的协定，政府将不允许任何外国在其领土上的任何军事存在。

科雷亚的"革命"主张，和其后提出的"21世纪社会主义"一脉相承，开始了探索解决厄瓜多尔可治理性危机之路。

第二节 可治理性问题的根源与表现

除上节所述以高度"碎片化"为特征的国内政治格局使政府政策难以取得民众信任、成为厄瓜多尔可治理性危机的重要根源外，本节将结合当今厄瓜多尔的政治现实，继续探讨厄瓜多尔各种可治理性问题产生的根源与表现。

一、政治体制缺乏效率是可治理性问题的重要原因

自20世纪70年代末"还政于民"以来，厄瓜多尔虽然进行了一些合乎民主原则的改革，但由于新自由主义和"美元化"的推行，政府在社会政治和经济领域的作用不断削弱。虽然厄瓜多尔是总统制共和国，但以总统为首的政府在国家政治生活中的作用受到议会的严重牵制，当然这与前述总统府的政策不能得到大多数民众的支持有关。1979年宪法规定，议会2/3多数通过可以弹劾总统，议会第一大党有权任命议长，议会在立法方面也拥有广泛的权力。在1979~2006年举行的历次大选中，没有一个政党的总统候选人在第一轮选举中获胜，这个政治"碎片化"的结果使总统在议会很难获得支持。科雷

亚政府政府的弱势更加明显,执政党主权祖国联盟运动在议会中没有一个议席,政府要通过任何法案都需要与议会各主要政党联盟。(参见9-3)

表9-3 2003年和2006年大选后厄瓜多尔议会议席分配情况表

	2003年	2007年
全国行动制度革新党 PRIAN)	10	28
爱国社会党（PSP）	8	22
基督教社会党（PSC）	24	15
民主左派党（ID）	15	13
帕查库蒂克多民族统一运动（MUPP）	8	6
基督教民主联盟（UDC）	0	5
厄瓜多尔罗尔多斯党（PRE）	14	5
人民民主运动（MPD）	7	3
人民民主党（DP）	5	0
其他	9	3
总计	100	100

资料来源：Economist Intelligence Unit, Country Profile——Ecuador, 2007, P.9.

说到政治体制的效率,行政部门的效率低下首当其冲,低效率的行政部门还削弱了政治和司法体制,主要经济部门政策的不确定性、复杂而又陈旧的税收制度阻碍着经济的发展。任何政策的出台都要面临政治化的司法机构、腐败的官僚机构和强大的利益集团的挑战。

进入21世纪以来,围绕司法机构问题,总统和议会的斗争不断,引起了一次又一次政治危机。在这些斗争中不断受到"激进改革"方案冲击的政治体制,加上经济和人员方面的问题，很难想象它有效率。下文就以司法体制为例对厄瓜多尔政治体制的效率问题进行探讨。

首先，司法机构缺乏独立性，工作人员长期人浮于事，而倾心关注政治斗争。由于议会的相对强势地位，政治化了的司法机关工作人员，如法官、检察官多由议会中占多数的政党派员充任，而弱势的总统总是打着司法机关"非政治化"的旗号，通过各种手段试图控制司法机关，逐步加强总统的权威，而事实上，都是以冠冕堂皇之名，行争权夺利之实。

2003年起，古铁雷斯总统在司法系统实施一系列改革，主张司法独立，使司法机关脱离议会和政党的影响，实际上意在削弱基督教民主党、人民民主党和民主左派党在司法机关的影响。2004年12月8日，在政府授意和执政党爱国社团党的策划下，在亲政府议员，主要是罗尔多斯党议员的支持下，议会以多数票解散了当时试图弹劾总统的最高法院，罢免了全部31名法官，同时议会决定以亲政府人士取代了宪法法院和选举法院的法官。按照厄瓜多尔宪法，最高法院法官任职终身，罢免法官的行动引起了反对派的强烈不满，认为这是严重的违宪行动和反民主措施。反对派指责古铁雷斯干预司法，一些组织和个人还向联合国和美洲国家组织等国际和地区组织控告古铁雷斯政府。

虽然古铁雷斯被迫下台的原因有很多，但政府干预司法成为这次政治危机的导火线。总之，司法机构缺乏独立性不仅造成国家政局不稳，也使司法机构本身缺乏效率。（见图一）

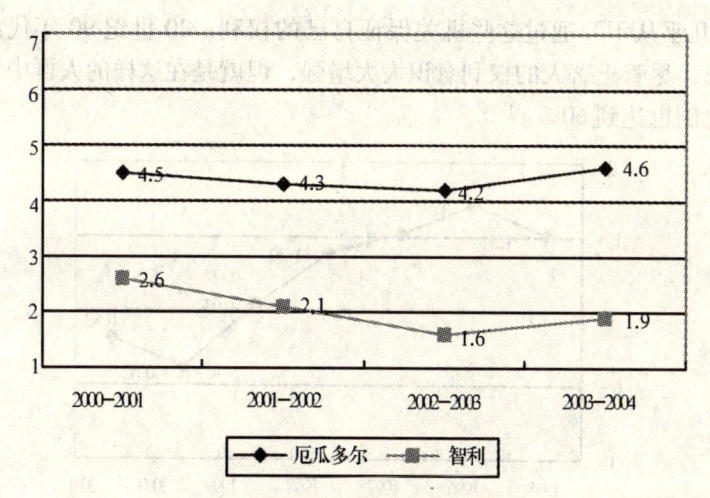

第九章 厄瓜多尔的可治理性问题研究 249

图一 厄瓜多尔司法机构的独立性

注：本指标表明司法机构相对于政府、公民和企业等主体的独立性。指数越接近1表明其独立性越强，越接近7表明其独立性越弱。

资料来源：根据世界经济论坛的数据编制，http://www.iigov.org/tiig/attachment.drt? art = 61649

其次，经费缺乏和人员不足也是司法体制缺乏效率的重要原因。由于经济不景气和社会的严重分配不公，政府并没有从日益增长的石油收入中获得更多的税收，司法机关经费占国民预算的比重逐年下降。（见图二）

由于经费不足，司法机关缺乏训练有素的工作人员和必要的办案经费，立案和结案要拖延很长时间，涉案民众根本无法承受这么长的时间成本。（见表9-4）此外，由于同样的原因，国家提供的公共辩护人员严重不足，无法向民众提供足够的专业服务（见表9-5），也导致案件大量积压，损害了国家司法机关的公信力（见表9-6）。2002年"拉美晴雨表"的调查表明，75%的涉案人员把司法机关和法律看作是权力的象征，"从不"或

"几乎从不"通过这些机关保证自己的权利；20世纪90年代以来，尽管土著人的权利意识大大增强，但就是在这样的人群中该比例也达到60%。①

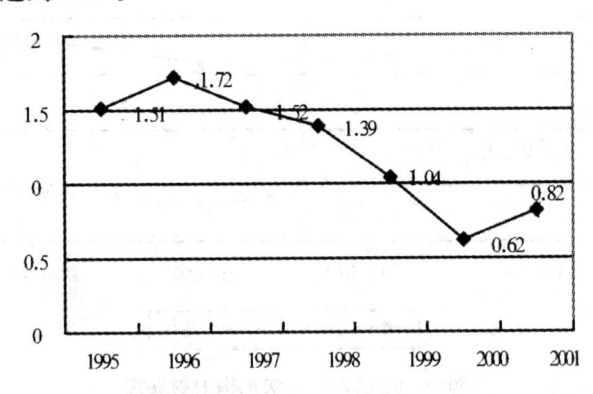

图二 1995~2001年厄瓜多尔司法机关预算占国家总预算的比例（%）

资料来源：根据2002年世界银行数据编制。http://www.iigov.org/tiig/attachment.drt?art=61649

表9-4 2002年厄瓜多尔主要城市根据司法程序结案需要的时间（天）

	基多	瓜亚基尔	昆卡	平均
从审判委员会组成到口头宣判所需要的时间	263.4	324.3	216.7	268.1
从检察指导到口头宣判所需要的时间	237.3	307.8	173.7	239.6
从指控到审判开始需要的时间	143.9	208.5	101.4	151.2

资料来源：根据CEJA 2003年数据编制。http://www.iigov.org/tiig/attachment.drt?art=61649

---

① *El sistema de justicia en Eguador: ruputura con el pasado?* http://www.iigov.org/tiig/attachment.drt?art=61649

表9-5　安第斯地区公共辩护人缺乏情况一览表

国家（年份）	公共辩护人数量	每10万人口公共辩护人数量
哥伦比亚（2000）	1 126	2.7
秘鲁（2001）	263	1.0
玻利维亚（2001）	82	0.9
委内瑞拉（1998）	159	0.7
厄瓜多尔（2001）	33	0.3
拉丁美洲平均	——	1.5

资料来源：根据联合国开发计划署（PUND）2004年数据编制。http：//www.iigov.org/tiig/attachment.drt？art=61649

表9-6　2001年厄瓜多尔一些地区民事案件情况积压一览表

地区	立案数量	结案数量	悬而未决的案件数量
皮钦查省	21 629	12 948	195 199
瓜亚斯省	15 964	19 134	194 588
阿苏艾省	9 201	14 622	51 151
总计	46 794	46 704	440 938

资料来源：根据2002年世界银行数据编制。http：//www.iigov.org/tiig/attachment.drt？art=61649

二、腐败严重削弱了民众对政治体制的信任

腐败一直是阻碍国家政治发展的痼疾，厄瓜多尔腐败丑闻层出不穷，严重削弱了民众对政治体制的信任。在一向受到尊重的军队，接连不断的腐败案削弱了它的威信。仅在2002年政府爆出的腐败丑闻就有三名高级军官涉嫌腐败而"自愿"辞职，他们是武装力量联合指挥部司令米格尔·绍纳、海军上将费尔南

多·多诺索和空军上将奥斯瓦尔多·多明格斯；经济部长埃曼努尔因涉嫌腐败被迫宣布辞职。在国有资产私有化期间，腐败官员与国际资本勾结，通过暗箱操作以低于实际价值几十倍的价格出售国有资产，并从中收取高额佣金，一些官员甚至自己成立"皮包"投资公司，几乎以资产价值零头的价钱购买国有资产，然后出售给投资者，从中牟取高额差价，此类现象不一而足。

在1996年至2005年的10年间，由于国家领导人和一些银行家的贪污腐败行为严重影响了经济和社会发展，民众对贪污腐败深恶痛绝，厄瓜多尔也因此更换了五位总统，其中三位被赶下台。根据透明国际的排名，在全球100多个被调查国家中，厄瓜多尔的廉洁度从2005年第117位下降到2006年第138位。①

2002年11月，古铁雷斯高举反贪和反腐败大旗赢得了大选。但古铁雷斯却未能兑现竞选时的诺言，不仅在反腐问题上毫无作为，而且政府不断曝出腐败丑闻。2003年4月，厄瓜多尔反对派和司法部门联手，以古铁雷斯在总统大选中有违法行为、执政不力以及政府在石油、电力和电讯部门存在"严重的腐败行为"为由，掀起弹劾古铁雷斯的行动。同年11月执政党又涉嫌在大选时接受毒品集团政治献金。古铁雷斯虽然在罗尔多斯党议员的帮助下躲过弹劾，但是在民众中的支持率大大下降，最终被迫下台。

2005年4月古铁雷斯总统因为干预司法被罢免后，继任总统的帕拉西奥政府在几个月的时间里换了200多位部长，政府危机仍然不断。

在腐败与公民信任的关系上，许多学者从政府绩效、公民参与、腐败问题、经济因素、社会和文化因素等来分析政府信任衰

---

① 参见透明国际2006年年度报告（中文版），http://www.transparency.org/content/.../CPI_2006_presskit_chinese.pdf

落，因为信任赤字甚至在西方国家都非常广泛地存在，它会直接影响各国的行政改革甚至未来政府的治理方式。加里·奥伦（Gary Orren）指出：公民对政府的不信任会损害民主宪政体制、损害政府治理、阻碍政府公务员的招募与保持机制等，从各方面而言，不信任的存在会形成更复杂的问题，诸如抗税、激进的控诉行为、第三部门的不正常发展等。[①] 总之，公众对政府的不信任会阻碍正常的、积极的解决问题的方式而发展出各种不正常的社会问题。在这个意义上，关注政府信任赤字，致力于重建政府与公民的信任关系，重新考量信任在公共行政中的价值是解决国家可治理性问题的重要一环。在一项民意调查中，有28%的被测验者认为腐败是国家最应当首先解决的问题。(见图三)

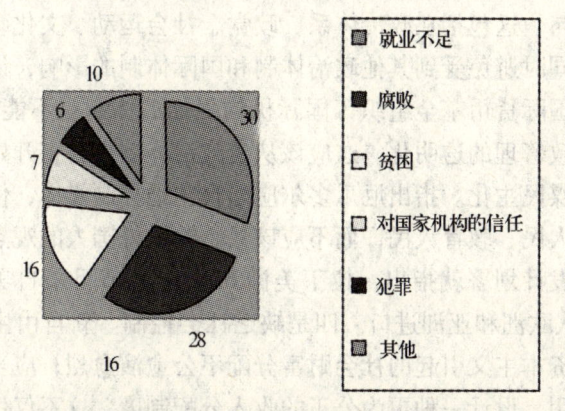

图三 民意测验中厄瓜多尔认为首先要解决的主要问题（%）
资料来源：Memorando Economico de Investigacion Legislativa (MEIL)：2007~2010：*Confianza, Riesgo, Incertidumbre o Panico?*, Papel de Trabajo M. E. I. L., Nro. 20, en http://www.hexagon.com.ec/images/MEIL—20—Pacto_fiscal.pdf

---

[①] 转引自马连杰：《重建政府与公民的信任关系——西方国家的经验》http://www.sinoth.com/article/1000001800.html

美洲国家组织前秘书长塞萨尔·加维里亚在谈到拉美国家的腐败对民主制度的影响时指出:"腐败是对民主制度最严重的威胁,它扭曲了经济制度,却为社会分裂提供着条件。"①

厄政府也认识到腐败给政治体制带来的危害,1997年成立厄瓜多尔公民控制腐败委员会(C.C.C.C),希望通过群众监督限制腐败,同时研究腐败产生的根源和控制方法。有学者归纳了厄瓜多尔腐败产生的主要根源②:一是财富分配不公正。1830年富人和穷人拥有财富的比例为3:1,到1992年这个比例为72:1。二是公民参与公共行政的缺乏。公民参与不只是理论上的,还应该是实际上的,首先要保证公民的基础需要,如生活、卫生、工作、饮食、教育等。其次要保证公民在所有的政治机构中真实客观的参与,这包括在政治体系、政党、社会运动、文化政策中的参与,同时避免受到其他政治体制和国际体制的影响,认为世界银行、国际货币基金组织等国际机构强加的体制是不能接受的。三是行政管理的透明化。这应该从使政治体制更公正开始,使服务和传媒民主化。指出厄瓜多尔应当自主地控制媒体,使之把真相告诉人民,教育人民,而不应该只是输入外国人的观点。如联合国开发计划署就指出,拉丁美洲62%电视节目来自美国,另有8%从欧洲和亚洲进口。四是缺乏社会控制。新自由主义或非人道的资本主义引起的社会财富分配不公愈演愈烈,应当发挥国家的作用,设计一种更为公正的收入分配制度,这不仅仅是要反腐败,更是一项任重道远的工作。

在反腐败方面,一方面要建立反腐败机制,如加强

---

① Zavier Zavala Egas, *Corrupcion Politica*: *El caso del Ecuador*, p.2, en http://unpan1.un.org/intradoc/groups/public/documents/CLAD/UNPAN003775.pdf

② Mariana Yubay Y. : *Taller Sobre Democracia, Derechos Humanos y Estado de Derecho——Crrupcion y Juticia Social*. http://www.ohchr.org/spanish/issues/democracy/costarica/docs/PonenciaMYumbay.doc

C. C. C. C 的工作，在民间成立反腐败的非政府组织，发挥媒体监督作用，形成全社会反腐败的监督网络；另一方面通过公民参与公共行政管理、社会控制和官员公开账户等措施，使政治体制更加透明，得到公民的信任。

三、贫困和社会公正问题长期得不到解决是可治理性问题突出的重要根源

厄瓜多尔是以农业为主的国家，经济相对落后，工业基础薄弱，农业发展缓慢。经济发展分为三个时期，即可可时期、香蕉时期和石油时期。厄瓜多尔以"香蕉之国"闻名于世，1992年起连续多年香蕉产量和出口量均居世界第一位。20世纪70年代，石油工业迅速发展，国民经济结构发生显著变化。20世纪80年代中期至90年代末，受自然灾害、国际市场价格下跌及政策失误的影响，厄瓜多尔面临高通膨、高失业、外债负担过重等经济困难，但仍保持低速增长。2004年，全国可耕地面积为297.5万公顷，种植面积136.3万公顷，农牧业产值19.35亿美元，占国内生产总值的6.39%。2001年有124.4万人从事农牧渔业。① 香蕉、可可、咖啡为传统的出口农产品。马克思主义政治经济学认为，土地是经济活动中最基本的生产要素，土地分配不均是厄瓜多尔这类农业国贫困和社会公正问题产生的重要原因。厄瓜多尔农牧业普查中的一个重要概念是"农牧业生产单位"（UPA），它可以是个人、家庭、企业或某种形式的合作机构。在农牧业普查中，每个农牧业生产单位占有土地的数量，可以反映出土地的实际分配情况。（见表9-7）

---

① 参见中国外交部网站：http://www.fmprc.gov.cn/chn/wjb/zzjg/ldmzs/gjlb/2023/2023x0/default.htm

表9-7 厄瓜多尔2000年第三次农牧业普查中UPA的数量和占有土地情况表

地区	UPA的数量	占UPA总量份额（%）	总面积（公顷）	占全国总土地面积份额（%）	平均每个UPA的面积（公顷）
高地	567 621	67.34	4 762 331	38.54	8.39
海岸	219 809	26.08	4 778 859	38.68	21.74
其他	55 451	6.58	2 814 641	22.78	50.76
总计	842 882	100	12 355 831	100	14.66

资料来源：厄瓜多尔第三次农牧业普查数据，转引自 Miguel ángel Castro: *La distribución de la riqueza en el Ecuador* en Observatorio de la Economía Latinoamericana, Número 75, 2007. en http://www.eumed.net/cursecon/ecolat/ec/2007/mac.htm

如表9-7所示，高地和海岸两大地区农牧业用地的面积相当，都占全国农牧业用地总面积的38%强，但高地UPA的数量却是海岸的2.58倍，而平均每个UPA拥有的土地面积却只相当于海岸的38.5%，海岸地区土地的集中程度更高。

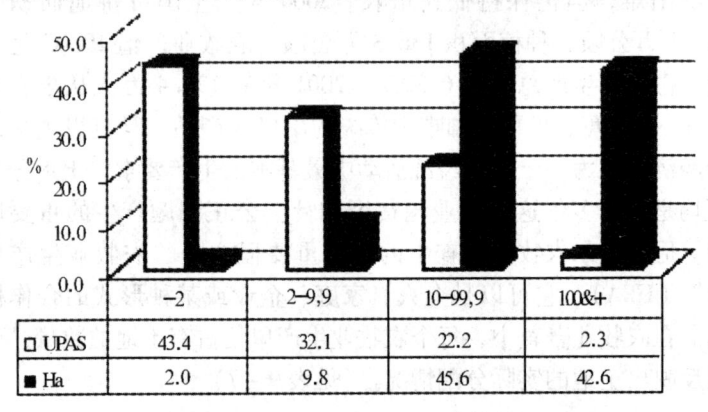

	-2	2-9,9	10-99,9	100&+
UPAS	43.4	32.1	22.2	2.3
Ha	2.0	9.8	45.6	42.6

图四 厄瓜多尔2000年土地分配情况

资料来源：Otánez Guillermo, *Ecuador Breve Análisis de los resultados de Censo Nacional Agropecuario 2000*, edición digital accesible a texto completo en www.sica.gov.ec/censo/contenido/CNA%20ECUADOR%20ANALISIS%201B.pdf

从全国情况来看（见图四），43.4%的UPA拥有的农牧业土地面积不足全国的2%，平均每个UPA为0.7公顷；2.3%的UPA拥有全国农牧业土地总面积的42.6%，平均每个UPA为269公顷；32.1%的UPA拥有全国农牧业土地总面积的9.8%，平均每个UPA为4.5公顷；另有22.2%的UPA拥有全国农牧业用地总面积的45.6%，平均每个UPA为30.3公顷。

土地集中和分配的严重不平衡是导致作为农业国的厄瓜多尔社会公正问题的重要根源之一。从全国的吉尼系数来看，长期处于0.4~0.5之间的高位，如1995年吉尼系数为0.43，1998年为0.48，1999年为0.47，2006年为0.46。1995~2006年，贫困人口占总人口的比例一直在30%~50%之间，20世纪末21世纪初更高达50%以上；同期绝对贫困人口在10%~20%之间，20世纪末21世纪初更接近20%（见图五）。

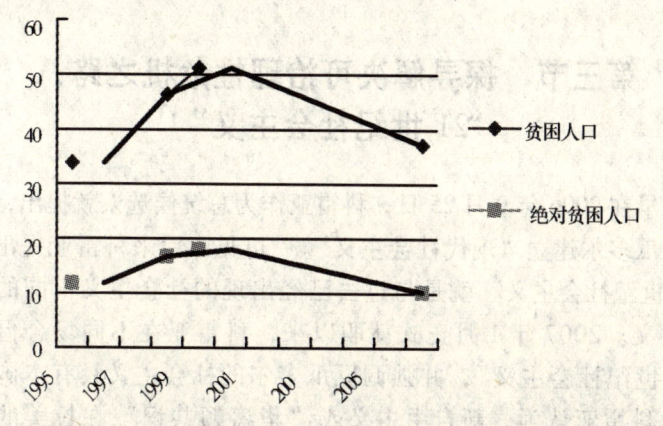

图五 1995~2006年厄瓜多尔贫困人口占总人口的比例变化

资料来源：Memorando Economico de Investigacion Legislativa（MEIL）：2007~2010：*Confianza, Riesgo, Incertidumbre o Panico*？，Papel de Trabajo M. E. I. L., Nro. 20, en http://www.hexagon.com.ec/images/MEIL—20—Pacto_fiscal.pdf

总之,厄瓜多尔的可治理性问题,既有传统政治格局的"碎片化"问题,又有新兴土著人集团争取自身利益参与政治竞争的问题,这两方面问题的症结在于各派政治力量无法摆脱各自服务阶层的束缚,上台后难以实行真正有利于整个国家长远发展的政策,自然其实行的政策就难以在民众中达成共识,难以取得民众的信任。解决这一问题的关键,不仅仅是一次次的解散议会,一次次的修改宪法,而是建立一种全民族协调的机制,在相互信任的前提下执行真正有利于国家长远发展的政策。要解决厄瓜多尔可治理性问题,就要提高政治体制的效率,摒弃国家机构政治化的不正常现象,打击腐败,提高民众对民主制度的信心和信任,逐步克服贫困和社会不公正现象。科雷亚提出的"21世纪社会主义"就是这样一种探索。

第三节 探寻解决可治理性危机之路:"21世纪社会主义"

早在2006年9月25日,科雷亚作为总统候选人就提出,将在厄瓜多尔建立"现代社会主义"。① 可见,后来科雷亚提出的"21世纪社会主义"就是与过去已经出现的社会主义不同的社会主义。2007年1月正式就职以来,科雷亚在不同场合倡导"21世纪社会主义",并强调厄瓜多尔的社会主义具有本国特色。科雷亚认为,新自由主义或"华盛顿共识"在拉美的失败是"21世纪社会主义"产生的大背景,它不仅仅是政治上的失败,在经济和社会上也失败了。正是看到了"华盛顿共

---

① Alexis Rojas, "*Rafael Correa propone socialismo moderno*", sep. 27, 2006, http://alexisrojas.blog.com.es/2006/09/27/

识"在政治、经济和社会等方面的全面破坏,拉美人民才开始努力创造自己的思想。"21世纪社会主义"就成为当今拉美许多进步政府努力推进的思想。

一、"21世纪社会主义"产生的国际背景

近年来左翼当政的拉美国家增多,如委内瑞拉、阿根廷、玻利维亚、巴西、智利、厄瓜多尔、尼加拉瓜、乌拉圭。这些国家领土面积占拉美总面积的71.8%,人口占拉美总人口的53.8%。

在目前的拉美左翼政权中,不少国家宣称实行"社会主义"政策。除传统的社会主义国家古巴坚持马列主义为指导的科学社会主义外,委内瑞拉总统查韦斯提出"21世纪社会主义",玻利维亚总统莫拉莱斯提出了"社群社会主义"或"印第安社会主义";而巴西、智利、阿根廷等温和左翼政权,也推行了一些带有社会主义色彩的施政措施。

拉美左派领袖共同的特点是反对新自由主义的"华盛顿共识",寻求新自由主义的替代模式。1989年,美国的经济学家依据新自由主义原则,为拉美国家进行国内经济改革提出了10条政治措施,被称为"华盛顿共识"。在随后10年,拉美国家虽然普遍依据美国提供的药方治理国家,但贫富差距和经济稳定持续发展的问题始终没有得到有效解决,也造成了今天拉美的经济困境和社会贫富悬殊的局面,这就是拉美国家寻求变革的动因。

二、厄瓜多尔"21世纪社会主义"的主要内容和特点

(一) 主要内容

科雷亚总统经常在论述厄瓜多尔的"21世纪社会主义"与传统社会主义的异同过程中阐述其内容。"21世纪社会主义"与传统社会主义的相同之处有:

第一,"21世纪社会主义"与马克思恩格斯的科学社会主义的相同点是劳动比资本更重要,人不能再继续被仅仅作为生产工具来对待。这是社会主义的最基本原则,可以从新自由主义的失败中看到该原则的重要性。有的资本仅仅为积累而积累,把人力资源仅仅作为一种资本和一种生产手段,并未考虑人类劳动的重要性。认为资本积累应该为人类服务,这方面的措施包括按时间计算工人工资,对工人进行培训,保障工人权利;认为按资本定价而不是按劳动力定价是造成目前贫困的重要原因,也是造成拉美社会不平等的原因。不应该按照资本进行积累,应该让所有的生产过程,包括资本生产过程,必须按照劳动力进行定价。

第二,与交换价值相比,使用价值更重要。这是"21世纪社会主义"与传统社会主义的另一个共同点。这也是马克思和恩格斯所提倡的。认为物的价值首先是满足使用的需要,但市场经济和资本主义经济提倡的是必须创造交换价值。由于资本主义过分强调市场定价和交换价值,造成社会上很多物品有交换价值却没有使用价值。对于一个低收入国家,市场机制并不是一个非常良好的机制。高的价格意味着产品只能被很少的人接受,这在社会上造成了巨大的不平等和差距:谁能付更多的钱,谁就能买得起这个物品,但所付的钱并不能真正反映它的价值,反映的只不过是个人的支付能力。资本主义只满足了那些有支付能力人的需求。

第三,"21世纪社会主义"和传统社会主义都重视社会公正。拉美是世界上最不平等的地区,因此现在出现了"21世纪社会主义"的思潮。厄瓜多尔要通过"21世纪社会主义",寻求公正、平等、高生产率的经济和就业的产生。

第四,"21世纪社会主义"和传统社会主义一样,强调集体行动的重要性。科雷亚认为,应该超越把个人主义作为社会动力的谎言,超越那种把自私自利当作社会的最大价值和生活方式的竞争力的谎言。①

"21世纪社会主义"与传统社会主义的不同之处有：第一，"21世纪社会主义"还吸收了很多基督教社会主义思想和一些新的原则，认为社会生产力的发展和改变不应该是一种既定方式，而应该通过和平方式来实现。科雷亚认为，任何关于人类社会发展的进程，都有很多研究方式，整个社会进程应该更加复杂，可以通过民主方式来实现社会的改变，社会改革必须彻底而迅速，但不赞同以暴力的方式改造社会。第二，不赞成完全国有化，认为一个国家对很多生产方式进行国有化后，难以富有活力。科雷亚认为，机场、港口等重要基础设施必须由国家控制，如果由私有企业来控制就会影响国家的发展。而所有提供服务的企业都应该实现产权的民主化而不是完全的国有化。第三，传统社会主义没有明确界定发展的概念，没有把它的发展观念与资本主义发展观念进行区别。他认为传统社会主义和资本主义的发展观念相似，仅仅认为现代化和更加有效利用资源才是发展。而"21世纪社会主义"提出了新的社会主义发展观点，即可持续的发展，当前人们理解的发展模式是不可持续的。

拉美一些进步政府实行"21世纪社会主义"，是为了建设一个更好的拉丁美洲，是为了使国家实现进一步的民族主义，获得更多的主权。

（二）主要原则和特点

"21世纪社会主义"不能用模式来规定，不相信任何模式。

首先，"21世纪社会主义"是方法论，它并不存在固定的规律或教条②。它讲的是观点，是原则，而不是任何预设的模式，

---

① 科雷亚并没有解释科学社会主义和传统社会主义的区别，参见《科雷亚谈厄瓜多尔的社会主义》，《拉丁美洲研究》，2008年第3期。

② Hernando Calvo Ospina, *El Socialismo Del Siglo Xxi Del Presidente Rafael Correa Delgado*, http://www.emancipacion.org/modules.php?name=News&file=article&sid=1290

不能期望从某页书里就能找到真理和问题的解决方案。"21 世纪社会主义"的原则就是与资本主义不同,遵循一种教条对所有国家都是一种灾难。

其次,"21 世纪社会主义"就是不断革新和减少原教旨主义成分。认为缺乏思考是错误的,缺乏批评与自我批评也是不对的。如果缺少这些思考和批评就会误入歧途。强调根据本国情况,发展适应各国自身及地区现状的社会主义。科雷亚的"21 世纪社会主义"就是要"适应厄瓜多尔特色"。从这个意义上说,厄瓜多尔的"21 世纪社会主义"不可能和委内瑞拉的相同。①

再次,"21 世纪社会主义"是人民参与和更加民主的社会主义。人民是社会主义的主人,市场应成为一个好的服务者而不是主人,资本的积累要为人类服务。只有人民才能不断探索,寻求问题的解决方案。"21 世纪社会主义"建立在参与式民主的基础上,主张推进社会发展和民族进步,推进平等、博爱、和平和公正,尊重人权,主张各民族和睦相处。不应该把民主和大选混为一谈,应该继续推进民主进程。

三、"21 世纪社会主义"在厄瓜多尔的实践

科雷亚在竞选中就提出"宪法革命"、"道德革命"、"生产力革命"、"社会革命"和"主权和拉美一体化革命"等革命性口号,决心彻底改变现有政治、经济和社会结构。2007 年 1 月就职后,实行"宪法革命",并把"21 世纪社会主义"作为其革命行动的思想纲领。

2008 年 7 月 24 日,厄瓜多尔制宪大会以 94 票对 32 票通过

---

① Tono Calleja, El camino de Ecuador es el socialismo del siglo XXI, El Pais, Sep. 18. 2007, http://www.elpais.com/articulo/internacional/

了新宪法。新宪法的基本精神或原则有以下几个方面:

第一,扩大总统职权。允许总统连任一次,国家货币政策、信贷政策和汇率政策的决定权属于总统,由中央银行执行,中央银行丧失了自治的地位,而听命于行政部门。新宪法还规定国家应更少地参与政党政治。

第二,为了打破传统上高地与海岸对立的局面,重新划分省区。执政党和反对派已经达成共识,通过重新划分省区达到合理分配国家财富的目的。目前国家的几个经济中心有基多、瓜亚基尔和昆卡等,它们要担负起拉动或辐射其他区域发展的重任。科雷亚还打算建立一个更具经济发展潜力的新省——圣·艾莱娜,以阻止和打消瓜亚斯省谋求自治的愿望。①

第三,经济上回归国家干预主义。宪法的重大变革包括国家对经济的首要控制,国家将控制经济的战略部门,如石油、矿产、电信和供水等部门;限制和规范私有经济中的垄断行为,实行"道德革命";授权国家为公共利益和社会利益征用财产,征用没有生产能力的土地,再分配给穷人,体现"社会革命"的精神;把原宪法中的"市场经济体制"替换为"社会的和团结的经济",谋求财富分配均衡,丰富经济形式,规定国家经济可以是公有经济、私有经济、混合经济、合作经济、协作经济、社区经济和家庭经济的混合体。

第四,进行议会改革,限制议会权力,赋予总统更多权力。保持一院制,但将增加议员人数,保障公民更积极地参与总统和议会选举,创建一个独立于其他权力部门的宪法法院;禁止私有化;冻结银行存款,重新考虑厄瓜多尔债务,在宪法中创建债务

---

① Fernando Gualdon, *Correa dirige a Ecuador hacia el "socialismo del siglo XXI" de inspiración chavista*, http://vozdeizquierda.blogspot.com/2007/10/correa—dirige—ecuador—hacia—el.html

"非法（ilegitimidad）"和"违法（ilegalidad）"的概念，2009 年政府还宣布延期偿还某些外债。

第五，在对外关系上，科雷亚政府把推进地区一体化作为优先目标，主张创立南美的统一货币"拉丁"，体现"主权和拉美一体化革命"的政治纲领。[①] 反对外国在本国建立军事基地。[②] 2007 年 12 月，科雷亚与巴西、阿根廷、委内瑞拉、乌拉圭、玻利维亚和巴拉圭的领导人一起，倡导和参与建立南方银行，为南美各国融资提供便利，试图摆脱国际货币基金组织和世界银行通过提供贷款对南美国家经济决策的影响。

四、对新宪法和"21 世纪社会主义"的反应

科雷亚宣称新宪法将引领厄瓜多尔走上"21 世纪社会主义"之路，官方党和反对派对宪法和"21 世纪社会主义"的反应大相径庭。副总统罗德里格斯认为，新宪法创建了"一个权利体系"。爱德华多（Jaime Eduardo Alcívar）还发表文章阐述厄瓜多尔的"21 世纪社会主义"，认为新宪法的颁布结束了"新自由主义的漫漫长夜"，是适应人民要求改变政治、经济、社会和民族结构的重要机遇，认为厄瓜多尔斗争的目标是走上社会主义之路，表示高度期待一个更美好的世界、一个更公正和人道的社会。在资本的野蛮模式证明不能解决人类严重的问题，它只能使经济和社会冲突更加尖锐，厄瓜多尔选择了"21 世纪社会主义"的哲学理念。最后，他在文章中总结说，新宪法、"21 世纪社会主义"和工会主义，不是相互割裂的，而是统一的，都是为 21 世纪的目标服务的。人民民主运动领导人路易斯·比利亚西斯

---

① *Socialismo en Ecuador*, http：//migranteecuatoriano. gov. ec/blogs/hjlhernan/2008/05/22/socialismo—en—ecuador/

② Constitución del Ecuador 2008，http：//pdba. georgetown. edu/Constitutions/Ecuador/ecuador08. html

(Luis Villacis) 认为禁止私有化和禁止在本国建立外国军事基地是对"新自由主义的政变",有利于维护国家主权。他认为宪法是"高度民主的",因为它授予总统就各种问题召开人民参议会的权力,这有助于加强对各权力部门的社会控制。

反对派虽然式微,但仍然有自己的声音。国家行动制度革新党的制宪会议代表安娜贝拉·阿津(Annabella Azin)认为,"21世纪社会主义"只不过是对已经失败了的旧版社会主义的一种反应而已。他们担心授予总统就各种问题召开人民参议会的权力可能导致人民受到操纵。① 爱国社会党领导人希尔马尔·古铁雷斯认为,新宪法是"独裁的",把司法功能政治化了,因为宪法法院由制宪大会任命,而制宪大会的成员多是官方党成员。厄瓜多尔土著人联盟(CONAIE)的一位负责人指出,原先宪法草案中有将西班牙语与两种土著人语言一并作为官方语言的规定,而讲土著人语言的占总人口的40%以上,但通过的宪法仅将西班牙语列为唯一官方语言,使新宪法具备了种族主义色彩。② 反对派制宪会议代表巴勃罗·卢西奥认为总统集中了过多的权力是不合适的,中央银行丧失了自治也使国家失去了一个制衡行政部门的力量。基督教社会党的制宪会议代表克里斯蒂娜·雷耶斯认为宪法是"集权的",所有的权力都集中于行政部门,他恐怕国家要掀起"征收的浪潮"。天主教会也公开反对新宪法,厄瓜多尔主教大会主席安东尼奥·阿雷吉(Antonio Arregui)认为这部具有社会主义色彩的宪法对传统的道德原则产生了威胁,在堕胎、家庭、教育和信仰自由方面"自相矛盾",对基

---

① *Asamblea Ecuador aprueba texto de nueva Constitución*, http://www.jornada.unam.mx/ultimas/2008/07/24/asamblea—ecuador—aprueba—texto—de—nueva—constitucion

② Duroyan Fertl, *Ecuador: New constitution vote as conflict rises*, http://www.greenleft.org.au/2008/761/39314

督教传统的家庭和婚姻观念形成威胁,教会将将以和平方式对这些威胁"宣战"。① 天主教主教大会成员马里奥·鲁伊斯(Mario Ruiz)评论说:"我们同意厄瓜多尔没有国教,但这不意味着国家信仰无神论。"他认为新宪法是"无神论者"。②

2008 年 9 月 28 日,厄瓜多尔以全民公投的方式通过新宪法。在 2009 年 4 月 26 日依新新宪法进行的大选中,科雷亚再度获胜,标志着科雷亚的全面改革计划将进入实施阶段,但前路仍然荆棘,厄瓜多尔的"21 世纪社会主义"仍然处在"革命"的初始阶段。

---

① *Ecuador*: *Iglesia Católica contraria a proyecto Constitución*, http://www.cadenaglobal.com/noticias/default.asp? Not = 184485&Sec = 6
② Jorge Boza Ramírez, Iglesia Católica critica Texto Constitucional, http://www.cre.com.ec/Desktop.aspx? Id = 135&e = 115927

第十章 墨西哥的可治理性问题研究

墨西哥的可治理性问题有一定独特性。墨西哥建国后经历过长期动荡、短暂安定和革命时期的暴力。20 世纪 30 年代后革命制度党主导的政治制度，带来了数十年的政治和社会相对稳定，为经济持续增长创造了条件，实现了初步的可治理性。20 世纪 80 年代以后，革命制度党主导的政治体制逐渐解体，各阶层民众不满情绪增长，出现新的政治和社会动荡，出现了新的可治理性问题。

第一节 墨西哥可治理性问题的起源与发展

一、可治理性问题的形成与发展

墨西哥的可治理性问题有较长历史。墨西哥是个多灾多难的国家，饱受社会动乱、政治独裁和外来侵略之苦，有学者指出，"也许在拉美，没有哪个国家比墨西哥所受到的掠夺成性的黩武主义的灾难更长久、更深重了。这个不幸的共和国在建国后最初的一个世纪里，遭受了 1000 多次武装叛乱的祸患"。1910 年以前，除国内动乱外，墨西哥还饱受外来干涉势力的欺凌；独立后相继受到英国、西班牙和法国的干涉，后成为美国扩张政策的受害者，在19世纪中叶墨美战争中，丧失了一半国土。上述历史经历造就了墨西哥人民追求政治稳定和民族主义的倾向。19世纪末和20世纪初，波菲里奥·迪亚斯专制统治下的墨西哥经历了较快经济增长，建立了大批工厂，外贸和税收收入增加9倍，拥有了"铁路、银行、重工业、稳定的金融，以及极佳的国际信誉"。然而与经济增长相伴随的却是贫富差距和社会不平等的扩大。"快速的经济发展和与日俱增的不平等现象发生在一个对如何缓和这些变化所造成的影响、或对政治上发表意见以及解除紧张状态的机会都没有很好准备的政治体系"[1]，社会下层没有从经济增长中获益，新兴阶层没有得到参与政治体系的机会，因此，民众提出了平等和广泛政治参与的诉求，结果是1910年革命爆发。

1910～1917年革命推翻了迪亚斯数十年的专制统治，也造成巨大破坏。"破坏之全面犹如一场大混乱。革命夺走了上百万人的生命。绝大部分农业、畜牧业及矿业经济遭到破坏。没有一家革命前建立的主要银行和报社得以生存"[2]。"铁路瘫痪，成为废墟。一千多英里的电报线遭到破坏，农业和采矿业的生产下降一半。外债高达10亿美元，利息过期未付，外国政府要求对他们的公民财产的破坏给予补偿。军队开支占国家预算的60%"[3]。革命过程中有100万人死亡，国家经济陷于崩溃。这种后果增加了墨西哥民众对民主、发展、稳定及可治理性的渴望。著名的

---

[1] 亨廷顿：《变革社会的政治秩序》，上海译文出版社1989年版，第344页。
[2] E. 布拉德福德·伯恩斯：《简明拉丁美洲史》，王宁坤译，涂光楠校，湖南教育出版社1989年版，第242页。
[3] E. 布拉德福德·伯恩斯、朱莉·阿·查利普：《简明拉丁美洲史：拉丁美洲现代化进程的诠释》，王宁坤译，张森根审校，世界图书出版公司2009年版，第227页。

1917年宪法从根本上体现了这种愿望。

1917年宪法所确立的一些原则对于可治理性的实现具有重要意义,这些原则具体体现在国家的作用、宗教与国家的关系、土地改革、劳工权利等条款上。

(一) 加强国家的作用

国家负责国民经济活动的计划、领导、协调和引导;战略部门必须由公共部门负责;国家须拥有必要的机构和企业,以有效掌握由其负责的战略部门;公共部门可依法单独或与社会和私人部门一道,参与促进和组建优先发展的部门,以保证对具有首要意义的活动实行有效控制。

(二) 限制教会的政治、经济和社会影响

宗教团体不得以任何形式干涉各种教育的教学场所的活动;不得具有获得、拥有或经营不动产的资格;教堂属国家所有,由联邦政府代行所有权,永远受当局监督;公共或私人慈善团体不得接受宗教组织或团体、牧师或与其类似人员的保护、领导、管理或监督;不承认宗教团体的法人资格;牧师绝对不准批评国家的根本法律,不准批评个别当局或笼统地批评政府;牧师没有选举权和被选举权,也没有为政治目的而结社的权利;宗教性出版物一律不准评论国内政治事务;不得在教堂举行政治性集会。

(三) 实施土地改革

宪法确定了土改的主要形式,即分割大庄园的土地,在法定范围内安排对村社和公社的组建和集体开发,发展农业小土地;建立新的农业居民中心等;废除不符合法律规定的对村社土地、水源和山林进行的转让、非法侵入和占有;规定了对土地所有者给予补偿的方法,因土改受到影响的土地所有者"不得提出保护诉讼",但可以求助于联邦政府,并获得相应赔偿。

(四) 增加劳工权利和福利

宪法确定了工作时间和工作条件的保护,规定了劳动者的经济和劳动权利，如"劳动者有权参加企业的利润分成"，企业有义务向劳动者提供工作培训，职工有权享受社会保险和住房补贴；劳工有组织工会、专业联合会和罢工的权利，有稳定就业的权利。

1917年宪法颁布后，墨西哥仍处于动荡状态，"国家没有一天是完全平静的"①，1920~1927年间曾发生多次军事政变企图，一些人仍热衷于通过军事手段夺取政权；教会与国家仍常处于对抗状态；国内政治派别林立，暴力事件不断，多位总统被暗杀；国家仍缺少实施宪法、维护秩序、保障民众权利的有效手段。

二、可治理性的初步实现

1910~1917年革命后的动荡和混乱表明，墨西哥迫切需要建立"一个制度与法律的国家"，以实现政治和社会稳定。一些革命领袖也在不断探索实现国家稳定的途径和方法。1929年3月，在普鲁塔科·埃利亚斯·卡列斯倡议下，全国200多个政党和组织联合成立国民革命党（PNR），决定走体制化的道路，带领墨西哥走出动荡的恶性循环。该党逐渐发展成官方党，"承担了选择并选举总统以及确保权力移交而且是和平移交的职责。该党因此帮助解决了自宣布独立以来一直折磨墨西哥、而且折磨大部分拉美国家的大问题"。②1938年卡德纳斯对政党进行改组，把党改名为墨西哥革命党（PRM），党内设农民、工人、人民和军人4个部，工农兵和中间阶层全部被纳入政党体系，强化了党的中央集权功能，增强了党对国家政治生活的控制能力。1946年党再次改组，改名为革命制度党（PRI），并取消军人部。墨西哥通过建立和巩固官方党的手段，消除了一直困扰国家的政治

---

① （墨）丹·科·比列加斯等：《墨西哥历史概要》，中国社会科学出版社1983年版，第107页。

② E. 布拉德福德·伯恩斯：《简明拉丁美洲史》，湖南教育出版社1989年版，第244页。

和社会动荡,确立了"是制度而不是个人进行统治的"宪政制度。

PRI 主导的宪政制度,使墨西哥实现了初步的可治理性。作为官方党,PRI 全面控制了国家政治、经济和社会生活,其他政党没有能力对其统治构成真正威胁;PRI 不仅一直垄断着总统职位,还控制着几乎所有州长职位;由于官方党的缘故,总统权力大,有"帝王总统"之称,但不得连任,其至高无上的权力来源于其所担任的职务,而不是来源于个人;选举能按期举行,权力能和平移交。这种特殊的政治制度为长达数十年的政治相对稳定提供了保障。

三、PRI 执政时期可治理性的相对脆弱

以 PRI 一党统治为基础的体制虽保证了墨西哥数十年的稳定,但也不断孕育出新的可治理性难题。最突出的是体制僵化问题不断加重。虽然实施三权分立,但国家权力机构严重不对称,立法和司法机构作用不大;虽实行联邦制度,但州一级事务完全在官方党和联邦政府控制下。在僵化的体制下,形成特殊利益集团,"新的特权上层人物占有了国民收入的大部分",致使贫富分化现象日益严重,一党统治的合法性逐渐减弱。越来越多的人对日益僵化和保守的体制深感不安,不满情绪逐渐蔓延。PRI 党内也不断出现分化,革新力量不断增长,一些人希望通过改革巩固 PRI 的地位,维护其统治的合法性。

PRI 也试图通过一定程度的改革维护统治的合法性,维护政治和社会稳定,提高可治理性的实现程度。早在 20 世纪 50 年代初,古斯曼等人就想把民主的做法引入到总统提名进程,主张纠正政府中的腐败行为。为了回应反对党对 PRI 垄断国家政治生活的不满,1963 年进行政治改革,通过"政党众议员"制度把反对党吸入到政治体系之中,试图通过造就忠诚的反对派,把墨西

哥政府标榜为民族共识的代表，巩固 PRI 统治的合法性。1968 年学生运动被镇压后，一些人特别是知识界"开始对青年发动残酷镇压政权的基本合法性提出质疑"[①]；60 年代末和 70 年代初，墨西哥出现了反政府游击队。1970 年埃切维里亚总统执后，努力消除 1968 年学生运动事件的后果，提出"民主开放"政策，继续推进政治改革进程，扩大反对派参政的渠道，使越来越多的公民和政治组织走上合法斗争的轨道。1976 年上台的洛佩斯·波蒂略总统为了加强和扩大民众的支持，继续推进政治改革的进程。但自 20 世纪 60 年代开始的由 PRI 主导的改革，并没有使墨西哥实现理想的可治理性。

20 世纪 80 年代后墨西哥的可治理性问题开始尖锐起来。1982 年发生债务危机和经济危机，被认为是"专家治国论者"的德拉马德里总统开始执政。他任命了由清一色专家治国论者组成的政府，老资格的政治家和党的领袖被排除在外。德拉马德里政府（1982~1988）接受国际货币基金组织重新安排债务的谈判条件，并努力恢复"国家、私人部门和外资部门的三方联盟"[②]。政府政策最主要的转变有两个：一是减少和重新确定国家的经济作用，手段起初是减少公共开支，后来是私有化；二是对外开放，完全放弃战后所实行的进口替代战略，逐步取消关税，打破对外国产品进口的壁垒，促进出口。一些观察家指出，上述政策的实施表明"墨西哥经济历史"方向发生根本变化，"德拉马德里政府作为墨西哥历史的分水岭而被载入史册"。随后执政的萨利纳斯政府（1988~1994）和塞迪略政府（1994~2000）继续推行面向市场的经济发展战略，对经济结构进行根

[①] 莱斯利·贝瑟尔主编：《剑桥拉丁美洲史》第七卷，经济管理出版社 1996 年版，第 132 页。

[②] 莱斯利·贝瑟尔主编：《剑桥拉丁美洲史》第七卷，经济管理出版社 1996 年版，第 157 页。

本改革，墨西哥经济因而发生了由内向到外向、由封闭的进口替代到开放的出口导向、由国家干预到市场化的转变。随着经济转型的发生，政治也发生重大变革。在经济与政治转型过程中，可治理性难题再次显现出来。

第二节 可治理性问题的根源

20 世纪末墨西哥可治理问题趋于尖锐，有着特殊的国内和国际根源。

一、经济奇迹结束使可治理性问题表面化

经济奇迹破灭动摇了 PRI 统治的根基。PRI 执政后的政治稳定为经济发展创造了必要条件，而经济持续稳定增长又成为政治和社会稳定的保障，是 PRI 进行稳固统治的基础。1940~1956 年墨西哥年均增长率达到 5.81%；1957~1976 年为 6.59%；1978~1981 年分别为 8.25%、9.15%、8.32% 和 7.95%。经济持续增长使政府有能力为各阶层提供一定物质财富和实惠的生活条件。中间阶层过上越来越舒适的生活，一般工农群众的生活条件也得到改善。经济增长及所带来的物质生活水平提高，使 PRI 的政治统治得到多数人认可。许多墨西哥人认为，PRI 的统治是国家政治生活中不可更改的事实；民主的缺乏不是什么大问题；不少人甚至还不习惯自由选举、公开辩论和舆论监督这些所谓民主的基本要素，对国家政治制度及其运转方式不太感兴趣。20 世纪 80 年代以后，随着 PRI 经济政策失误和经济危机出现，经济发展奇迹结束，维持传统秩序和政治稳定的经济条件不复存在，实现可治理性的难度增加。

经济危机成为可治理性问题加剧的导火线。1982 年墨出现经

济危机，1982 和 1983 年 GDP 分别下降 0.6% 和 5.2%；1982～1988 年间，除 1984 年人均 GDP 增长 0.9%，其他年份为负增长，下降幅度分别为 3.3%、8.1%、0.2%、6.5%、1.1% 和 1.5%[①]。工农群众、特别是中间阶层继续改善生活水平的希望破灭。在稳定和经济增长的情况下，多数人对 PRI 选举舞弊等政治劣行尚能容忍。随着经济形势恶化，对 PRI 政治劣行的容忍程度降低，不信任感增加。

二、政策失误使 PRI 逐渐失去民众信任

20 世纪 70 年代后期，由于发现新油田，墨西哥人对国家前途充满信心。但 PRI 经济政策出现失误，没有管理好"石油繁荣"，丰富的石油资源无法弥补经济政策失误造成的损失，反对派的不满越来越强烈。右翼的国家行动党（PAN）要求国家对经济实行低水平干预，得到社会各界广泛赞同；左翼的统一社会党则对 PRI 的经济发展战略、以及政府在与 IMF 谈判中立场的软弱提出异议和抨击。在这种背景下，PRI 的政治威信日益下降，反对党开始活跃在墨政治舞台上。70 年代后期反对党一直解决内部分歧，还没有对 PRI 的统治提出真正挑战。80 年代后 PAN 摆脱了内部分歧，左翼政党也实现联合，要求分享权力的呼声越来越高。反对党在选举中不断取得进展，在 1983 地方选举中，反对党赢得 38 个市长职位，在 7 个市政议会中占多数；PAN 还几乎赢得索诺拉州和下加州的州长职位，尽管最后官方宣布 PRI 获胜，但人们认为其中有诈，各界人士举行大规模抗议活动，PRI 付出了极大政治代价，政治威信明显下降。PRI 一党垄断国家政治生活的局面已难以为继，可治理性问题日益严重。

---

① Eduardo Torres Espinosa, *Bureaucracy and politics in Mexico*, p. 91, p. 138, Ashgate, 1999.

三、PRI 的政策逐渐失去各阶层支持

PRI 在长期执政过程中，实行了具有民族主义特色的发展战略和政策：工业发展靠民族企业供应国内市场；以关税和进口限制为手段，保护它们不受更有效率的外国资本的威胁；在利用外国资金时，拒绝外国资本的控制权。这种内向的发展政策一经确立，便深植于墨西哥政治和社会体系中，受到工业寡头（能够取得优惠贷款和进口许可）、政治家（能够获得工业寡头的慷慨赠与）、工会（是受保护工业中待遇优厚的"劳工贵族"）以及迅速崛起的中间阶层的拥护，农民阶层也成为 PRI 政治统治的重要支柱。而 80 年代以后的经济改革和发展模式转型对各社会阶层利益造成不同程度影响，引起各社会集团利益的重新调整。一些阶层的政治态度因经济利益的变化而改变，一些在传统上支持 PRI 的阶层，开始对其政策表示怀疑、不满，甚至成为反对党的同情者和支持者。

（一）农民的不满与反抗

PRI 政府传统的农业政策（土地改革、农产品价格政策等）在一定程度上保障了农民群众的经济利益，农民因而成为 PRI 坚强的支持者。80 年代末以后，PRI 政府基本认可了自由主义经济政策（国外学者称为正统经济政策），认为自然农业仅仅为 2500 万农民提供了不算富足的生活，且不能给国家创汇，因此应尝试用现代出口农业取而代之。基于上述认识，PRI 政府停止土改，摧毁墨西哥革命所建立的公有土地制度，允许将村社土地私有化，继而允许土地自由买卖。

土地改革曾是 PRI 政府一项基本政策，在土改基础上形成了由一些贫瘠小块土地组成的村社。村社生产方式虽然落后，但却为大量没有接受过教育、缺少技能的农民提供了基本生存手段。由于停止土改和解散村社，又没有提供可供替代的就业方式，失

去土地和生活来源的农民大量流入城市①,一直忠于 PRI 的农民开始转变态度,不满情绪扩展,特别是在南部地区。1994 年恰帕斯农民暴动,随后格雷罗州也出现武装农民组织。这些组织的出现体现了农民对政府政策的怀疑和不满。

(二) 中间阶层逐渐成为政府政策的反对者

20 世纪后墨西哥中间阶层迅速壮大。1960 年中间阶层人口占城市总人口的 17%,20 世纪 80 年代中期达到 25%~30%。中间阶层的成员主要分布在政府机关、军队、学校及物质生产的正式部门,是工业化和现代化的重要既得利益阶层,在工资待遇、住房补贴、医疗服务和社会福利等方面,得到政府的优待。中间阶层在传统上持一种中间、温和的政治立场,是 PRI 进行政治统治的重要社会基础。

20 世纪 80 年代后的经济危机和改革,冲击了中间阶层的经济和社会地位,该阶层承担了相当的改革成本。中间阶层收入下降,根据拉美经委会统计,墨西哥中间阶层收入在社会总收入中比重 1984 年为 27.1%,1989 年下降为 22.0%,1992 年为 22.1%②,许多人的收入水平进一步接近贫困线;中间阶层就业机会明显减少,越来越多的人落入了就业不稳定的境地;中间阶层生活质量下降,出现了"中间阶层贫困化"趋势,消费方式日益"贫民化"③。由于经济和社会地位的改变,中间阶层对社会现实的不满情绪明显增加,由政府政策的拥护者成为反对者。在对 PRI 政府政策的批评中,中间阶层的声音最大。

---

① 德裔墨西哥学者海因茨·迪特里希认为,因失去土地而由农村流入城市的农民超过 1000 万人。

② CEPAL, *Panarama Social de America Latina* 1994, p. 31, Santiago de Chile, noviembre de 1994.

③ Jose Luis Calva, "*la deuda social heredada por el nuevo gobierno y la propuesta presidencial de bienestar para todo*", pp. 24~28, Momento Económico, No. 77.

（三）有组织的劳工阶层态度的转变

劳工特别是有组织的劳工与 PRI 的关系一直非常密切。PRI 的党章过去长期规定，所有官方工会的成员都是该党党员，PRI 党员的 2/3 在工会中。从 20 世纪 80 年代初开始，官方工会与 PRI 及其政府之间的矛盾不断加剧，开始背离无条件支持 PRI 的传统。

工会与 PRI 的矛盾在 70 年代末就已出现。1976 年波蒂略政府上台后，越来越多地放弃 PRI 多年来行之有效的民众主义政策，对工会权利和工人利益越来越不够重视。德拉马德里政府长期实行紧缩政策，虽然避免了国家经济的进一步恶化，但付出了高昂社会代价，失业不断增加，工资水平下降，工人生活状况恶化。1982~1988 年民众的购买力下降 50%，1988 年的失业人数超过 600 万。1987 年 10 月，PRI 确定萨利纳斯为总统候选人后，PRI 与工会的矛盾迅速升级。在萨利纳斯竞选过程中，拥有 450 万会员的墨西哥劳工联合会领导人不断攻击萨利纳斯的经济政策，而拥有 20 万会员的石油工会则完全站在反对党一边。工会态度的转变，造成 PRI 在许多城市选举中失利。萨利纳斯 1988 年上台后的一些改革措施也遭到工会领导人的阻挠。此后政府的私有化改革措施，不仅削弱了国家经济职能，也削弱了工会的传统权利和地位，侵犯了有组织劳工的利益，一些公共部门官员和国有企业领导层的利益也受到根本性触动。这必然加剧这些力量对 PRI 及其政府的不满。

（四）企业主阶层态度的变化

在 20 世纪 30 年代后进口替代战略过程中，私有企业主因国家执行保护民族工业的政策而得到巨大经济利益。作为进口替代发展战略的主要受益者之一，私人企业主阶层也是支持 PRI 政治统治的重要力量。随着 80 年代以后经济改革不断深入，私营企业失去了国家的保护。特别是在墨西哥加入北美自由贸易协定（NAFTA）后，国内中小私人企业遭遇强烈外部冲击，利益受损，该阶层对 PRI 的态度不能不有所改变。

总之，农民阶层、中间阶层、工会和企业主与 PRI 关系的变化，从根本上动摇了 PRI 政治统治的社会基础，加剧了墨西哥的可治理性问题。

四、PRI 独立统治和控制能力的丧失

随着国内政治力量对比的变化，墨西哥的传统政治平衡被打破，反对派力量不断增长，要求分享权力，PRI 失去独立统治和控制的能力。

（一）PRI 所能获得的政治支持减少

1929 年后，PRI 通常保持着对国家机构近乎垄断的控制，从 30 年代到 1987 年，赢得了每次总统选举的胜利，并在选举中占绝对优势；垄断着所有州长和参议院几乎所有席位。但如前所述，PRI 也不能避免发展中国家执政党的一般恶习（特别是腐败），逐渐招致人们的强烈不满，致使其获得的政治支持减少，控制国家政治生活的能力降低。到 20 世纪 80 年代，对 PRI 的不满扩展到中间阶层和下层民众，PRI 作为执政党第一次陷入真正的信任危机。1994 年 PRI 总统候选人科洛西奥和党的总书记鲁伊斯·马谢乌相继被暗杀，引起人们对 PRI 内部斗争和统治能力的种种猜疑。塞迪略执政后，试图树立 PRI 的新形象。但当他每次试图这样做时，新的丑闻就不断出现，导致党的基础进一步瓦解。越来越多的人认为，PRI 一党对国家和社会进行垄断控制的黄金时代已经结束。萨利纳斯总统公开承认，自 1988 年开始，墨西哥已经结束了事实上的一党制，"进入一个多党及与反对派激烈竞争的新政治时期"[①]。

[①] 莱斯利·贝瑟尔主编：《剑桥拉丁美洲史》第七卷，经济管理出版社 1996 年版，第 169 页。

（二）反对派已不能容忍 PRI 对国家政权的垄断

1988 年以前，PAN 是最成功的长期反对党，能获得约 15% 的选票。PAN 的支持者主要集中在墨西哥城和其他一些城市、北部各州和传统上比较保守的地区（瓜纳华托和哈利斯科等）。墨西哥统一社会党（简称 PSUM，原来是墨西哥共产党，后来成为墨西哥社会党的核心）是墨西哥传统第三大党，能获得 4% 左右的选票。1985 年，反对党合起来的票数在联邦区已经超过 PRI，但无论是左派还是右翼反对党，此时都还不能摧毁 PRI 在农村地区的阵地和统治基础，经济上落后的恰帕斯、塔瓦斯科、坎佩切等州对 PRI 的支持率仍达到 85%。

1988 年大选表明 PRI 对政治和政党制度传统控制的结束。PRI 候选人萨利纳斯赢得 50.7% 的选票，创该党总统候选人历史上最低得票，失去以往的绝对优势；左派联合推出的全国民主阵线（FDN）候选人夸特莫克·卡德纳斯获得 31% 选票，是 1917 年革命以来反对派候选人的最高得票率；PAN 总统候选人曼努埃尔·克罗德尔得到 16.8% 选票。在议会选举中，PRI 获得的席位比以前任何选举都少。尽管它获得了参议院总共 64 个席位中的 60 个，但在历史上首次失去 4 个席位，在众议院首次失去 2/3 多数席位。大选结束后，反对派认为大选中有严重舞弊行为，开展大规模抗议活动，甚至要求取消选举结果。这一切表明，反对派已经不能容忍 PRI 对国家权力的垄断。

五、PRI 统治的合法性和执政能力遭受质疑

到 20 世纪 80 年代后，PRI 作为墨西哥革命继承者的身份受到越来越多人的质疑，其政治统治的合法性出现危机。

（一）PRI 指导思想的混乱削弱了其执政基础

在国家建设过程中，PRI 及其政府主要成员的成分、知识结构等发生较明显变化。革命胜利之初，政府主要由来自北方各州

的军事领袖所控制。随着时间推移及和平交接的实现，军事事务的作用越来越不重要。1946年最后一位将军总统离职，此后政府中就很少有军人了。随着经济建设在 PRI 工作日程的日益重要，老牌政治家在党内和政府内的绝对统治地位逐渐被打破，具有改革精神、有文化的新型领导人开始居主导地位。1970年埃切维里亚总统把一批所谓"技术官僚"引入政府。把技术官僚吸收到政府中并委以重任这种模式在此后波蒂略和德拉马德里政府时期得以持续和扩展。"整个70年代，一个'新阶级'在墨西哥执政党和政府中的影响力日增。他们受过高等教育，通常毕业于哈佛大学或麻省理工学院，英语流利，富有国际观。他们本身是墨西哥人，可是他们又已经美国化"①。80年代后期德拉马德里总统确定的接班人是新的改革派人物萨利纳斯。萨利纳斯长期在美国哈佛大学学习，获得该校多个学位。萨利纳斯当选总统后，在英国和美国接受过教育的经济学家受到重用②。PRI 领导层成分的变化必然在党的指导思想上有所体现。

　　PRI 成立后一直高举以主权独立、民主自由、公正平等为中心的"革命民族主义"旗帜。在这一理论指导和旗帜下，PRI 赢得了民众的支持，维护了党的团结，发展了民族经济，保持了政权的长期稳定。萨利纳斯为推行经济改革政策，改变了党的指导思想，于20世纪90年代初提出"新民族主义"和"社会自由主义"的主张，主张以社会自由主义取代"革命民族主义"。新

---

① 保罗·克鲁曼：《失灵的年代》，台湾先觉出版社1999年版，第83~84页。
② 在德拉马德里政府任职的拥有硕士学位的高级公务员中，39.56% 在墨西哥本土获得学位，在美国获得学位者31.46%，英国12.46%，其他国家16.52%；在拥有博士学位的高级公务员中，在墨西哥本土获得学位者只有31.8%，在美国获得学位者达到34.4%，在法国和其他国家获得学位者分别有18.28%和16.14%。在萨利纳斯政府拥有博士学位的高级公务员中，48.19%是在美国取得学位，在墨西哥本土获得博士学位者只有28.71%。引自 Eduardo Torres Espinosa, *Bureaucracy and politics in Mexico*, p.215, Ashgate, 1999.

民族主义放弃了反帝、反霸和反美的口号；社会自由主义则宣扬在"社会利益原则"下的自由主义。上述理论在1993年PRI十六大上被确立党的指导思想。许多人认为，PRI在新思想指导下推行的改革日渐脱离支持它的劳工阶级，削弱了自身赖以存在的社会和组织基础，并引起党组织的分裂。1996年9月召开的党的十七大，重新恢复了"革命民族主义"的指导思想，强调PRI是墨西哥工人、农民和人民阶层的党，是民族主义、民主和民众的党。PRI指导思想上的混乱表明，党内已经出现严重分化，衰落已在所难免。

（二）PRI作为墨西哥革命合法继承者的身份遭受质疑

PRI执政后，长期高举墨西哥革命和宪法的旗帜，在这面旗帜下把广大工人、农民、知识分子、国家公务员、中间阶层都吸收到党内，把自己打扮成所有墨西哥人利益的代表。各届PRI政府及各位总统的政策虽有差异，风格有所不同，但都毫无例外地宣称坚持革命原则，持续地实施一系列具有民众主义特征的政策，使一般民众能从中受益。墨西哥民众接受了PRI政府的基本政策，认为这些政策是实现革命目标的手段[1]，许多人特别是农民群众觉得PRI政府是"他们自己的政府"，认可PRI政府的合法性。

20世纪最后十多年间，PRI放弃和修改了1917年宪法所确定的一系列政策和原则，对体现墨西哥革命精神的1917年宪法进行了多次修改，特别对公认的涉及墨西哥革命原则的条款（如土地改革、劳工权利、国家职能、教会作用等条款）进行修改，其革命继承者的地位和身份被越来越多的民众所怀疑，许多人认为PRI已经背离墨西哥革命的原则。对PRI革命继承者地位

---

[1] Martin C. Needler, *the Problem of Democracy in Latin America*, p.75, Lexington Books, 1987.

的质疑，削弱了 PRI 的群众基础和社会根基。

（三）PRI 政治统治的合法性日益受到质疑

PRI 执政时期，墨西哥政治体制有很大缺陷，与"完全的事实民主"相差甚远。PRI 拥有官方资源和组织联系，其他政党很难与其抗衡。作为执政党，PRI 通常可以控制任何选举中出现的挑战，轻而易举地赢得主要选举的胜利。但 20 世纪 80 年代以后，随着 PRI 社会基础和群众基础不断受到侵蚀，选举的竞争性不断增强，PRI 已经不能确保在所有重要选举中稳操胜券。为了获得选举胜利，它不得不越来越多地使用舞弊手段，如大规模篡改选票，修正选举结果。由于选举舞弊严重，一些学者甚至怀疑是否应该把墨西哥归为民主国家的行列。到 1988 年 7 月，许多人墨西哥认为，大规模的舞弊行为摧毁了墨西哥的选举；PRI 政治统治的合法性在许多人的心目中已不复存在，其他政治力量成为可以替代 PRI 的选择。

（四）PRI 的代表性受到削弱

PRI 虽然有非常严密的组织机构，但党内派系很多。20 世纪 80 年代以前，党总是试图而且能够维护党组织的统一。但在 80 年代后党内分歧公开化，而且难以协调。1986 年以夸特莫克·卡德纳斯和穆尼奥斯·莱多为首的 PRI 一批著名人士，对政府经济政策和党内专制腐败现象不满，公开宣布成立"民主革新运动"，矛头直接指向总统和党的首脑。"运动"一派被开除出党后，组成了"卡德纳斯民族复兴阵线党"，并得到社会主义党、真正革命党、社会主义人民党的支持。1987 年 10 月这四个政党组成全国民主阵线，推举卡德纳斯为总统候选人，参加 1988 年大选。

继 1986~1987 年大分裂以后，PRI 党内又发生几次比较大的斗争和分裂。20 世纪 90 年代后党内争权夺利的斗争恶性膨胀，1994 年该党总统候选人科洛西奥和总书记鲁伊斯·马谢乌先后遭暗杀，据传前总统萨利纳斯及其弟弟涉嫌与此案有关。在1996年党的十七大上，保守派与改革派（技术官僚和年轻党员）发生激烈争论，又有一部分人脱党。派系斗争，特别是公开的组织分裂，削弱了PRI的代表性[①]。

第三节　应对可治理性问题的主要措施

一、墨西哥可治理性问题的主要表现

墨西哥的可治理性问题主要表现为政治动荡与政治危机频发；民众政治热情低迷；政府执缺乏有效化解政治和社会危机的机制。

政治动荡时有发生。墨总体政治格局虽然一直保持平稳，政治体制能够正常运转，但政治动荡时有发生，有些甚至影响到全国的政治稳定。20世纪90年代中期，PRI一些高级领导人遭到暗杀；1994年恰帕斯农民起义，其他州也出现小规模的反政府武装；三大政党之间的争夺和斗争日益白热化，酿成2006年大选后的政治冲突；2006年瓦哈卡州的社会和政治冲突不断升级，并波及到全国其他地区，包括首都墨西哥城；2008年后由贩毒集团引发的社会不稳定事件时有发生。这些事件虽不足以引发全国性的动荡，但足以说明政治稳定中有隐患。

民众政治热情低迷。墨政治发展过程中的混乱、政府执政能力缺陷引起越来越多人的不满。许多人对选举、投票等政治活动不热心，对政党和政府缺乏信任，甚至把投票看成一种负担。

---

①　徐世澄：《墨西哥革命制度党的兴衰》有关章节，世界知识出版社2009年版。

2006年7月墨大选投票率不足60%。民众政治热情降低一方面损害政府和执政党的执政基础,另一方面损害民主体制的合法性,加重可治理性问题。

缺乏有效化解政治和社会危机的机制。墨西哥可治理问题的另一个表现是缺乏解决危机的有效机制。1994年发生的恰帕斯危机至今已经10多年,仍未得到完全解决。虽然比较平稳地实现了由一党统治向多党竞争体制转变,但转化过程中又出现新的问题,最明显的是2006年大选引发的动荡以及瓦哈卡危机的发生。这两场危机长期得不到有效平息,从一定程度上说明墨西哥还缺乏有效弥合政治分歧、消除争议和矛盾的有效机制。

执政党执政能力缺陷日益暴露。革命制度党执政能力的缺陷,导致其在连续执政71年后下台。国家行动党2000年执政后,在执政能力方面并没有显著提高,在许多方面不能兑现诺言。例如福克斯总统执政之初,许诺将实现墨西哥年均7%的经济增长,但2000~2006年年均增长不足2%;当初允诺每年创造120万个就业岗位,实际上只有14.6万;在劳工改革、消除贫困、解决恰帕斯危机等方面的允诺也未兑现;解决在美国的墨西哥非法移民问题的许诺也落空。不能兑现诺言,既是执政能力缺陷的具体表现,也会增加人们的不满。

二、应对可治理性问题的主要措施

墨西哥应对可治理性危机的最主要手段是提高体制的效率和公众的参与程度。在20世纪80年代以后,历届PRI政府都主动推进政治改革,在避免出现严重政治和社会动荡的前提下,通过改革提高体制的效率,为可治理性提供体制支持。2000年国家行动党执政后,在不少方面延续了政治改革的趋势。

(一)增强体制的效率与合法性

主要途径是政治改革,主要措施有:通过选举制度改革,为各政党公平竞争创造条件；通过行政改革，提高联邦政府及其他机构的效率和能力；通过调整国家政权机构之间的关系，加强司法机构和立法机构的作用，营造三权分立的氛围；通过强调法律的权威，实现巩固和完善"法制国家"的目标。

扩大联邦众议院的代表性。从第51届联邦议会（1979~1982）起，将众议院席位由237个增加到400个，其中300席由全国300个单名制选区的多数票产生，100席由获准登记的、不包括执政党在内的各政党，按在全国选举中的得票比例分配。这一改革使得反对党在联邦议会的席位从第50届议会的42席，增加到第51届的104席和第52届的101席，在联邦议会拥有席位的政党从4个增加到7个，议会的代表性扩大。1986年把联邦众议院的席位增加到500席，其中200席为比例代表制席位，议会的代表性进一步扩大。此后的历次选举改革都保留了联邦众议院的上述结构，尽管在选票转化为议会席位时计算方法稍有改变。

提高联邦参议院的效率与合法性。从20世纪30年代一直到1988年，参议院所有议员几乎是清一色的PRI党人[①]。参议院在1994年前，每个联邦单位有2名参议员。就任期而言，从1934~1988年，参议员任期6年，期满后全部改选；1987年宪法修正案规定，每3年改选一半参议员。1993年的改革规定，参议院将由128名议员组成，每州4名，3名来自选举中获胜的党，在选举中获得第二位的政党获得1名。1996年的改革改变了参议院的组成方式：参议院仍有128个席位，每州2名参议员属于获得选票最多的党，1名属于得票第二位的党，另外32名所谓的"全国"参议员（即不具体代表哪个州），通过比例代表制形式

---

① 1976~1982年社会主义人民党（PPS）领导人 Jorge Cruickshank 在参议院占有一席。

从全国秘密名单中选出。随着选举改革的推进，联邦参议院中各政党所占有席位情况发生很大变化①，个别政党垄断参院席位的现象成为历史，参议院的代表性、合法性和效率得到增强。

提高政府机构的权威和效率。在PRI执政后期，强调依法治国，提出要巩固和完善所谓"法制国家"，并通过行政改革，不断调整联邦政府的机构，扩大中央银行等机构自主权，调整国家政权机构之间的关系，加强司法机构和立法机构作用，在政治制度中努力营造三权分立的氛围。2000年PAN执政后，继续推进政治改革进程，注重提高政府机构的权威和效率，把"建设一个以三权分立和巩固司法秩序为核心的国家"作为政府的使命。福克斯承诺要使"立法权和行政权的关系更为顺畅"，建立一个尊重法律的法治国家，"使墨西哥拥有一个确保合法和使我国的民主符合明确的、公正的规章的司法权"。具体措施包括：重组共和国总检察院，设立公安部，建立联邦调查局；改革司法审判程序，使司法审判更加透明公正；加强社会各界对政府政策的监督；提高政府"根据民主的规章解决冲突"的能力②。

（二）提高民众对政治和社会生活的参与热情

推进海外墨西哥人参与国内的政治进程。据估计，目前居住在国外的墨西哥人有1100万，其中98%居住在美国，约400万有选民资格。2005年2月和4月，墨众参两院分别通过准许居住在外国的墨西哥人参加总统选举的议案。虽然海外墨西哥人参加选举还有不少限制（如只能参加总统选举投票，还不能参加

---

① 国家行动党在参议院的席位由第55届（1991~94）的1席增加到56届（1994~97）25席和57届（1997~2000）33席，同期民主革命党席位由2席分别增加到8席和14席，PRI的席位分别为61、95和76席，引自：Monica Serrano（ed），*Governing Mexico: Political Parties and Elections*，p.173，p.17，University of London，1998。

② 李子文：《比森特·福克斯任内墨西哥政治和经济的进展》，《拉丁美洲研究》，2005年第2期，第14~15页。

议会、市长以及州长选举投票），但他们要求参加选举的愿望得到初步满足，"扩大了墨西哥选举的基础，是一个具有历史意义的步骤"。

放宽对教会参与政治和社会进程的限制。1917年宪法具有强烈的反教权思想，墨西哥天主教会受到严厉压制，特别是在卡列斯执政时期（1924~1928），教会被驱逐出公共生活。1929年国家与教会正式签署和平相处的协议，在此后相当长时期，教会在政治上一直保持低姿态。但随着PRI威信下降和人民不满情绪增长，教会试图开始在政治上发挥更积极的作用。1980年墨西哥主教会议要求教徒积极参加公共生活，谴责腐败，批评政府对国家的债务负担过重负有责任，批评选举舞弊，敦促人民行使选举权。1988年大选结束后，PRI一些领导人认为，在挑战越来越严峻的情况下，应改善与教会的关系。萨利纳斯总统在改善教会与国家关系方面采取了若干步骤。他打破了国家与教会关系的许多传统戒律，号召实现教会与国家关系的"正常化"，邀请主教会议的主要代表出席1988年12月自己的就职仪式，与教会领导人进行直接接触。1989年6月，墨西哥主教会议向萨利纳斯提交了一份建议，要求对教会的法律地位进行修改。萨利纳斯于1991年12月提出修改宪法中关于教会条款的建议。1992年7月墨西哥通过"宗教组织和公共信仰法"。这个关于国家与教会关系的新法律，对教会仍有较严格限制，如禁止教会参与任何政治和党派活动，教会不能以任何方式支持竞选公共职务的候选人，但法律在教会对政治、经济、社会生活的参与方面有重大变化，承认教会和其他"宗教组织"享有法人的权利，承认教会拥有财产的权利，确定教会有管理"教育和卫生中心等"的权利；主持宗教仪式的神甫虽不能担任公职，但"有选举权"。

注重提高民众的责任和参与意识。墨政府特别注重民众对社会发展项目的参与，培育民众的参与和责任意识。墨西哥从20

世纪80年代后半期开始实施"团结互助计划",计划的目标是改善农民、印第安人和城市贫民的生活条件;促进地区间协调发展,提高生产,为居民生活水平的提高创造条件;提高和加强社会组织及地方政府参与解决社会问题的能力。1997年墨政府又提出名为"教育、卫生和食品计划"的反贫困措施。上述两个计划在执行过程中,通过地方政府、社区、生产合作社和私人组织等渠道,动员受益者直接参与实施。2000年国家行动党执政后实施以扶贫为主要目标的"机遇计划",同样重视受救助者的参与,提高他们参与社会发展进程的意识。2004年1月墨通过《社会发展法》,除规定公民所享有社会权利外,突出强调要增加社会政策的透明度,保证公民参与制定相关的计划①。

(三)提高政府的合法性

减少舞弊现象。PRI执政后期所出现的大规模选举舞弊,不仅引起社会不满,也损害政府声誉及其统治的合法性。反对舞弊,提高选举的合理性和合法性,减少和杜绝选举不公平现象发生,成为社会各界的共同要求,也成了PRI追求政治统治合法性、维护墨西哥民主声誉的手段。为此,墨西哥建立了独立的选举机构,把由政府包办和控制的联邦选举委员会转变为有多党和公民代表参加的自治机构;注意提高选举的透明度和合法性。例如,为了把1994年大选变为"墨西哥历史上最公正、最透明、最民主和最自由的选举",政府首次允许国内观察员和"外国来访者"监督大选,并与各政党签署了"和平、民主和正义协议"。

完善政党公共资金和选举资金的规定。墨传统上关于政党资金问题的规定既不公开也不透明。由政府控制的联邦选举机构(CFE)在资金问题上有完全自由的决定权。主要反对党PAN曾

---

① Ley General de Desarrollo Social, http://www.diputados.gob.mx

强烈反对 CFE 拥有这种"自由决定的权力",并拒绝领取资金和补贴。1987 年颁布的"联邦选举条例"首次规定,CFE 在决定政党公共资金数量方面没有自由决定的权力;政党公共资金按选举结果、在众议院所获席位的多少在各政党间按比例分配①。1990 年生效的"联邦选举程序和机构条例"(COFIPE)对政党和选举资金做了重要改革,确定了政党之间公共选举资金分配的新方法,分配标准有四个:选举结果,在议会拥有的席位数量,选举的最低费用,政党活动情况。后来又加进了第五项标准,即费用向小党倾斜,目的是支持小党的发展。1996 年修改的选举法对政党的收入与支出、选举支出最高限额、政党公共资金的报告制度和对资金使用的监督等作了明确规定,确定政党公共选举资金主要有三种形式,即日常活动资金、竞选资金和特殊活动资金;决定各政党资金补贴数额的因素有三个:是否在议会中拥有席位;上次选举中的成绩;政党举行的某些活动。法律规定,除公共补贴外,还可以有其他形式的政党资金,其中包括:政党成员的捐款;各政党支持者以现金形式的捐助(每个个人捐助不能超过政党总公共基金数额的 0.05%,每个政党接受的这种形式的款额不能超过总公共资金的 10%);出售出版物所得的收入,以及集会、彩票和其他金融活动所得的收入;通过自己的基金或信用活动所得到的利润。法律还确定了各政党选举费用支出的上限。

墨西哥关于政党资金的规定,有助于资金分配公平化,加强了对公共资金的监督,有助于选举公平,有助于抑制与选举相关的违规和腐败现象,有利于提高执政党统治的合法性。

---

① Monica Serrano (ed), *Governing Mexico: Political Parties and Elections*, p. 157, University of London, 1998.

（四）增强执政能力和水平

墨西哥执政党和政府注重提高执政能力和水平。以 PRI 为例。在经历了 1988 年选举的考验后，PRI 认为进行自身改革已迫在眉睫。1990 年召开党的十四大，加快党内改革步伐。主要措施有：提拔和重用党内年轻的政治家，让他们在党和政府机构中担任要职，实现干部年轻化，以推进各项改革事业的发展。调整党的机构，减少党内官僚主义，加强党的纪律，强调党的决定一旦被通过，必须认真执行；推进党内生活民主化，规定州级以下民选职务候选人由基层选举产生，增加州长、州议员选举的透明度；PRI 的总统候选人在党内实行预选；1996 年 9 月党的十七大决定修改党纲和党章，规定党的总统候选人不再由总统指定，而由党的全国政治委员会在至少六名候选人中筛选；州长候选人则由党的州政治委员会选举产生。惩治腐败，严肃法纪，连涉嫌与非法活动有牵连的前总统萨利纳斯也险些被开除出党。

虽然自身的改革最终没能摆脱 PRI 失去执政地位的命运，它加强党的建设和执政能力的一些做法还是值得借鉴的。2000 年 PAN 执政后，也采取了一系列提高政府执政能力和加强执政党建设的措施，如改善党和政府形象，清除一些腐败分子，制定政府官员行为规范等①。

第四节　成效与困难

PRI 政府和国家行动党政府执政期间都采取了一系列有助于

---

① 徐世澄：《墨西哥政治经济改革及模式转换》，世界知识出版社 2004 年版；刘维广：《墨西哥国家行动党的渐进式改革以及党政关系的非传统模式》，《拉丁美洲研究》，2005 年第 2 期，第 50~51 页。

增强可治理性的措施，这些措施有助于提高体制的效率，有助于完善化解社会矛盾和冲突，有助于民众对社会和政治进程的参与，有助于可治理性程度的逐步提高。但墨西哥在实现可治理性方面仍面临重大挑战。

一、体制有所完善，效率有所提高

政治变革进程推进了墨西哥程序民主的完善，其中最重要标志是，曾经很严重的选举舞弊现象大为减少，游戏规则基本得到遵守。

在不成熟的政治体制下，选举舞弊现象通常比较普遍。如前所述，20世纪70年代以前，墨西哥政治相对稳定，经济持续增长、人民参与政治的热情不高，PRI在选举中没有对手，选举中的舞弊现象并不严重。20世纪80年代以后，随着反对党崛起和竞争加剧，舞弊现象明显增加，而且通常是"政府和PRI联合起来泰然自若地进行舞弊活动"[1]。舞弊的手段包括伪造选票、恐吓威胁反对派候选人、取消反对派监票人资格、在最后时刻变更投票地点、控制选民注册、让PRI支持者多次投票、操纵计票工作、取消不利于自己的选举结果等。

最近几年，在选举结束后各派虽然对选举结果还有争议，但选举舞弊现象大大减少。在选举过程中，各政党及其候选人可以通过媒体公开宣传自己的政治主张，有机会对人们所关心的问题发表政见，甚至可以展开公开辩论。各政党候选人的产生也更合乎现代民主程序。所有这一切，说明墨西哥的政治制度已经趋于成熟和有效，比较完备的程序民主已经建立并趋于完善，可治理性的实现有了更牢固体制保障。

---

[1] Jorge I. Domínguez and Alejandro Poiré (eds.), *Toward Mexico's Democratization*, p. 3, Routledge, 1999.

二、民众的政治兴趣有所改变

国外有关机构和研究人员经过调查发现，20世纪80年代以前，墨西哥民众尽管对政府的腐败行为进行批评，但基本接受了PRI主导的政治制度；虽然PRI长期一党执政，但没有多少人有受压迫的感觉和意识。公众普遍认为在墨西哥有自由表达自己政治观点的气氛，认为公共官员乐于倾听自己的抱怨和倾诉，对政府的现实期望较低，基本接受了该国不平等的阶级结构和社会结构[1]。在这种背景下，墨西哥民众的政治参与程度较低，一般的墨西哥人信息不灵、参与不够、政治冷漠、热情不高。

20世纪80年代以后，公民保持这种政治态度的条件已不复存在。现代化和政治变革进程改变了公民的政治态度，提高了其政治参与的积极性。城市化的发展、民众文化和受教育程度提高、政治改革措施不断深入，推动了选民对政治的关注，越来越多的人们关注选举和政府政策问题。墨西哥所发生的一系列具有变革性质的重大事件（80年代经济危机、PRI分裂、反对党壮大、各政党之间竞争日益激烈、关于加入NAFTA的辩论、恰帕斯州起义、PRI腐败丑闻不断披露）成为媒体宣传的中心，成为人们关注的热点，催化了公民政治参与的积极性，提高了对政治生活的兴趣；墨西哥人政治立场的选择也更加多元化。公民政治热情增强主要表现为以下方面：

政治兴趣增强。1981～1991年间进行的七次全国性调查（这些调查是由不属于任何党派的专业公司进行的）显示，民众的政治热情和参与政治的兴趣在增长[2]。1981年，对政治没有兴

---

[1] Ronald H. McDonald, and Mark Ruhl J, *Party Politics and Election in Latin America*, pp. 56~57, Westview Press, 1989.

[2] Monica Serrano (ed), *Governing Mexico: Political Parties and Elections*, p. 21, University of London, 1998.

趣的人比重相当高，2/5 的被调查者表示对政治不关注，只有少部分人（4.1%）表示很有兴趣，这与墨西哥 20 世纪 50 年代末的情况近似①。到 80 年代中期情况发生变化，表示很有兴趣的人增加一倍多，而不感兴趣的人下降 12 个百分点。

更加重视选举。20 世纪 50 年代末有 45% 的人不关心选举。80 年代中后期以后情况已大不相同。选民对全国性选举的重视程度已不亚于欧美发达国家。1994 年总统选举前夕，41% 的选民表示对选举十分感兴趣，约一半人表示"比较有兴趣"，"不特别感兴趣"者只占 9%。

获得政治信息的能力和政治判断能力增强。随着选民的政治兴趣增加和对选举的日益重视，其政治判断能力也获得相应提高，选民对政治领导人、国家形势、主要思想倾向、政府政策走向等问题的认识越来越清楚；选民在获得信息方面更加成熟，判断能力增加。

三、可治理性面临的主要问题

虽然墨西哥在体制的能力与效率、民众的政治参与方面取得一些积极变化，但在可治理性的实现过程中仍有许多困难和挑战。

（一）需要进一步提高当局维护稳定的能力和手段

墨西哥政治虽然总体稳定，但不稳定的隐患很多。1994 年发生的恰帕斯危机虽然局限在狭小区域，但长期得不到彻底解决，已对全国的政治稳定产生影响。2006 年以后墨西哥又出现了令人担忧的情况，围绕大选进程和结果，各政党之间斗争表面化，引发了政治动荡。2006 年 7 月 2 日大选投票后，民主革命

---

① Gabriel Almond, and Sidney Verba, *The Civic Culture: Political Attitudes and Democracy in Five Nations*, Princeton University Press, 1963.

党总统候选人洛佩斯·奥夫拉多尔先是认为计票过程中有舞弊，不承认大选结果，向联邦选举法院提起诉讼，要求全面重新计票；继而在墨西哥城等地发动大规模示威抗议行动。9月1日是墨西哥总统每年一度在国会发表国情报告的日子，由于对大选结果不满，反对派议员占领了总统发表国情咨文的演讲台，福克斯无法按计划进行演讲。在联邦选举法院9月5日宣布执政的国家行动党总统候选人卡尔德龙当选后，洛佩斯拒不承认联邦选举法院的结论。11月3日洛佩斯任命了由12名成员组成的平行政府，强调平行政府不是人们所想象的只是一个形式的或象征性的政府，而是要行使"合法"权力。在12月1日卡尔德龙就职的当天，也出现了严重的政治对抗和政治冲突。自2006年11月后墨西哥并存着两个政府。洛佩斯一直宣称自己是合法总统，拒不承认卡尔德龙政府的合法性，他在2007年10月的一次讲话中重申，"不承认卡尔德龙"，因为卡尔德龙是靠欺诈取得总统职位的，是骗子，是傀儡总统，其政府没有丝毫的合法性。洛佩斯还一直反对卡尔德龙政府的政策，提出要进行国家的变革，改变过去25年新自由主义政府实施的对多数民众造成极大损害的决策方式和经济政策，号召人们继续斗争直至实现国家真正的变革。这场危机表明，墨西哥政府急需增强维护稳定的能力和手段。

（二）需要提高当局化解危机的能力

墨西哥的政治体制虽在逐渐完善，但仍缺乏有效化解政治危机的能力。特别是在2006年瓦哈卡危机过程中，政治体制的这一缺陷表现得淋漓尽致。2006年5月，瓦哈卡州约7万名公立学校教师罢工，要求增加工资，并占领市中心广场作为开展抗议活动的基地。瓦哈卡州长（属于革命制度党）动用州警察，将抗议的教师驱散，双方对立升级，冲突规模扩大，冲突性质也逐渐发生改变。首先，原本是要求增加工资的教师示威活动，演变成群众性抗议，除了教师外，工会组织、左派政党和组织、印第安人团体等陆续加入抗议行动的行列。这些组织还成立了"瓦哈卡民众大会",以协调其行动。其次,抗议活动演变成了政治斗争,示威者除了要求增加工资外,还提出了州长下台等政治要求。第三,抗议演变成暴动。部分抗议者采取了极端手段(例如,占领了当地私人电台,封锁公路、公共汽车站和报社),暴力活动还一度升级为大规模骚乱,造成人员伤亡和大量公共设施遭破坏。第四,政治冲突的地域扩大,瓦哈卡州的政治抗议蔓延到了首都。5万多人在墨西哥城举行集会游行,要求瓦哈卡州州长辞职;瓦哈卡和墨西哥城都发生了抗议活动,在墨西哥城还发生了一系列爆炸事件。

　　瓦哈卡危机的加剧与扩展,与墨西哥有关当局缺乏化解矛盾和危机的能力有直接关系。首先,瓦哈卡州政府从一开始就没有与罢工和示威的教师开展有效和实质的对话,致使双方的矛盾和对立情绪不断发展,冲突不断升级,原本是要求增加工资的教师示威活动,逐渐演变成有广泛社会阶层参加的大规模群众性抗议,抗议活动演变成了政治斗争和社会冲突。其次,危机出现后,有关当局没有采取预防冲突升级的措施。教师提出要求增加工资后,州政府不仅没有能力满足教师的要求,还试图动用州警察,将抗议的教师驱散。该州州长态度一直强硬,威胁要解雇参加抗议活动的教师。双方失去妥协和相互让步的基础和条件,致使局势不断恶化。再次,在处理冲突过程中,州政府和联邦政府相互不配合,致使局势最终失控。2006年6月以后,州政府实际上已经逐渐失去对局势的有效控制。州长鲁伊斯多次请求联邦政府帮助恢复秩序,但总统福克斯认为瓦哈卡冲突是地方事务,联邦政府不宜过分干预。只是在冲突造成严重人员伤亡后,他才派联邦警察前往瓦哈卡州维持秩序。

　　总之,无论是旷日持久的恰帕斯危机,还是新出现的瓦哈卡危机,还是各个政党之间的冲突加剧,都充分表明墨西哥当局缺乏及时化解政治和社会危机的能力。

(三) 政治体制有待进一步完善

经过20世纪90年代后的改革,体制虽更加完善和有效率,但仍有很大缺陷,最突出地表现在三个方面。第一,体制不完善,在缓解政治冲突方面成效不显著,更不能做到防患于未然。第二,政治体制缺乏维护政治稳定的能力,特别是选举制度还有缺陷,选举政治甚至还出现危机。2006年选举危机之后,欧盟已经向墨西哥有关当局提出了修改选举法的49项具体建议,其中最主要的有:改革选举制度,在总统选举中采用两轮选举的做法;减少竞选的时间和成本;方便海外墨西哥人投票;保证联邦选举机构的效率,改革选举委员会成员的任期,使其成员逐步更换,而不是像现在这样一次全部更换①。第三,政治体制的参与性差。和其他不少拉美国家一样,许多墨西哥人把投票看成负担,对竞选活动感到厌倦。2006年7月大选的投票率不足60%,获胜者卡尔德龙实际上只获得了35.89%的选票,如果考虑到投票率不足60%这一因素,这意味着支持卡尔德龙的选民不及选民总数的20%,缺乏合法性基础。

总之,墨西哥执政党和政府采取的增强可治理性的政策措施,有助于可治理性程度的逐步提高,但墨西哥在实现可治理性方面仍存在一系列挑战。

---

① "UE Recomienda Segunda Vuelta en Mexico y Critica a Izquierdista", http://www.miami.com (23 de noviembre de 2006).

第十一章　委内瑞拉的可治理性问题研究

　　委内瑞拉1958年建立民主体制，并在此后30年间保持政治稳定，成功克服了经济危机、军事政变和游击战带来的挑战，实现了较高程度的可治理性。20世纪80年代末，经济发展的困境迫使委内瑞拉从进口替代发展模式转为市场导向的外向型发展模式，社会随之出现整体性变动。利益格局的分化和变动激化了社会矛盾，而政治体制因自身的缺陷而无力解决这些矛盾，社会需求和政府应付需求的能力之间濒于失衡。20世纪80年代末以来的20年间，委内瑞拉的可治理性面对重大挑战。民选政府愈来愈难以有效地维持社会秩序，大规模、长时间的罢工、示威和严重的暴力冲突频频发生；社会各阶层、各群体之间的政治分歧尖锐；国家机器内部出现分裂乃至对立，严重限制了政府的执政能力；猖獗的腐败现象损害了民主体制的合法性，多起未遂军事政变的发生对民主体制构成严重威胁。从政治体制的角度看，可治理性问题趋于严重的原因在于：委内瑞拉政治制度化的水平落后于政治参与的发展水平；民选政府的执政能力不足，政策措施缺乏连续性和稳定性；两大传统政党的衰落和政党体制的碎片化削弱了民主体制的社会基础和功能作用。

第一节　委内瑞拉可治理性的实现

迈克尔·科皮奇（Michael Coppedge）认为，拉美国家通常有三类战略行为体。第一类是国家行为体，例如军队、官僚和政府。第二类是社会行为体，例如教会、私营企业组织、工会、媒体、农会和土著人组织，甚至还有游击队和恐怖组织。第三类是政党。它们通过参加选举，在国家和社会之间发挥媒介作用，为政府提供人员，在立法机构代表公众。[1] 可治理性表现为这三类战略行为体遵守既有规则的程度。一些既有规则发展成为法律（例如宪法）；一些是非正式安排（例如执政联盟、政党协议或政策制定者应当与私营企业组织进行协商）。当这些规则相互协调和得到遵守时，社会发生暴力活动的可能性就最小化，矛盾往往能够得到和平解决，行为体乐于"按照规则行事"，行为体之间的互动最终将增强它们的互信。如此这般，可治理性得到实现。反之，当这些规则无法得到遵行、一些行为体谋求制订新的规则时，可治理性崩溃的迹象就显现出来。[2]

委内瑞拉在1958年建立民主体制，并在此后成功克服经济危机、军事政变和游击战带来的挑战，实现长期的政治稳定，从而在20世纪60年代和70年代实现较高的可治理性。1958年体制的主要内容是实行代议制民主，强调政党在国家政治生活中的

---

[1] Michael Coppedge, "Prospects for Democratic Governability in Venezuela". *Journal of Interamerican Studies and World Affairs*. Summer 1994. http：//findarticles.com/p/articles/mi_ qa3688/is_ 199407/ai_ n8716253/.

[2] Michael Coppedge, "Prospects for Democratic Governability in Venezuela". *Journal of Interamerican Studies and World Affairs*. Summer 1994. http：//findarticles.com/p/articles/mi_ qa3688/is_ 199407/ai_ n8716253/.

作用，以不同政治派别和社会组织之间的协调与合作确保民主体制的正常运转。在许多拉美国家的民选政府纷纷被军政府取而代之的情况下，委内瑞拉依然保持民主体制的稳定运转和社会的相对安定，因而被誉为拉美的"民主楷模"。

在20世纪60年代和70年代，民选政府取得显著的施政绩效。在政治领域，民选政府成功地保持政局的长期稳定。从1958年直至1988年，大选能够定期举行，政党之间为争夺胜果而展开激烈竞争，选举过程和选举结果都比较公开透明，投票率较高。1964年，贝坦科尔特总统（1959～1964）和当选总统劳尔·莱昂尼（1964～1969）完成委内瑞拉历史上民选总统之间的首次政权交接。此后，历届民选政府之间一直能够实现平稳的权力交接。

在经济领域，民选政府积极推动进口替代工业化进程，加强对经济的控制，对战略资源和重要产业实施国有化，逐步降低外国资本对本国经济的控制。政府逐步对天然气、铁矿业、渔业等生产实行国有化，废除委美之间的不平等贸易条约。委内瑞拉国有化进程的高潮在1976年到来。当年1月，它的最重要支柱产业——石油业——实现国有化。石油业的国有化使民选政府的威望达到空前高度。它不仅实现了委内瑞拉民族主义者捍卫石油权益的夙愿，也使民选政府的财力大为增强，有能力推行惠及社会底层民众的福利政策。20世纪70年代，国际市场石油价格的大幅上涨使委内瑞拉经济经历一段较长时间的高速增长。佩雷斯政府（1974～1979）实施"播种石油"战略，凭借石油资源举借外债，大力发展本国的基础工业。经过数十年的建设，委内瑞拉从一个落后的农业社会逐步转变为一个工业化程度较高的社会，其经济发展水平跃居拉美国家的前列。

政党在1958年之后占据委内瑞拉政治的中心舞台，成为巩固民主体制的最有力因素。以民主行动党和基督教社会党为代表的一批传统政党均成立于20世纪40年代，曾在反对希门尼斯政府独裁统治的斗争中进行紧密合作，为开创和巩固民主体制立下重要功劳。希门尼斯政权垮台之后，委内瑞拉主要政党设法就维护民主体制达成基本共识。1958年10月，民主行动党、基督教社会党和民主共和联盟共同签署《菲霍角协议》。该协议包含各政党之间的一项最低合作纲领，规定任何政党都必须承认大选结果，必须同当选政府合作，即使执政党也不得违背。由此形成的"菲霍角体制"充满调和色彩，推动各政党以协商合作化解政治分歧，严格遵守民主政治规则，因而有力地巩固了新生的民主体制。在1958年总统选举中，民主行动党候选人贝坦科尔特以明显优势胜出，但他仍然表示将遵守承诺，组建一个有三党成员参加的民族团结政府。

"菲霍角体制"在委内瑞拉催生了强大的政党政治。1958年之后，民主行动党和基督教社会党逐渐确立自身在国内政治中的主导地位。从20世纪50年代末到90年代中期，两大传统政党控制着总统职位和国会参众两院，并占据着大多数州长和市长职位。它们公开表示，任何冲突都不应危及民主体制。当有重大争议的问题出现时，它们通常会展开协商，力求达成妥协。有关国防、外交、石油生产等方面的重要政策都是在两党共识的基础上制订和实施。两党具有广泛的代表性，其成员来自社会的各个领域和各个阶层。它们有遍布全国的组织机构和大量的可支配资源。它们的党员数量众多，相当于这一时期选民总数的1/3。大多数社会组织的领导人实际上都是得到它们认可的人选。例如，民主行动党在这一时期控制了全国大约80%的农会组织和至少60%的工会组织。从1973～1988年，两党得票数合计相加，约占这一时期国会选举票数的80%，占总统选举票数的 90%。①

推翻希门尼斯独裁政权的艰苦斗争使委内瑞拉民众珍惜新生的民主体制，民主体制赋予的政治权利和社会权利使他们欢欣鼓舞。1961 年制订的宪法是委内瑞拉历史上较为进步的一部宪法，对保护人民的政治、经济和社会权利作出比较全面的规定。民选政府把石油、天然气、铁矿等战略资源收归国有，既满足了民众维护国家主权、实现经济独立的强烈愿望，又扩充了自身的财力。在此基础上，民选政府不断加大社会投入，向基本消费品和基础服务业提供高额补贴，借以改善中下层民众的福利。民选政府制订新的土地法，保护中小地产，向无地少地农民分配土地，在一定程度上满足农民的土地要求。政府还向农民发放优惠贷款和补贴，创立农产品市场，推行一系列有利于农业的政策。

民主体制成功化解了军事政变和游击战带来的政治挑战。希门尼斯独裁政权的残余势力在 1958 年 12 月的大选来临之前发动多起军事政变，试图阻挠民主进程，却都以失败告终。1960 年，前国防部长卡斯特罗·莱昂指挥一批军人从哥伦比亚潜入委内瑞拉境内发动叛乱。关键时刻，贝坦科尔特政府得到军队和社会的坚定支持，仅用一天多时间就将叛乱镇压。1961 年 2 月，高级军校的学生在校长埃迪多·拉米雷斯煽动下掀起叛乱，同样很快被平息。这些军事政变都是由少数右翼军人制造的孤立事件，既无法在军队内部赢得支持，更无法在社会上获得同情。它们的失败结局充分显示了民主体制的强大生命力。与此同时，民选政府对军队进行改革，推动其迈向职业化和非政治化，并对一批忠于民主体制的军官予以提拔和任用。

20 世纪 60 年代初，委内瑞拉左派领导的武装斗争在古巴革

---

① Michael Coppedge, Venezuela: Popular Sovereignty versus Liberal Democracy. http://kellogg.nd.edu/publications/workingpapers/WPS/294.pdf

命成功的鼓舞下迅速扩展。委内瑞拉共产党与"左派革命运动"合作成立民族解放阵线，发动武装起义，在全国开展游击战。从贝坦科尔特政府到佩雷斯政府，民选政府一直采取武力镇压与招抚并用的策略。游击队不断遭受军队的重兵围困，同时很难在农村得到有力支持。由于政府实施内容广泛的土地改革，农民得以改善生活，因而并不赞同暴力革命。到60年代中期，许多游击队组织被迫放弃武装斗争路线。委内瑞拉共产党在1967年决定重走合法道路。1969年3月成立的卡尔德拉政府在当年实行大赦，给予那些放弃武装斗争的政党合法地位，包括委内瑞拉共产党在内的一批政党由此合法化。"左派革命运动"也在1973年决定放弃武装斗争。到20世纪70年代末，大多数党派和游击队接受政府的和解政策，放弃长达20年的武装斗争，游击战引发的暴力现象在委内瑞拉基本上销声匿迹。

第二节　委内瑞拉可治理性的恶化

20世纪80年代是委内瑞拉可治理性步入下坡路的转折时期。委内瑞拉在这一时期陷入一个世纪以来最严重的债务危机和经济危机，出口收入因为国际市场石油价格的下跌而锐减，外债大幅攀升，货币急剧贬值，失业人口激增。委内瑞拉被迫在80年代末启动经济—社会发展模式的转型，放弃沿用已久的进口替代发展模式，转向市场导向的外向型发展模式。在社会—经济发展模式的转型过程中，贫富分化现象日趋严重，社会矛盾激化，既有的政治体制却无力采取有效的应对措施，可治理性面对空前挑战。这些挑战主要表现为：

第一，民选政府愈来愈难以有效地维持社会秩序，大规模、长时间的罢工示威和剧烈的暴力冲突频频发生。1989年2月，为抗议第二届佩雷斯政府（1989~1993）实施的新自由主义导向的改革，首都加拉加斯居民首先走上街头进行抗议，其他主要城市的居民随后也加入抗议行列。这场抗议活动的声势和规模之大、地域分布和参与社会阶层范围之广都是委内瑞拉当代历史上罕见的。随着抗议愈演愈烈，佩雷斯政府出动军队进行弹压，导致数百人在骚乱中死于非命。这是委内瑞拉在确立民主体制以来发生的最为严重的暴力流血事件，意味着沿用数十年的传统社会矛盾化解机制已经失效，社会不满情绪开始通过非体制渠道发泄。

在第二届卡尔德拉政府（1994~1999）执政时期，民众因反对政府的经济政策而不断进行罢工和街头抗议，频频与警察发生冲突。大多数工会处于民主行动党和基督教社会党的控制之下。卡尔德拉政府与工会没有组织上的联系，因而无法对其施加有力影响。工会在政府拒绝满足自己要求的情况下，不断发动罢工进行抗议。

在查韦斯政府执政时期（1999至今），各地往往同时出现反政府和支持政府的示威游行，两派群众之间的暴力冲突时有发生。反政府的抗议示威活动在2001年至2004年期间进入一个密集发生的阶段，使国家政局持续动荡。委内瑞拉工人联合会在2002年4月发动全国大罢工。这次罢工演变为一场大规模反政府示威游行，恶化为一场骚乱，导致11人死亡、近百人受伤，并成为一场军事政变的重要诱因。2002年12月至2003年2月，反对派政党联盟"民主协调"、委内瑞拉工人联合会和委内瑞拉企业家商会联合会共同发动持续两个多月的全国大罢工。罢工组织者先是阻挠和破坏石油生产，继而鼓动企业和个人拒绝向政府纳税，希望以此切断政府收入来源，迫使查韦斯总统下台和提前举行大选。此次罢工导致委内瑞拉的石油生产陷入瘫痪，出口收入和政府税收锐减，食品和燃料供应匮乏，国民经济的衰退进一步加剧。查韦斯政府不得不派遣军队维持关键行业的生产，并动用外汇进口燃料。

第二，社会各阶层、各派政治力量在经济—社会发展模式、公共管理体制等问题上产生尖锐分歧，相互之间的对立不断加剧，难以有效达成稳定政局所必须的妥协与和解。

委内瑞拉国内各界对于经济—社会发展模式的选择一直存在重大分歧。1989年以前，历届政府强调国家对经济发展的干预和引导作用。佩雷斯总统在第二次执政之后，迅速由一名国家干预理论的信奉者转变为经济私有化理论的执行者。佩雷斯政府在执政伊始即抛出一揽子新自由主义性质的经济改革措施，力图把社会经济发展战略由内向型转变为外向型，发展机制由政府提供保护和补贴转向自由竞争，经济结构由国营经济为主转为私营经济为主。这场改革降低了国家的通货膨胀和政府财政赤字，却使失业率激增和贫困状况恶化。尽管中上阶层人士普遍支持这一改革，但多数下层居民坚决反对。第二届卡尔德拉政府在执政初期停止实施上届政府的经济改革，着力提高公共福利，希望以此缓和社会矛盾、稳定政局。然而，委内瑞拉在1994年因受墨西哥金融危机波及而发生严重的金融危机，卡尔德拉政府放弃原有立场，在1996年根据国际货币基金组织的建议实施具有新自由主义特质的"委内瑞拉议程"。查韦斯政府坚决否定前两届政府的新自由主义改革，强调国家对经济和社会发展进程的干预，在具有战略意义的经济部门大规模实行国有化，主张实行一整套有利于中下层民众的社会政策。

第三，以国会为代表的立法机构、以法院为代表的司法机构和以军队和警察为代表的强力机构各有政治倾向，导致国家机器内部出现分裂乃至对立，严重制约了政府的执政能力。

政府和国会的矛盾在卡尔德拉政府时期十分尖锐。委内瑞拉在1994年1月爆发金融危机，当年的政治经济形势严峻。卡尔德拉政府在 6 月宣布暂时中止包括个人自由、住宅不受侵犯、自由往来、财产所有权等在内的宪法保障，引起民众、尤其是企业界人士的强烈不满。在此情况下，反对党控制的国会强行作出恢复宪法保障的决定。卡尔德拉政府不甘示弱，在 7 月再次宣布暂时中止上述宪法保障，并声称要以全民公决来解决政府和国会之间的分歧，迫使国会做出妥协。政府和国会之间发生这种对立情况在委内瑞拉当代史上尚属首次。

在查韦斯总统执政时期，总统与最高法院、全国选举委员会与最高法院相继发生冲突。2002 年 8 月，最高法院宣布被控参与当年 4 月军事政变的四名高级军官叛乱罪名不成立。查韦斯总统对这一判决极为不满，认为法官与反对派沆瀣一气。国会领导人也批评最高法院的裁决，并任命一个特别委员会对这项裁决及所有法官的行为进行调查。2004 年上半年，反对派设法筹集到足够数量的公民签名，逼迫政府就总统是否留任举行全民公决。政府与反对派围绕签名的有效性产生激烈争执。全国选举委员会认为许多签名不合格或需要进一步验证；最高法院选举法庭却宣布 80 多万个签名有效，并命令全国选举委员会举行全民公决。

第四，猖獗的腐败现象严重损害了民主体制的合法性。20 世纪 80 年代中期之后，随着社会矛盾日趋尖锐，腐败在委内瑞拉日益成为民众关注的焦点。这一时期，腐败在民主行动党和基督教社会党的内部蔓延，党的领导人利用手中的权力谋取私利，贪污、舞弊、裙带之风盛行。两党无力、也无意采取有效措施遏制和清除腐败。海梅·卢辛奇总统（1984~1989）以"平民的代表"上台，但重大贪污案件不断在其任内爆出，他的情人因为涉案而逃往哥斯达黎加避难。他在卸任之后被曝挪用公共资金资助自己所在的民主行动党参加竞选。然而，法官具有很明显的政党倾向。最高法院长期以各种借口拒绝对卢辛奇提起指控。在外界的强大压力下，最高法院被迫将 6 名法官撤职，由国会任命一批无党派人士接替他们。

执政者的贪污腐败是引发1992年两场政变的重要诱因。政变军人发出的反腐败号召得到广大民众的热烈响应。这一现象给民选政府敲响警钟，迫使佩雷斯总统下决心展开一场大规模反腐败行动。他宣布成立道德法庭，对卢辛奇政府以及现政府的腐败官员进行司法调查，并解除一批官员的职务。然而，在内部派系斗争的掣肘下，这场打击腐败的行动无果而终。佩雷斯总统本人也未能逃脱腐败丑闻。他在第一个总统任期就因有受贿嫌疑而险些遭到国会的弹劾。1993年，他因为贪污腐败而被国会罢免职务，成为委内瑞拉历史上第一个被弹劾下台的总统。然而，佩雷斯总统之所以被罢免职务，不仅仅是因为腐败问题，也是党内斗争的后果。事实上，他遭到罢免并不意味着委内瑞拉政坛开始大规模反腐败。

查韦斯在1998年的总统选举中因主张严厉打击腐败而赢得选民的支持。但是，委内瑞拉在查韦斯总统执政时期仍然面临严峻的反腐败形势。"透明国际"把委内瑞拉列为拉美地区最腐败的国家之一。在"2008年全球清廉指数"考察的180个国家中，委内瑞拉列第158位；在29个拉美和加勒比国家中，其排名仅高于海地（第177位）。①

第五，多起未遂军事政变的发生对民主体制构成严重威胁。佩雷斯政府在1992年经历两次未遂军事政变：先是以查韦斯中校为首的一批中级军官在2月发动政变，继而是以格鲁韦尔少将为首的一批高级军官在11月发动政变。卡尔德拉政府一直被军事政变的阴影笼罩。卡尔德拉在1993年的当选得益于一批左派政党和前游击队领导人的支持，因而使一些军方领导人感到不

---

① http://www.transparency.org/news_room/in_focus/2008/cpi2008/cpi_2008_table

快。大选之前人们谣传军队将要发动政变，阻止他当选总统。卡尔德拉在当选总统之后指责军队与民主行动党、基督教社会党在总统选举中合谋舞弊。他在上任之后不久就行使权力，解除国防部长和一批军队高级军官的职务，同时强调军人遵守其宪法职能。卡尔德拉政府特赦参加1992年2月军事政变的青年军官，但这一决定引起高级军官之间的不满。种种原因使人们一直担心军队有可能再度发动军事政变。美国克林顿政府曾因此专门派遣国防部长佩里前往加拉加斯向委内瑞拉军方施压，表示美国不会容忍一场军事政变。查韦斯政府几乎因为一场军事政变下台。2002年4月，一批高级军官在反对派与政府之间的对抗日渐升级时发动政变，一度扣押查韦斯总统，并宣布成立临时政府。直到数天之后，支持政府的军人扭转局势，查韦斯总统才能够重掌政权。此次政变被粉碎后，查韦斯政府对军队进行大规模人员调整。即使如此，仍有不少军人公开表达对政府的不满。例如，以陆军中将麦迪纳·戈麦斯为首的14名现役将军宣布不承认现政府，要求查韦斯辞职。

　　1992年2月发生的军事政变是委内瑞拉政治进程中的一个重要事件。事实表明，此次政变并非以往那样由军队里的少数极端分子发动，而是得到民众的广泛同情。政变指挥者查韦斯不但没有像60年代的军事政变头目那样身败名裂，反而因为猛烈抨击政府官员腐败和传统政党堕落被许多人视为拯救国家的英雄。1992年3月，加拉加斯的戒严尚未解除，一些人就上街发起一场"敲锅"抗议，要求佩雷斯总统立即辞职。

第三节　委内瑞拉可治理性问题恶化的成因

在社会—经济模式转型时期，社会经济结构的变化给政治稳定带来冲击。社会转型的速度越快，政治不稳定的程度愈高。内外环境的剧烈变动使政治体制越来越难以适应新的社会环境对政治系统的新要求，必然产生大量的社会矛盾与冲突。由于政治体制发展滞后或存在缺陷，新老社会矛盾难以得到有效解决，就会导致社会成员对既有政治体制的不满与反抗，从而引发社会冲突和社会不稳定，导致可治理性危机爆发。

委内瑞拉的可治理性在这一轮经济—社会发展模式转型期出现恶化，与政治体制相关的成因主要涉及以下三方面：

第一，政治制度化的水平落后于政治参与的发展水平，政治参与的渠道无法满足公众的政治参与愿望，这是损害委内瑞拉可治理性的一个主要因素。经济—社会发展模式的转变意味着打破旧的利益格局、塑造新的利益格局。在这一背景下，委内瑞拉政治的多元化趋势日益明显，代表不同阶层、不同利益集团的政治组织不断涌现，并不同程度地介入国家政治生活，以求保护自身的权益。在民众的政治参与热情大涨之时，制度化程度有限的委内瑞拉民主体制却缺乏足够的空间容纳他们的政治参与。这导致民众对民主体制产生强烈的不满情绪，其政治热情和政治参与程度不断下降。越来越多的人把投票看成是一种负担，对耗资巨大的竞选活动感到厌倦。尽管民选政府对选举体制进行一系列旨在使其更为民主化的改革（例如单独举行州和市政选举），但选举弃权率越来越高。在 1978 年之前，选举的弃权率从未超过

10%，到 1993 年激增至 41%。① 一些政治力量试图通过制度外渠道表达自己的政治诉求，非制度化参与、对抗性政治参与、甚至暴力参与的出现和加剧就是例证。

民主体制自身的问题导致民选政府对军队的制衡受到削弱，民众对军人干政的接受度出现反弹，军队对政治的介入程度上升。军事政变的发生表明军队对国家的政治发展进程极为不满，军人将会愈来愈希望独立地发挥政治影响力，而不稳定的政局和公众的某种认可给军人介入政治打开一道豁口。一旦事情有变，军人将可能继续通过军事政变等方式干预政治。另一方面，拉美国家内部一向有人愿意在危机时期鼓动军人介入国内政治，依靠军人改变国家发展进程。

第二，民选政府的执政能力不足，过于追求短期目标，政策措施缺乏连续性和稳定性，在遇到挑战时往往依靠临时性措施进行调整和规避，攻坚的决心和能力不足。

政府在委内瑞拉的经济生活中长期扮演重要角色，不仅负责制订经济政策，还通过国营企业直接参与经济活动。这一模式带来的负面效应是：市场对资源配置的调节作用遭到忽视，官僚机构臃肿和缺乏效率，公共开支庞大，浪费和腐败现象普遍存在。20 世纪 80 年代的经济困境迫使委内瑞拉进行经济—社会发展模式的转型。第二届佩雷斯政府在成立伊始就推行激进的新自由主义经济改革，试图在短时期内实现经济结构的调整，以便恢复宏观经济的稳定和增长。然而，佩雷斯总统及其经济班子忽视了转变人民观念的重要性。改革方案并未经过广泛的社会讨论，政府没有向民众阐明政府为何必须进行这场改革，导致改革缺乏必要的民意基础。执政党内部对改革措施存在重大分歧，执政党控制

---

① Michael Coppedge, Venezuela: Conservative Representation without Conservative Parties. http://kellogg.nd.edu/publications/workingpapers/WPS/268.pdf

的工会则是改革的强烈反对者。一些改革措施因为严重损害下层民众的利益而引发示威抗议，最终不得不暂停实施。事实表明，政府高估了民众的承受能力，对经济改革可能带来的社会震动缺乏足够认识；处置危机的手段也比较落后，只是在危机发生之后被动地出台补救措施。一向习惯于政府提供高福利待遇的委内瑞拉人难以承受基本商品价格大幅上涨带来的冲击，怒斥佩雷斯总统背弃其竞选承诺，因而立即走上街头进行强烈抗议，最终导致流血事件发生。事实表明，这种引发普遍不满、面对着中短期暴力冲突的改革是不可持续的。

第二届卡尔德拉政府是在国内政局动荡、经济形势严峻的背景下成立的。它既无力重返国家干预政策，也不敢推行新自由主义政策。它企图在两者之间走钢丝，却导致政策多变。1994年金融危机使委内瑞拉经济陷入困境。卡尔德拉政府为获得国际货币基金组织的贷款而在1996年实施"委内瑞拉日程"，重回新自由主义路线；1997年，国际市场的石油价格上涨使委内瑞拉的经济状况得到改善，它便推迟实施不得人心的经济结构调整；当油价在1998年出现大跌时，它不得不紧缩政府开支、再度放开市场价格。

查韦斯政府强烈反对新自由主义发展道路，重拾国家干预路线，在战略行业实行一系列国有化，把石油业置于国家的完全控制之下。然而，国有化诱发委内瑞拉与国际投资者的剧烈冲突，使该国投资环境难以吸引国际资本；私营部门的活力不足，通货膨胀率高，日常生活必需品供应不足。因此，能否处理好国家干预机制与市场机制之间的关系，仍然是委内瑞拉经济能否健康发展的关键所在。

第三，两大传统政党的衰落和政党体制的碎片化削弱了民主体制的社会基础和功能作用。"菲霍角体制"确立了政党在委内瑞拉政治中的核心地位。民主行动党和基督教社会党力求以一种和解精神化解矛盾冲突、保持国家大政方针的连续性和政局的稳定性，在确保民主体制有效运转方面发挥了无可替代的作用。然而，两党的政治精英们一步步把党际和解精神扭曲为他们垄断和操纵权力的政治工具，使立法机构中难以形成反对党对政府的有效监督和制约。如果两党能够像当初那样在党内和党际之间讨论国家的大政方针，必将有助于确定国家的下一步发展目标。然而，它们没有做到这一点。严苛的党纪抑制了两党内部对于有争议问题的讨论。民主行动党在20世纪60年代发生多次分裂，敢于坚持己见者不是遭到开除就是主动退党。两党的政治立场都逐渐向中间靠拢，不断趋同的立场使它们没有什么实质分歧。总统选举愈来愈多依靠人身攻击、揭发隐私和空洞无物的政治口号。"菲霍角体制"已经沦为两党垄断政权、权力寻租的保护伞，愈来愈多的民众呼吁进行政治体制改革。查韦斯在1998年竞选总统时就承诺要打破"菲霍角体制"形成的权力分配格局，向其他政党开放权力。

两党都实行自上而下的领导体制，实权掌握在少数党的领导人手中，庇护主义、家长式专制、裙带关系等旧政治的弊端在两党党内逐渐滋生蔓延开来，有独立政见者往往受到打击排挤；两党在掌握国家政权之后大搞权力寻租，用政府或国企的各种肥差回报其党员或是忠实支持者；它们的国会议员由本党领袖任命而非通过直接选举产生，因而效忠于本党而非选民，忙于攫取个人利益而非维护公共利益。石油财富的激增使腐败问题在20世纪70年代出现恶化。两位民主行动党总统——卢辛奇和佩雷斯——都陷入严重的腐败丑闻之中。两党既无力表达和汇聚选民利益，也无力动员民众进行政治参与和有效地把民众导入民主体制，民众在社会和心理上逐渐丧失对政党以及政治体制和政治秩序的依附。两党的民意支持率在20世纪90年代急剧下降。佩雷斯总统在1993年因遭弹劾下台实际上意味着两党体制的终结。

基督教社会党在内外压力之下发生严重的内部分裂。党的创始人卡尔德拉在 1993 年初退党，团结一批小党另组"全国汇合"党。他公开抨击佩雷斯政府的政策，被视为反对派的代言人。1993 年，卡尔德拉战胜两党总统候选人，成功当选总统，从而结束了它们对总统职位的长期垄断。两党在此之后一直无力扭转颓势，在当今委内瑞拉政坛日益边缘化。

取代两党体制的是一种碎片化程度较高的多党制。20 世纪 90 年代以来，委内瑞拉出现大批新兴政党。这些政党普遍规模较小，组织松散，人员和政治主张的变动性较大，往往依靠组成政党联盟来参加重大选举。很显然，这种多党制的机制化程度和运作的平稳程度远不及当年的两党制。

两党在历史上拥有比较雄厚的社会基础。它们各自控制一批工会、农会、学生组织和群众团体，既让它们分享利益，也对它们实行控制。然而，两大政党并不乐见公民社会的壮大，并不愿意扩大政治参与的渠道。两党与军队和企业界保持良好的合作关系，以大量的预算拨款、各类培训、大幅的税收减免、丰厚的财政补贴、保护性关税等方式换取它们不干涉政治事务。伴随两大传统政党的没落，原有的社会稳定机制也出现一定程度的失效。政党与工会之间保持多年的跨阶级合作在第二届佩雷斯政府执政时期走向破裂。1989 年，政府大幅削减社会开支，取消对一些基本消费品的补贴，导致公共交通、汽油、食品等基本商品和公共服务的价格大幅度上涨。社会中下层认为政府的改革措施完全是强势集团对弱势群体的掠夺，因而强烈反弹。1989 年 5 月，委内瑞拉工人联合会发动全国大罢工。这是该国在 30 年来第一次发生全国范围的罢工。具有讽刺意味的是，该工会恰恰是执政党民主行动党的下属工会。民众对佩雷斯政府的不满情绪波及基督教社会党，因为该党此时支持政府的激进改革措施。两党在 20 世纪 90 年代的没落意味着联接政府与社会基层各领域的一个媒介消失了；在新的强有力政党出现之前，社会矛盾很难像以往那样通过主要政党以静悄悄的方式进行化解，社会控制的成本也因此增加。

第四节 委内瑞拉可治理性的几点启示

委内瑞拉的民主体制是在比较单一的社会环境中建立起来。国家借助政党进行社会动员和社会控制，借助对战略资源和重要产业的国有化来伸张民众的民族主义诉求，借助石油财富来满足民众的基本生活需求，从而得以营造一种相对稳定的局面。尽管如此，它仍然需要根据形势的变化不断进行自我调整。民主体制一旦没有周期性的改革和更新，就会走向僵化、腐败和不负责任，引发民主的衰败。

政治参与是公民自愿地通过各种合法方式参与社会政治进程，并以直接或间接的方式影响政治决策的行为。在社会转型过程中，社会阶层的分化必然带来利益多元化的格局，出现各利益集团政治参与愿望增强的趋势。此外，政治参与在现代社会不仅仅是公民表达各自政治态度的需要，也是政治体系得以有效运转的重要条件。因此，委内瑞拉当前的政党必须有针对性地进行自我改革，避免重蹈两大传统政党固步自封的覆辙，以更加有效的方式帮助公民实现政治参与，从而促进民主巩固、确保社会的长久稳定。同时，委内瑞拉的经验表明，定期进行的竞争性选举并不必然产生一个值得信任的政府。政党对政府的过度渗透和控制意味着政党领导人实际上可以逾越政治游戏规则行事。因此，重新确立政党与国家之间的关系将是委内瑞拉政党体制的一大重任。

任何政治体系都应当有必要的自我改革措施，以便从内部纠正错误。如果民主体制妨碍大多数人表达政治诉求，就会使自身陷入困境。因此，当民主体制存在严重的制度缺陷时，多数人的意向就应该足以推动一场相关改革。委内瑞拉民主体制的失误就在于未能对民众的批评与不满迅速做出反应，未能在必要时进行自我改革。如果实属必要的改革不断被推迟，改革的难度和成本只会变得愈来愈大。因此，委内瑞拉不仅需要一个遵照宪法程序产生的政府，也需要一个能够真正负起责任的政府，一个能够在改革之路上稳步前进的政府。

腐败是委内瑞拉社会的痼疾，政府官员和政党领袖通过非法手段聚敛大量财富，却可以长期逍遥法外。严重的腐败问题长期得不到解决，必然侵蚀民众对公共权威的信任，加剧民众与政府之间的对立，使民众丧失对民主体制的信心，危及民主体制的运转。从政治制度设计的角度看，委内瑞拉欠缺一套强有力的反腐败机制。这一点应当成为查韦斯政府在其任内重点解决的问题。

民主体制的确立与发展掀开了委内瑞拉政治发展历史的新篇章。在新的历史条件下，委内瑞拉的民主体制需要保持高度的活力，需要不断实现自我突破与完善，进而推动社会协调有序地向前发展。委内瑞拉可治理性面对的挑战是民主发展进程中遇到的问题，必然能够通过深化和健全民主体制来得到解决。

第十二章　拉美国家克服和预防可治理性危机的经验教训

鉴于拉美国家可治理性问题的严重性和危害性，国际学术界、相关国际组织和拉美国家政府对可治理性问题的原因、后果进行了深入分析和研究，并提出不少应对措施和政策性建议。一些政府已经或正在采取措施，维护政治和社会稳定，提高可治理性的程度和水平，缓解可治理性问题的后果，最大限度地预防可治理性危机的出现。本章主要论述拉美国家可治理性实现的条件，总结拉美国家预防和克服可治理性危机的主要措施及基本经验教训。

第一节　拉美国家可治理问题的基本特征

一、拉美可治理性问题的一般特征

无论就形成原因，还是就具体表现而言，拉美国家可治理性问题都有一些共同特征。

首先，形成原因有一定共同性。拉美地区虽然存在跨国的甚至是具有国际性特点的问题或威胁，例如历史上遗留下来的一些国家间边界纠纷、毒品种植与毒品买卖、武器走私、跨国犯罪等,但对拉美国家可治理性的威胁主要来自各国内部,是内部因素造成拉美国家政府或公共部门在满足社会需求方面能力不足,导致该地区一直存在严重的社会矛盾和社会排斥现象,使不少国家长期遭受各种可治理性问题的困扰。

表 12-1　拉美国家可治理性问题的成因与表现

政治体制的脆弱性	经济发展的脆弱性	社会发展的脆弱性	社会整合的脆弱性	内部冲突	跨国冲突
民主制度缺乏解决体制危机的能力	经济具有依附性	人文发展指数提高慢	社会排斥现象严重	社会暴力升级	历史遗留的国家间冲突
政治制度缺乏对公民权利的保护	外债负担沉重	贫困水平增加	边缘化和对外来移民的歧视		毒品、洗钱、有组织犯罪、武器和人口走私、恐怖主义
政治体系中腐败程度高	高失业率	社会边缘化现象严重	技术发展不平衡		哥伦比亚冲突对其他国家的影响
政府不能有效控制暴力活动		贫富差距加大			跨国暴力和犯罪
		社会支出水平低			

其次,可治理性问题的表现也具有共同性。拉美社会科学院智利分院(FLACSO—Chile)的报告认为,尽管拉美国家面临不同的可治理性问题,但对拉美国家可治理性的威胁主要来自4个方面(见表12-1),即政治和体制的脆弱性(民主制度缺乏解决体制危机的能力,缺乏对公民权利的保护,政治体系中腐败程度高,政府不能对暴力的使用进行有效控制),社会—经济的脆弱性(经济具有依附性,外债负担重,人文发展指数落后,贫困和社会边缘化现象严重,社会支出不足等),社会整合方面的脆弱性(社会排斥和边缘化现象严重,社会歧视现象有所发展,

技术发展不均衡），内部和外部安全的脆弱性（社会暴力活动升级，历史遗留的国家间冲突，毒品、洗钱、有组织犯罪、武器和人口走私、恐怖主义，跨国城市暴力和犯罪等）。拉美各国均程度不同地受这些问题困扰[①]。上述共性的存在，使我们有可能对拉美国家可治理性问题进行综合和比较研究。

二、拉美国家可治理性问题的基本类型

拉美国家的可治理性问题虽有共性，但在不同地区和不同国家，可治理性缺失的程度、可治理问题的根源、可治理性遭遇的威胁并不完全一样。如拉美社会科学院智利分院所分析的那样，在拉美所有次地区，毒品和恐怖主义都是对可治理性的重要威胁，但在其他方面（如武器走私、有组织犯罪、环境和自然灾害、贫困与社会发展缺陷、游击队和恐怖组织等方面），南美国家和中美洲国家遭受的威胁程度有较大差异（见表12-2）。

表12-2 拉美各次地区对可治理性问题的主要威胁（排序）

南方共同市场国家	安第斯国家	中美洲	加勒比
毒品	毒品	毒品	毒品
恐怖主义	恐怖主义	恐怖主义	恐怖主义
武器走私	贫困与社会缺陷	环境和自然灾害	贫困与社会缺陷
有组织的犯罪	游击队和恐怖组织	有组织的犯罪	环境和自然灾害
环境和自然灾害	武器走私	贫困与社会缺陷	武器走私
贫困与社会缺陷	有组织的犯罪	武器走私	有组织的犯罪
游击队和恐怖组织	环境和自然灾害	游击队和恐怖组织	

资料来源：Oswaldo Jarrin, Memorias del Seminario Enfoques Sub—regionales de la Seguridad Hemisferica, FLACSO, noviembre de 2004.

---

① Francisco Rojas Aravena, Claudio Fuentes Saavedra, *Gobernabilidad en America Latina*, *Informe Regional*, Santiago de Chile, 2004.

拉美各国可治理问题的严重程度也有很大差异。一般说来，按照可治理性问题成因的差异和可治理性问题的严重程度，可以把拉美地区（国家）的可治理性分为以下几类。

（一）主要由不发达或社会贫困引发的可治理性问题

这类国家有海地、尼加拉瓜、危地马拉、洪都拉斯、玻利维亚、萨尔瓦多、厄瓜多尔、巴拉圭等。上述国家有一些共同的特点，如土著居民在人口中比重大，政治制度不稳定，历史上缺乏民主传统；经济发展较落后，不少国家贫困人口占总人口60%以上。联合国开发计划署认为，这些国家人文发展指数偏低，社会发展水平较落后。在这些经济和社会发展比较落后的国家，贫困人口过多，民众的生活条件不断恶化，各种政治和社会难题不断加剧，成为可治理性问题的主要因素。一般说来，上述国家可治理问题程度最严重，一些国家甚至出现危机。

（二）主要由社会——政治体制缺陷造成的可治理性问题

在一些经济比较发达、社会贫困问题不十分突出的国家，可治理性问题主要是由社会——政治体制缺陷造成的。社会——政治体制缺陷增加了社会冲突的可能性，加大了可治理性实现的难度。这些国家包括委内瑞拉、阿根廷、墨西哥、秘鲁、哥伦比亚等。在这些国家，民主体制遭遇到不同程度挑战或危机，传统政党出现分裂或衰败，政党和政治体制出现不同程度的代表性危机，国家体制和政治体制缺陷日益暴露。一般说来，这类国家可治理性问题的程度也较严重。

（三）其他情况

有些拉美国家虽然在可治理性方面也面临严重问题，但远未达到危机的程度，其中有些国家（如智利）由于体制的不断完善和政府效率的不断提高，社会矛盾得到一定程度缓解，民众对政府和政治体制基本满意，可治理问题得到了较好解决。这些国家预防和克服可治理性危机的相关经验值得总结，值得历史背景近似、经济和社会发展程度相当的其他拉美国家借鉴。

强调拉美国家可治理性问题的特殊性,有助于拉美国家从各自的国情出发,提出适合本国实际的克服可治理性危机的对策和措施。

第二节 拉美学者及相关国际机构的政策建议

鉴于不稳定因素增多和可治理性问题加剧,拉美学术界及相关国际机构提出了一系列维护政治社会稳定、提高可治理性实现程度的政策建议,这些建议受到拉美国家政府的重视。如本书第一章所指出的那样,虽然对可治理性问题有不同理解,但学者们普遍认为,可治理性是国家、政府或公共部门具备有效应付社会矛盾、缓和政治与社会危机的能力,具有不断满足社会需求的能力、条件、手段和环境。由于对可治理性含义理解的差异,学者们所提政策建议的侧重点略有不同。

一、学者们的政策建议

拉美学者主要从可治理性实现的角度提出建议。他们普遍认为,实现政治和社会稳定的前提条件是,增强国家、政府或公共部门有效应付社会矛盾、化解政治与社会危机的能力,拥有满足社会基本需求的能力、条件、手段和环境,增强政府的治理能力。其中墨西哥学者安德里亚·安西拉和智利学者伊莎贝尔·阿连德的建议较有代表性。

安德里亚·安西拉提出,"可治理性的风险不是来自政治制度的交替,而是来自民主体制的完善",因此,要实现或提高可治理性的水平和程度,首要的条件是完善民主体制。她提出的具体建议措施是:1. 创造条件,有效地维护现存秩序,完善市场、推动技术进步和提高竞争力,推进政治民主化,扩展公民权利、机会平等和社会凝聚力。2. 保证公共秩序,为此要使法律和政府法令得到切实遵守。3. 政府要不断完善有效管理经济和提高社会福利的能力,不断满足居民不同的需要,增加社会政策的效率。4. 加强政治体制的领导作用,进行公共管理改革,特别是决策领域的改革,增强地方与地区在决策中的作用。5. 重新发挥政党的作用,使政党具有更广泛代表性和反思精神,改变政党资助制度,避免政党被经济利益所控制。6. 加强体制设计,加强议会的作用,推进总统权力分散化,使国家权力机构之间的关系更加平衡,在解决政治危机方面更具有灵活性。7. 加强代表性机制活力,完善选举制度①。

阿连德提出,为维护政治社会稳定,提高可治理性,不仅要在国内推进政治民主和社会民主,而且要在国际层面推进合作②。具体建议有：1. 推进民主体制。民主及民主体制是实现政治社会稳定和可治理性的前提条件；只有在民主制度下,各社会和政治力量才能达成共识,才能实现增长与发展的协调,有助于通过对话和谈判解决冲突。2. 改善政治和政党质量。提高政治的质量和透明性,降低选举成本；避免实用主义和非人道的专家政治,减少腐败,避免不切实际的许诺和无益的政治争论,避免只追求轰动效应的民众主义实践；要加强党内民主,增强透明度,提高党员的质量和责任；政党要增加反思的空间,减少其主张中的随意、轻率和模糊；政党应站在知识世界的高度,提高其技术和专业能力,为提高执政能力和水平创造必要的知识条件；政党应该成为公民社会的代表,而不能弱化为公民部门的协调

---

① Andrea Ancira, "Gobernabilidad Democratica en América Latina", http://www.summit—americas.org

② Isabel Allende Bussi, "Gobernabilidad en America Latina", www.gobernabilidad.cl/modules

者。3. 追求政治民主和社会民主的平衡。国家应该保证社会平等，保证最低限度的机会平等，允许社会流动；提高教育质量和教育平等，为机会平等的实现创造条件；不应在强调宏观经济平衡的同时，放弃宏观社会的平衡，应该在政治民主和社会民主之间寻求平衡。4. 实行权力分散化。建立和完善社会建议和参与的方式，实现地方政府的现代化，赋予其在中央政府支持下，推进地区发展的责任，增强其决策能力。5. 完善政治体制，特别是要发挥议会的作用，加强对行政机构的监督，纠正行政机关的行为缺陷。6. 完善国际机制，加强国际合作。扩大美洲国家之间、以及拉美与欧洲国家的广泛合作，包括扩展教育和文化领域的合作，加强安全特别是西半球的安全，积极应对毒品、恐怖主义、武器走私、国际犯罪等问题。7. 缓解全球化对政治和社会稳定的冲击。加强政策的效力，加强对投机资本流动的管理；推进人道的全球化进程，缩小富国与穷国之间、以及一个国家内部的贫富差距。

有的学者特别强调民众参与的意义，认为修改宪法，改革政党和选举制度，虽然是实现政治社会稳定和加强可治理性所必需的，但还不足以促进拉美民众的参与；应该充分扩展政治教育和公民社会的作用，为民众的参与和对政府的控制创造条件①。有的学者提出，由于"可治理性是政策引导的能力，是民主体制和民主进程有效引导社会进程的能力"，因此，提高可治理性，就是要加强政府政策的引导能力②。

二、相关国际机构的主张与建议

一些国际机构提出的政策性建议，有些是相同的，例如，都

---

① "The Search for Governability in Latin America", http://americas.fiu.edu
② Andrea Ancira, "Gobernabilidad Democratica en America Latina", http://www.summit—americas.org

把增强可治理性作为实现政治社会稳定的重要手段和条件。但由于这些机构性质不同,所提建议又都有各自不同的视角和侧重点。在这些机构中,世界银行、美洲开发银行、拉美社会科学院和美洲国家组织的建议比较重要,对拉美国家政府决策的影响也较大。

世界银行建议的核心是完善体制[①]。该行认为,政治社会不稳定和可治理性缺失有密切联系,二者均主要源于体制缺陷,因此,无论是实现稳定,还是实现可治理性,主要手段都应该是完善体制。该行认为,可治理性缺失主要表现为:缺乏法律的、及对政府行为进行约束的预防性制度,在实施法律和规定时随意性大;条例、规定等过滥,阻碍了市场效能的发挥,鼓励了寻租行为;发展的优先目标不明确,导致资源配置不合理;决策过程不透明、不公开。上述问题的存在,导致发展环境恶化,资源浪费,政府权威下降,腐败升级,政治社会动荡,甚至会导致民众主义和专制政权出现。该行早在1992年题为《治理与发展》的报告中就提出四项建议:完善公共部门管理,提高公共部门可信度;加强决策进程的公开和透明;完善有利于发展的法律框架。世界银行在此后的一系列相关出版物中又提出六个方面的建议:鼓励民众的参与意愿,增强其对体制的信任程度;促进政治稳定,减少暴力活动;提高政府效率;提高政策和法规的质量;加强法制的程度;促进对腐败的控制[②]。

美洲开发银行的建议主要集中在推进经济、社会和国家改革,巩固多元化民主,加强公民社会作用等方面。该行从20世纪90年代初就开始关注拉美国家的稳定问题,并把世界银行的

[①] 世界银行所提建议不仅是针对拉美的,也是针对其他发展中地区的。
[②] Daniel Kaufmann, Aart Kraay, Massimo Mastruzzi, *Governance Matters VI: Aggregate and Individual Governance Indicators*, 1996~2006, pp. 3~4, The World Bank, http://www.govindicators.org

分析和主张作为重要参照①。但由于地域和工作环境不同，美洲开发银行的分析也有独到之处。建议的主要内容有：1. 在巩固民主的同时，推进经济、社会和国家改革。它认为，贫困，社会、经济和政治生活中的排斥现象，以及体制和法律框架的缺陷，阻碍了政府体制的效率和公民的参与，损害了民主体制的可信性。要实现"民主的可治理性"和政治社会稳定，必须建立民主化的"权利国家"，发挥市场经济在资源配置方面的效率，保证经济活力，同时推进国家、经济和社会改革。2. 实现国家的现代化。具体手段是：实现和保证宏观经济稳定；加强社会规划和政策的效力，提高社会计划的效率；推进税收和预算制度改革，改善收入分配，实现公共支出合理化；推进公共部门现代化；提高地方政府的作用和能力，协调中央和地方的关系；加强司法体系，确保法律的质量，推动司法体系现代化；发挥议会的作用和职能，巩固民主体制。3. 加强公民社会的作用，使其成为政府行动的补充。该行强调，一个发达和具有参与性的公民社会有助于实现稳定，有利于实现民主体制的可治理性，有助于为政策的实施创造有利环境；在实现经济与社会运转的整个体系中，应该设计和组织"有利于公民社会参与的进程"，"因为公民社会与公共部门相比，无论是在创造性方面，还是在有效发挥人力资源的能力方面都有明显优势"。该行提出，应充分发挥公民社会组织与政府机构的合作，使其在咨询服务、技能培训、信贷发放、建立保障性基金、人力资源培训、社会合作网络建设、卫生服务和教育等方面，成为政府行动的补充。

  拉美社会科学院是拉美地区有重要影响的跨国学术机构。该院的智利分院在 2004 年曾发表过一份题为"关于可治理性的地

---

① Beatriz Barraza, "Gobernabilidad y desarrollo: La visión del Banco Mundial y del BID", PRISMA, no. 13, septiembre—octubre 1995.

区报告",对拉美国家实现政治社会稳定和可治理性的途径提出了建议。报告认为,政治社会稳定的巩固,以及民主的可治理性选择需要一系列条件,最关键的是政治体制不断完善、经济与社会发展、社会整合程度不断提高①。具体建议包括:推进体制改革,改革要突出透明性,加强非国家部门对公共政策制定和管理的参与,把诚信作为政府管理的关键因素;提出克服贫困的日程,拉美国家应与世界银行、国际货币基金组织等国际金融机构合作,提出减少贫困和社会边缘性的计划;建立一个新的西半球民主安全宪章,强调个人的安全;建立一个公民能加入决策进程的机制,增强决策机制的透明度;进行适时的政策调整,通过改革降低政策成本,实现金钱与公共管理关系的透明化,建立把新的部门和阶层不断整合到政治体系中的机制;加强各地区性机构(美洲国家组织等)的作用,以高效地应付各种挑战。

美洲国家组织是一个地区性政治组织,它的建议主要围绕维护民主体制和保障地区安全问题,认为民主和地区安全是实现稳定和可治理性的必要条件。美洲国家组织扩展了安全概念的含义,认为安全具有多维的特征,除传统的含义外,还包括政治、经济、社会、环境等多方面含义;维护安全的任务因而也更加艰巨,需要"应付政治、经济、社会方面的挑战"。美洲国家组织强调加强民主制度,该组织首脑会议2001年9月通过的民主宪章规定,当某成员国民主体制发生改变,或遭到破坏时,其他成员国有义务采取集体行动,以维护美洲的民主体制。该组织还主张通过推进拉美国家各政治力量间的交流与对话,培育民主价值,推进民主体制(如议会和选举机构)的发展、完善和现代化,完善政治体制的代表性和质量,推动冲突的和平解决,推动

---

① Francisco Rojas Aravena, Claudio Fuentes Saavedra, *Gobernabilidad en America Latina*, *Informe Regional*, Santiago de Chile, 2004.

民主化进程，推进政党的发展及政党制度改革。

第三节 拉美国家预防和克服可治理性问题的基本经验

为了预防和消除可治理性问题，拉美许多国家相继采取了一系列措施，力图最大限度地消除政治和体制的脆弱性，减轻社会和社会发展的脆弱性，争取民众对体制的信任，预防和消除内部和外部安全的脆弱性，为实现可治理性创造必要的条件。

一、降低政治和体制脆弱性，提高体制效率，为可治理性的实现创造条件

拉美国家可治理性问题在很大程度上源于体制的缺陷和体制的低效率，因此拉美国家普遍把推进政治体制改革、完善政治制度，提高体制效率作为预防和克服可治理性危机、提高可治理性程度的主要手段。具体措施包括：

（一）通过修宪完善政治制度，规范国家政治运行机制，增强政府政策的连续性和治理能力

20世纪90年代后拉美国家纷纷修改宪法，修宪成为政治体制改革的重要标志。对宪法进行重大修改的国家有阿根廷（1994）、玻利维亚（1994）、巴西（1999）、智利（1997，2005）、哥伦比亚（1991、1997、2005）、哥斯达黎加（1996）、厄瓜多尔（1998）、危地马拉（1993、1995和1999）、墨西哥（1998）、尼加拉瓜（1995）、巴拉圭（1992）、巴拿马（1994）、多米尼加（1994和1996）及委内瑞拉（1999）。2007年以后，玻利维亚、委内瑞拉、厄瓜多尔等试图新的修宪或制定新宪法。拉美国家修宪内容涉及政治体制和选举制度改革、政府机构改

革、国家在政治—经济生活中的作用等。修宪的目虽不尽一致，但主要目标是规范国家政治运行机制，增强政府政策连续性，提高政府机构效率，增强政府执政水平和能力。

（二）完善国家权力机构之间相互独立、相互制约的机制

主要措施之一是推进司法改革，提高司法机关地位。司法不独立、司法程序庞杂、工作效率低下、司法机构人员专业性不强、司法体系覆盖面狭窄是拉美政治制度不完善的重要表现，司法改革因而成为政治体制改革的重要内容，成为提高可治理性的重要手段。司法制度改革的目标是为所有居民提供适当的司法服务，最大程度地满足居民在司法方面的需求。改革内容包括提高司法独立性，简化司法程序，完善有关法律，提高案件审结速度，加强对司法机构人员培训[1]。另一项重要措施是加强议会作用。在墨西哥和阿根廷等重要国家，议会的代表性得到明显增强。人们普遍认为，通过改革，拉美地区司法机构和议会的作用在增长。

（三）完善政府制度，提高政府工作效率

一些拉美国家在完善政治体制过程中，不断规范和完善政府制度。首先，注意完善公务人员选拔、任用、考核和提升机制，减少或消除因政府换届对机关日常工作的影响[2]。其次，清除政府机关的腐败行为，提高工作效率。主要做法是：建立健全反腐败的法规体系，几乎所有国家都有相关反腐败措施出台，不少国家颁布专门反腐败法令或法规[3]；完善腐败监督机制，在政治、司法、行政、群众组织、新闻媒体等各个环节加强对腐败行为的

---

[1] Luciano Tomassini, Marianela Armijo, *Reforma y modernizacion del estado*, Lom Ediciones, Instituto de Asuntos Publicos, Universidad de Chile, Noviembre de 2002.

[2] Shahid Amjad Chaudhry, Gary James Reid, and Waleed Haider Malik, (eds.), *Civil Service Reform in Latin America and Caribbean*, World Bank Technical Paper Number 259, Washington, D. C., 1994.

[3] 例如委内瑞拉议会2003年3月通过了《反腐败法》。法律全文见委内瑞拉议会官方网站：Ley Contra la Corrupción, http：// www.asambleanacional.gov.ve

监督；发起反对腐败运动，清除腐败分子，努力树立政府的威信和形象；加强反腐败的国际合作。

上述完善政治体制的措施有利于理顺行政、司法和立法机构的关系，有助于拉美国家政治稳定，有利于拉美国家民主政治制度和政党制度不断成熟，有助于推进廉洁政府的建立，有利于消除和减轻政治和体制脆弱性，有助于提高政府执政能力和执政水平，有助于预防和克服可治理性危机的风险。但拉美国家政治和体制的缺陷由来已久，立法、行政和司法机构相互独立、相互制约的关系远未成熟，政党政治仍处于不稳定状态，政治腐败行为仍屡禁不止，政府机关工作效率依然低下，真正高效率的司法体系也远未建立起来。例如墨西哥司法制度改革从1994年就开始了，改革所宣称的目标是实现司法独立，消除司法体系内的腐败现象。然而，根据联合国估计，当初制定的改革目标远没有实现；有50%～70%的法官受到腐败行为的影响，但没有任何法官"因腐败受到处分"；广大民众对司法制度仍持怀疑和不信任的态度；土著人很难进入司法体系之内，司法制度不公平的现象非常普遍[1]。由此可见，拉美国家在克服政治和体制脆弱性方面仍面临艰巨任务。

二、减少社会发展脆弱性，及时化解社会矛盾和冲突，消除可治理性问题的社会基础

拉美国家社会矛盾一直突出，社会发展有较大脆弱性。拉美国家的可治理性问题在很多情况下是由社会矛盾不断加剧造成的。在预防和克服可治理性问题过程中，拉美国家十分重视缓解社会问题及其所加剧的社会矛盾，注重维护社会稳定，减少社会

---

[1] Suiza Ginebra, "Acusa ONU de Corrupción al Sistema Judicial Mexicano", El Universal, Lunes, 8 de abril de 2002, http://www.el—universal.com.mx/pls/impreso/noticias.html

和社会发展的脆弱性。

(一) 扶危救困,促进社会和谐

许多国家一直把减少贫困作为重要的社会政策,巴西、智利、墨西哥、哥伦比亚、玻利维亚等许多国家都出台了减少贫困的专门计划和措施。拉美国家减少贫困的基本做法有:1. 着重救助最困难的社会群体。多数国家采取所谓"聚焦法",集中有限的资金重点救助最贫困社会群体。智利、哥斯达黎加、洪都拉斯和墨西哥等都把贫困的青少年、老年人、残疾人、土著居民、女性单亲家庭列为主要扶持对象。2. 把扩大就业作为减少贫困的主要途径。在扶贫过程中,普遍强调增加就业,扶贫措施通常与促进就业的措施联系在一起。3. 强调政府主导作用,注重发挥各种社会组织的作用。墨西哥、危地马拉等进一步强化政府在减少贫困等社会领域的职责和职能;许多国家适当增加了中央政府向地方政府的财政转移,规定地方政府必须承担起相应的社会职责;巴西、阿根廷和智利等注重发挥各种合法社会组织在减贫过程中的作用。

(二) 促进就业增长,维护社会稳定

拉美国家十分重视就业增长对维护社会稳定的积极意义。具体措施包括:1. 改革传统劳动用工制度,实行比较宽松和灵活的劳动政策,鼓励雇主多雇佣工人。2. 加快建立和完善失业保险制度,减轻失业者的负担。拉美国家对世界其他地区国家失业保险制度的经验进行了研究,并设计了若干不同的失业保险方案[①],阿根廷、巴西、智利、乌拉圭、厄瓜多尔、墨西哥、委内瑞拉和巴巴多斯等国家已经建立起正式的失业保险计划。3. 完善就业培训和职业培训制度,制定以推动就业增长为目标的具体培训计划。智利的培训计划注重对青年、特别是贫困青年的培训,

---

① CEPAL, *La Brecha de la Equidad: America Latina, el Caribe y la Cumbre Social*, pp. 88~91, Santiago de Chile, 1997.

使其掌握一定技能，并为一些特定群体的培训提供奖学金和其他帮助。哥伦比亚、阿根廷、委内瑞拉制定了专门的就业培训计划。4. 将推进中小企业发展作为增加就业的重要手段。墨西哥、阿根廷、巴西、玻利维亚、哥伦比亚等出台了鼓励中小企业发展的具体计划。5. 有意识地发挥非正规经济部门或非正规经济实体在促进就业方面的作用，如为自我就业者和微小企业提供信贷支持等。6. 实施"紧急就业计划"，通过公共工程项目建设为失业者提供临时就业机会，为他们在寻找新工作期间的生活提供必要的经济支持。

（三）推进社会改革，促进社会公平

具体手段有：1. 改变教育发展滞后问题。拉美国家开始注重提高初、中级学校教学质量，增加农村地区教育资源，优化教育资源合理配置，把更多资源向低收入群体倾斜，强调贫困阶层增加受教育的机会，重视教育在改善收入分配方面的作用，突出教育的收入再分配功能。2. 推进社会保障体系的公平性。拉美国家不断增加社会开支，重视公共开支在调节收入分配方面的作用；推进社会保障制度和社会事业改革，提高社会保障和社会事业的效率和公平程度；在一些具体问题上，实行向穷人倾斜的政策（如智利的住房政策）。3. 一些国家（巴西、委内瑞拉和玻利维亚等）试图继续推进农业和土地改革，缓和社会矛盾。

（四）缩小地区和城乡发展差距，促进社会安定

拉美国家把缩小地区间、城乡间发展差距，把整治城市中的混乱现象，作为缓和社会矛盾、促进社会安定的重要举措。主要做法是：1. 促进落后地区开发。巴西、墨西哥、委内瑞拉等许多国家明确提出开发落后地区的政策。2. 改善农村和农业发展条件。通过改善农村和农业发展条件，减缓农村人口向城市转移的速度，减轻城市的压力，促进城乡经济、社会平衡发展。3. 促进城市布局合理化。一方面，改善大城市的生活环境；另一方面，增加首都或大城市以外城市的吸引力，鼓励企业搬迁到新兴

中小城市，认为这样既可以促进全国经济布局合理化，又可以减轻大城市在人口、就业、基础设施、社会服务等方面的压力。4. 整治城市中的混乱现象。许多拉美国家对城市"贫民窟"进行改造，使穷人非法建设的住宅合法化，在贫民区逐步建立生活必需的基础设施（道路、交通、卫生、自来水、电力等），把贫民窟逐渐发展成拥有基本基础设施和社会服务功能的社区，改善贫民居住区治安环境，在贫民区建立永久住房和企业，改善这些地区的生产和生活环境。墨西哥、智利和秘鲁的做法比较有成效。

拉美国家缓解社会发展脆弱性，化解社会矛盾和社会冲突的措施收到了一定成效。但拉美国家在解决社会问题和社会矛盾方面还面临一系列问题和困难。为从根本上预防和克服可治理性危机，拉美国家还需要在促进公平分配、推进农村改革、完善税收制度设计、重视社会政策职能、推进社会组织和团体的作用等方面做出持续的努力。

三、推进民众对国家经济、政治和社会的参与进程，增强民众对体制的信任和信心

拉美国家注重提高和规范民众对政治和社会的参与，提高政治体制的代表性与合法性。主要手段是推进选举制度改革。1. 扩大公民政治参与的程度和范围。一些国家扩大了公民权利：玻利维亚把有选举权公民的年龄从 21 岁降为 18 岁；智利先是在 1989 年减少指定参议员的数量，继而在 2005 年 9 月取消终身参议员和指定参议员，规定所有参众议员均由选举产生；哥伦比亚扩大少数民族公民权利，并在参议院专门分配给土著人 2 个席位；厄瓜多尔取消总统候选人必须属于某一政党的规定，允许独立人士竞选任何职务；墨西哥扩大选举权范围，允许海外侨民参加总统选举的投票。2. 提高选举合理性和合法性。如墨西哥建立了独立的联邦选举委员会，把过去由政府和执政党控制的联邦

选举委员会转变为有多党和公民代表参加的机构。委内瑞拉提升了"全国选举委员会"的地位和职能，由其行使"选举权力"①。越来越多的拉美国家注重完善选举程序，放弃简单多数票当选的制度，在选举总统时采用两轮投票制度，使选举结果更具合法性。20世纪90年代初，大约有10个国家用简单（一轮）多数当选制度选举总统，目前还只有墨西哥、巴拿马、乌拉圭、委内瑞拉和洪都拉斯等少数仍实行这种制度。在议会选举方面，越来越多的国家采用比例代表制，根据各政党在选举中得票多少，按比例分配议会席位，给小党创造更多参政机会。3. 强调民众对国家政治及经济社会发展进程的参与。玻利维亚1994年颁布"民众参与法"，强调公民特别是农村居民的参与；墨西哥和智利在社会计划执行过程中，把民众参与作为重要环节。

重视和加强民众及非政府组织（NGO）的参与。拉美国家在预防和减少可治理性问题过程中，普遍重视各种NGO在国家经济、政治和社会发展中发挥作用。1. 普遍承认NGO的合法性。20世纪七八十年代后，拉美国家军政权纷纷还政于民，过去对NGO采取敌视和镇压态度的国家，也都相继承认NGO在国家发展中的作用②。2. 让NGO承担公共部门的部分职能。在20世纪80年代后改革过程中，拉美国家普遍缩小政府的经济和社会职能，把一些公共机构的职能转交给私人部门。一些国家（如厄瓜多尔和智利）把计划实施的权力下放给私人部门和NGO，而筹集资金的职能仍由公共机构负责③。还有一些国家甚至把筹集资

---

① 委内瑞拉改变传统三权分立制度，在原来立法、司法和行政权基础上，增加"公民权力"和"选举权力"。

② Anthony Bebbington and Others, *Non—governmental Organizations and the State in Latin America*, p. 184, Routledge, 1993.

③ Anthony Bebbington and Others, *Non—governmental Organizations and the State in Latin America*, p. 52, Routledge, 1993.

金的活动也交给私人 NGO 部门。3. 重视 NGO 在维护社会稳定方面的作用。20 世纪 80 年代后，以经济自由化、减少公共开支和私有化为主要内容的改革和调整，使拉美国家付出了沉重的社会代价。拉美地区几乎所有 NGO 都对结构调整计划持批评态度，并积极参加了各种缓解调整计划社会后果的社会救济计划，特别是参与了"社会基金计划"的实施。从 1986 年玻利维亚建立拉美第一个"社会紧急基金"（PSE）起，到 90 年代中期，至少已有 17 个拉美国家建立了这种基金①。这类基金实际上是为缓解结构调整对城乡贫困人口的"社会影响"而实施的补偿计划，目的是通过提供社会支持、资源和小型基础设施、增加就业计划、价格补贴、社会福利等，为受调整计划影响最大的群体提供帮助，减轻这些人所受到的冲击。在一些国家（玻利维亚、秘鲁、智利），这类基金变成了常设机构。有些国家的社会基金计划就是通过 NGO 来实施。4. 加强与 NGO 对话。在美洲国家组织 2003 年圣地亚哥大会召开期间，成员国首脑在"美洲国家组织大会"框架中与公民社会的代表进行会谈，就该地区的最重要问题进行讨论和交换意见，为 NGO 更大程度参与拉美经济、政治与社会发展进程创造了条件。

四、加强合作，预防和消除外部安全隐患和脆弱性，为可治理性实现创造外部条件

主动地预防和应对恐怖主义威胁。与其他地区相比，拉美的恐怖主义活动并不突出，但一直存在各种形式的暴力活动，例如在哥伦比亚、秘鲁等国家，暴力活动通常会采用恐怖主义的方式；阿根廷还曾出现针对以色列大使馆和犹太人社团的恐怖袭击。但拉美学者研究显示，拉美地区的恐怖活动与国际恐怖主义

---

① CEPAL, *la Brecha de la Sociedad*, pp. 106~107, Santiago de Chile, 1997.

并没有直接联系。尽管如此，拉美国家已经开始重视恐怖主义问题，并把反恐纳入地区政策日程之内。2002 年 6 月 3 日美洲国家组织通过"美洲反恐协议"，承诺采取一系列特殊政策，加强成员国间合作，加强体制设计和司法合作，使其适合反恐需要。该协议的目的是在拉美地区预防、减少和消灭恐怖主义。

和平解决国家间的冲突和矛盾。从总体上说，拉美国家间冲突不多，冲突规模也有限，持续时间很短。拉美国家间的冲突主要是由历史上遗留的领土争端引起的。为了防止国家间冲突对地区安全和稳定构成威胁，拉美国家一直通过多方干预来防止冲突升级。20 世纪 90 年代秘鲁和厄瓜多尔曾爆发边界武装冲突，在拉美国家调解下，两国最终化干戈为玉帛；拉美国家还一直试图调解哥伦比亚国内冲突，防止该国的冲突对邻国安全构成威胁。

共同探索实现可治理性的途径。从 2000 年开始，围绕拉美可治理性问题的政治对话进程不断发展，探索可治理性成为近年来拉美地区和西半球多边日程的核心议题，成为美洲国家组织、美洲国家首脑会议等地区性会议的重要议题①。这些会议均强调，多边合作机制在促进可治理性和地区安全方面至关重要。拉美地区要解决其面临的一系列难题，必须制定保证实现可治理性的一套政策，为解决多数人的社会需求创造必要条件，为建立一个好政府创造必要条件，创造一个有利于可治理性、有利于国内稳定、预防冲突、促进国际和平的环境，为此必须加强地区和国际性联系与合作②。在一些次地区（里约集团、安第斯共同市场、南方共同市场）和跨地区首脑会议（伊比利亚美洲首脑会议，欧洲—拉美和加勒比首脑会议等）及其他重要会议上，加强民主的

---

① 2003 年 6 月美洲国家组织大会的核心议题是"民主的可治理性"。
② Francisco Rojas Aravena, Claudio Fuentes Saavedra, *Gobernabilidad en America Latina*, *Informe Regional*, Santiago de Chile, 2004.

可治理性、消除贫困、加强民主体制也成为主要的议题。

第四节　拉美国家可治理性问题的基本趋势

国际学界多从可治理性缺失或危机的角度研究拉美国家的可治理性问题。应该承认，拉美国家在可治理性方面的确面临许多难题，远未实现理想的可治理性，不少国家甚至未达到正常的可治理性。然而也应看到，拉美国家日益重视可治理性问题及其后果，可治理性实现程度处于缓慢提高的过程，可治理性缺失现象虽仍较普遍，但在许多国家情况有所改善；可治理性危机虽时有发生，但只集中在少数国家。因此，拉美国家在可治理性问题上出现一个明显的悖论：在可治理性提高和改进的同时，可治理性缺陷和脆弱性也更加突出[①]。

一、可治理性持续改善的制度基础日益巩固

拉美国家政治制度实现了从寡头制度到民主制度的演进，政治参与性不断增强。19世纪上半叶拉美民族国家形成后，国家政权完全被寡头势力控制，其他阶层的代表性没有得到充分体现。20世纪后，现代化和民主化进程不断深化，传统利益集团分化，现代企业主集团不断壮大，产业工人、中间阶层等迅速崛起。传统利益集团和各种新兴利益集团以及这些集团内部利益不尽相同的各个派别，逐渐在国家行政、立法和司法机构中占据一定地位，这些机构有了更广泛代表性和参与性。在20世纪80年代后在民主化巩固和政治改革进程推动下，拉美国家政治制度的

---

① 关于拉美国家可治理性悖论及其原因的解释，参见袁东振：《可治理性与社会凝聚：拉美国家的经验》，《拉丁美洲研究》，2009年增刊第1期。

参与性进一步加强。

政党制度成为民主政治制度的支柱。拉美国家独立后不久即出现了政党组织。起初，政党只是寡头集团政治斗争的工具，没什么群众基础。现代化进程改变了拉美国家政党的作用和格局，政党活动越来越活跃，政党类型越来越多彩，政党政治越来越丰富，政党制度越来越完善。特别是20世纪80年代后，政党政治向更趋于成熟的方向发展。政党完全被纳入国家政治体制，成为政治制度的基础和支柱；政党间的妥协与合作成为政治社会稳定的重要手段；政党与选举制度、议会制度间建立了密切联系，连接着政治体制中的各种因素并广泛深入地参与社会政治生活的各领域，成为制度中不可缺少的因素[1]。在多数国家，政党具有了政治联系、政治动员、社会控制、政府组织与决策的功能。

选举制度日趋完善。在独立后的相当时期，寡头集团控制着拉美政治生活，投票权受到严格限制，享有投票权的人通常不足总人口的1%；在19世纪大部分时期，也不超过5%[2]。然而，拉美国家公民政治权利的扩展成为一个持续趋势。从19世纪中期开始，许多国家确立直接选举制度，对选举权的财产和性别限制逐渐被废除。到20世纪60年代，拉美国家投票率达到40%~50%，与美国基本持平[3]。当前，政治权利被拉美公众认为是最主要、最普遍的公民权利，多数拉美人认为有参与政治的自由，公民和政治保障较充分[4]。随着公民权利的扩展，选举制度趋于

---

[1] Francisco Jose Paoli Bolio, "Constitucionalización de los Partidos Politicos en América Latina", http://www.bibliojuridica.org/libros/1/347/17.pdf

[2] Harry E. Vanden, Gary Prevost, *Politics of Latin America: the Power Game*, p. 204, Oxford University Press, 2002.

[3] Howard J. Wiarda (eds.), *The Continuing Struggle for Democracy in Latin America*, p. 43, Westview Press, 1980.

[4] Corporación Latinobarómetro, *Informe Latinobarómetro 2007*, Noviembre 2007, http://www.latinobarometro.org

完善。各国选举法在选民登记、候选人提出与确认、竞选程序、选举资金、选举监督、选票统计、结果公布、异议提出等，作了明确、具体、详细的规定。

政府制度也向趋于成熟的方向发展。一些国家已经建立起稳定和发达的公务员制度（如多数加勒比国家）；巴西、阿根廷等拉美大国的文官制度已相当发达；委内瑞拉、乌拉圭、巴拿马、智利、哥伦比亚等重要国家的文官制度也已相当成熟。尽管文官制度的发达和完善程度在各国间有很大差异。

二、可治理性持续改善的体制条件进一步完备

（一）体制具有一定效率

拉美各国政府在现存民主体制下成功应对了20世纪80年代债务危机和经济危机，以及90年代中期以后的数次金融危机和金融动荡；适时缓解了因新自由主义经济改革所加剧的社会矛盾和社会冲突，维护了政治社会稳定的局面；比较成功地主导了经济转型和发展模式的转换。现任美洲开发银行行长莫莱诺认为，虽然仍存在贫困、不平等和就业不充分等问题，但在过去25年间，拉美国家的政治体制更加民主，恶性通过膨胀的后果得到有效抑制，经济日益融入世界市场，在降低文盲率、提高入学率、降低死亡率、提高人口预期寿命等方面取得显著成绩，各种福利指标得到持续改善[①]。

拉美国家的多数政治分歧在现存体制内得到化解。众所周知，在拉美国家，围绕大选过程和结果，各主要政党产生分歧和争议的现象屡见不鲜，有时甚至会引起政治动荡。最近几年，类似的争议和分歧虽仍时有发生，但分歧和争议基本能在宪法和法

---

① IDB, *Economic and Social Progress in Latin America 2008 Report*, p. 11, Washington D. C., 2007.

律框架内、在体制范围内以合法方式解决，没有引起大的动荡。即使在争议较大、后果比较严重的情况下（如围绕2006年墨西哥大选的争议），国家的政治稳定也基本得以保持。

最近一个时期出现的政治动荡和社会危机，集中在少数国家（如海地、玻利维亚和厄瓜多尔等），且基本处于可控状态；即使在这些国家，国家体制的运转也基本正常，政权更迭基本在宪法和法律框架内、按照法律程序完成。

（二）体制的质量有所提高

司法和立法机构效率有所提高。如前所述，拉美国家积极推进所谓国家改革，调整国家政权机构职能，加强行政、立法和司法机构相互独立、相互制约的机制。通过司法改革，提高司法机构地位，加强司法独立，简化司法程序，力图为所有居民提供适当的司法服务，最大程度满足居民在司法方面的需求[1]。不少国家努力增强议会的代表性和职能，增加其对行政机构的监督和制约；一些国家的议会逐渐具备了"遏制行政当局肆意妄为的一系列手段"，"逐渐学会对民众的要求和压力作出及时回应"，"成为更富代表性的全国性机构"[2]。

地方和市政自主权及效率增强。在传统上，拉美国家的人事和财政权力集中在中央政府手中，对地方民众的各种要求重视不够。在20世纪80年代后民主化进程中，公共支出向分散化、公共服务向地方化方向发展，地方在税收份额中比重增加，地方的各种权利和利益不断扩张。与此同时，越来越多地方行政机构领导人由选举产生，而不再由中央和上级任命。1980年拉美只有三个国家的市长由选举产生，90年代中后期增加到17个。智

---

[1] Luciano Tomassini, Marianela Armijo, *Reforma y Modernización del Estado: Experiencias y Desafío*, p. 423, Lom Ediciones, 2002.

[2] David Close (ed.), *Legislatures and the New Democracies in Latin America*, p. 106, Lynne Rienner Publishers, 1995.

利、哥伦比亚、巴拉圭等国的省长也不再由中央政府任命。地方自主权扩大有助于增强地方行政机构效率。

（三）体制的权威性有所增长

拉美国家的体制在传统上缺少权威性。1996 年前后的调查显示，拉美人对政府信任度低，人们宁可信任报纸和电视等新闻媒体，也不愿信任法官和警察，认为新闻媒体在揭露腐败方面的作用比司法机构更重要。

拉美国家重视提高体制的权威，缓和民众对体制的不信任情绪。为此，拉美国家在积极推进政治改革的同时，加强对腐败的治理。如前所述，智利、巴西、阿根廷等国家已经初步构建了反腐败的制度、体制和机制；委内瑞拉等还出台专门的《反腐败法》，建立较完备的反腐法规体系；不少国家完善监督机制，在政治、司法、行政、群众组织、新闻媒体等环节加强对腐败行为的监督；许多国家在政府主导下发起反对腐败运动，努力改善政府和公共部门的威信和形象。值得注意的是，拉美人对体制和政府的不满情绪仍很严重，但认同度略有提高。2004～2007 年间拉美人对民主的满意度从 29% 增加到 37%，对政府的认同度从（2002 年的）36% 提高到 2007 年的 52%，对警察、司法系统、议会的信任度也有所增加[①]。

三、可治理性持续改善的民众基础进一步改进

拉美人对政府和政治体制的信任度历来不高，但近年来这种情况略有改变。下面根据"拉美晴雨表"（Latinobarometro）的相关资料对此问题加以简要说明。

---

① Corporación Latinobarómetro, *Informe Latinobarómetro* 2007, p. 88, p. 93, Noviembre 2007.

(一) 拉美人认为腐败现象在缓慢下降

2001年有26%的拉美人接触或了解某种腐败行为，2007年下降到19%，其中墨西哥由65%下降到33%，玻利维亚由32%下降到16%，厄瓜多尔由27%下降到12%，洪都拉斯由24%下降到9%，巴拿马由21%下降到6%。人们普遍期待腐败现象能有更大程度减少。

(二) 对公共服务的满意度有所增加

2003~2007年对医疗卫生服务的满意度由43%增加到52%，其中乌拉圭（69%）、多米尼加（67%）、哥斯达黎加（66%）、萨尔瓦多（64%）和委内瑞拉（64%）较高。

(三) 对所获教育的满意度提高

同期由50%增加到55%，哥斯达黎加（78%）、委内瑞拉（74%）、多米尼加（71%）和乌拉圭（70%）最高。

(四) 对政府的认同度有缓慢提升

2002年为36%，2003年38%，2004年42%，2005年49%；2007年52%，其中厄瓜多尔（74%）、哥伦比亚（67%）、玻利维亚和墨西哥（60%）、委内瑞拉和乌拉圭（61%）较高。

国际学术界、相关国际组织和拉美国家政府对可治理性问题日益重视，提出了不少具有针对性的应对措施和政策性建议。拉美国家为应对可治理性问题所采取的一系列的对策和措施，对于提高可治理水平具有积极意义。然而，拉美国家可治理性问题形成的原因远未根除，克服可治理性缺陷、预防可治理性危机是拉美国家长期和艰巨的任务。

主要参考文献

Abramovich, Paulina, "El oficialismo afronta crisis en Chile", http: //www. miami. com

Alboleda, Jairo A. , and Patti L. Petesch, James Blackburn, *Voice of the poor in Colombia*, the World Bank, 2004.

Alesina, Alberto, *Institutional Reforms: the Case of Colombia*, MIT Press, 2005.

Alfonsín, Raul, "The problem of governability under new globalization", http: //www. globalprogress. org

Allende Bussi, Isabel, "Gobernabilidad en America Latina", http: // www. gobernabilidad. cl

Ames, Barry, *The Deadlock of Democracy in Brazil*, Ann Arbor: The University of Michigan Press, 2001.

Amjad Chaudhry, Shahid, Gary James Reid, and Waleed Haider Malik, (eds.), *Civil Service Reform in Latin America and Caribbean*, World Bank Technical Paper Number 259, Washington, D. C. , 1994.

Ancira, Andrea, "Gobernabilidad Democratica en America Latina", http: //www. summit—americas. org

Araujo, Octavio Rodriguez, *la Reforma Politica y los Partidos en Mexico*, Siglo XXI Editores, 1982.

Arriagada, Genaro, "Medios de comunicación y gobernabilidad", Foreign Affairs en Español, octubre—diciembre 2005.

Bailey, John, "Corruption and Democratic Governability in Latin America: Issues of Types", Arenas, Perceptions, and Linkages, http://pdba.georgetown.edu/

Basáñez, Miguel, *La Lucha por la Hegemonía en Mexico*: 1968 ~ 1980, 3a edicion, Siglo XXI editores, 1983.

Beatriz, Barraza, "Gobernabilidad y desarrollo: La visión del Banco Mundial y del BID", PRISMA, no. 13, septiembre—octubre 1995.

Bebbington, Anthony, and Others, *Non—governmental Organizations and the State in Latin America*, Routledge, 1993.

Bell, Wendell, "The Futures of Governability and Democracy", http://www.yale.edu/ccr/bell3.doc

Berry, Albert (eds.), *Labor Market Policies in Canada and Latin America: Challenge of the New Millennium*, Kluwer Academic Publishers, 2001.

Binetti, Carlo, and Fernando Carrillo—Flórez, "An Unequal Democracy? Seeing Latin America through European Eyes", http://www.iadb.org/europe/

Buxton, Julia, and Nicola Phillips (eds.), *Case Studies in Latin American Political Economy*, Manchester University Press, 1999.

Calleja, Tono, "El camino de Ecuador es el socialismo del siglo XXI", El Pais, Sep. 18. 2007, http://www.elpais.com/articulo/internacional/

Calvo Ospina, Hernando, "El Socialismo del Siglo XXI del Presidente

Rafael Correa Delgado", http://www.emancipacion.org/

Castro, Miguel ángel, "La Distribución de la Riqueza en el Ecuador", Observatorio de la Economía Latinoamericana, Número 75, 2007. http://www.eumed.net/

Caputo, Dante, "Una Agenda para la Sustentabilidad de la Democracia", Foreign Affairs en Español, octubre—diciembre 2005.

Cárdenas Torres, Miriam, and Jorge Ceja Martínez, "Gobernabilidad Regional y Global. Hacia un Nuevo Orden Democrático", http://www.cries.org

CEPAL, *el Gasto Social en America Latina: un Examen Cuantitativo y Cuanlitativo*, Santiago de Chile, 1994.

CEPAL, *La Brecha de la Equidad: America Latina, el Caribe y la Cumbre Social*, Santiago de Chile, 1997.

CEPAL, *Panorama Social de América Latina*, Santiago de Chile, http://www.cepal.org

Close, David (ed.), *Legislatures and the New Democracies in Latin America*, Lynne Rienner Publishers, 1995.

Coppedge, Michael, "Prospects for democratic governability in Venezuela", Journal of Interamerican Studies and World Affairs, Summer 1994, http://findarticles.com/p/articles/

Coppedge, Michael, *Party Systems, Governability, and the Quality of Democracy in Latin America*, University of Notre Dame. 2001.

Corporación Latinobarómetro, *Informe Latinobarómetro* 2007, Noviembre 2007, http://www.latinobarometro.org.

Cruz, Cesar Nicandro, "Gobernabilidad y 'governance' democráticas: El confuso y no siempre evidente vínculo conceptual e institucional", http://www.iigov.org

Del Pozo, Jose, *Historia de America Latina y del Caribe 1825～2001*, LOM Ediciones, Santiago, 2002.

Diamond, L., and M. Platter (eds.), *The Global Resurgence of Democracy*, Baltimore: Johns Hopkins University Press, 1993.

Dominguez, Jorge I., and Alejandro Poire (ed), *Toward Mexico's Democratization: Parties Campaigns, Elections and Public Opinion*, Routledge, New York, 1999.

Dominguez, Jorge I., and James A. McCann, *Democratizing Mexico: Public Opinion and Electoral Choices*, Baltimore, Johns Hopkins University Press, 1996.

Edwards, Sebastian, and Nora Claudia Lustig, *Labor Markets in Latin America*, Brookings Institution Press, 1997.

Espinosa, Eduardo Torres, *Bureaucracy and Politics in Mexico*, Ashgate, 1999.

Ffrench—Davis, Ricardo, "Distribución y Pobreza", Nuevo Espacio, №3, 1996.

Fertl, Duroyan, "Ecuador: New Constitution Vote as Conflict Rises", http://www.greenleft.org.au/2008/761/39314

Filguelra, Carlos, *la Actualidad de Viejas Tematicas: sobre los Estudios de Clase, Estratificacion y Movilidad Social en America Latina*, Politicas Sociales, Serie 51, Division de Desarrollo Social de la CEPAL, Santiago de Chile, agosto de 2001.

FLACSO—Chile, *Amenazas a la Gobernabilidad en America Latina*, Informe preparado para el Foro de la Sociedad Civil con Occasion de la XXXIII Asamblea General de la OEA, Santiago de Chile, 7 de junio, 2003.

FLACSO—Chile, "Colombia: Crisis de Gobernabilidad y Conflicto Armado", Observatorio, numero especial, enero, 2004.

Ginebra, Suiza, "Acusa ONU de Corrupción al Sistema Judicial Mexicano", El Universal, Lunes, 8 de abril de 2002, http: // www. el—universal. com. mx/pls/impreso/noticias. html

Gualdon, Fernando, "Correa dirige a Ecuador hacia el ' socialismo del siglo XXI' de inspiración chavista ", http: // vozdeizquierda. blogspot. com/2007/10/

Guillermo, Otánez, "Ecuador: Breve Análisis de los Resultados del Censo Nacional Agropecuario 2000", http: // www. sica. gov. ec/censo/contenido/

Hunter, Wendy, and Timothy J. Power, "Rewarding Lula: Executive Power, Social Policy, and the Brazilian Election of 2006 ", Latin American Politics and Society, Vol. 49, No. 1, 2007.

Hurtado, Osvaldo, "Democracia y Gobernabilidad en Los Países Andinos ", Foreign Affairs En Español, octubre—diciembre 2005.

IDB, *Economic and Social Progress in Latin America* 2008 *Report*, Washington D. C. , 2007.

Javed Burki, Shahid, and Guillermo E. Perry, *The Long March: A Reform Agenda for Latin America and the Caribbean in the Next Decade*, Washington DC, The World Bank, 1997.

Kaufmann, Daniel, and Aart Kruay, Massimo Mastruzzi, *Governance Matters VI: Aggregate and Individual Governance Indicators*, 1996 ~ 2006, The World Bank, 2007;

—— *Governance Matters IV: Governance Indicators for* 1996 ~ 2004, The World Bank, 2005.

Kirby, Peadar, *Introduction to Latin America: Twenty—First Century Challenges*, London, Thousand Oaks, New Dehi, SAGE

Publications, 2003

Kirk, Robin, *More Terrible than Death: Violence, Drugs, and America's War in Colombia*, Public Affaires, New York, 2003.

Krasner, Stephen D., y Carlos Pascual, "Para Remediar la Ingobernabilidad de los Estados", Foreign Affairs en Español, octubre—diciembre 2005.

Lagos, Martha, "Las Razones de la Ingobernabilidad", Foreign Affairs en Español, octubre—diciembre 2005.

Ley General de Desarrollo Social (mexico), www.diputados.gob.mx

Ley Contra la Corrupción (venezuela), http://www.asambleanacional.gov.ve

Linz, J., and A. Stepan, *Problems of Democratic Transition and Consolidation: Southern Europe, South America, and Post—Communist Europe*, Baltimore: Johns Hopkins University Press, 1996.

Mainwaring, S., and T. R. Scully (eds.), *Building Democratic Institutions: Party Systems in Latin America*, Stanford: Stanford University Press, 1995.

Mesa—Lago, Carmelo, y Fabio Bertranou, *Manual de Economia de la Seguridad Social en América Latina*, CLAEH, Montevideo, 1998.

Munck, R., *Contemporary Latin America*, NY: Palgrave Macmillan, 2003.

Muñoz, Oscar Carolina Stefoni (coordinadores), *El Periodo del Presidente Frei Ruiz—Tagle*, Editorial Universitaria—FLACSO, Santiago de Chile, 2003.

Ocampo, Augusto Ramirez, "Democracia electoral, Gobernabilidad y su Impacto Económico en América Latina", Foreign Affairs En

Español, octubre—diciembre 2005.

O'Donnell, G., "Delegative Democracy", Journal of Democracy, Vol. 5, No. 1, January 1994.

Paoli Bolio, Francisco Jose, "Constitucionalización de los Partidos Politicos en América Latina", http://www.bibliojuridica.org/libros/1/347/17.pdf

Philip, G., *Democracy in Latin America*, Cambridge, Polity Press, 2003.

Prats, J, Gobernabilidad Democratica para el Desarrollo Humano: Marco Conceptual y Analistico, Instituciones y Desarrollo, Vol. 10, 2001, http://www.hacienda.go.cr

Prats, Joan Oriol, "el concepto y el analisis de la gobernabilidad", www.grupochorlavi.org/php/doc/documentos/Elconceptoyel.pdf

Ramírez, Jorge Boza, "Iglesia Católica critica Texto Constitucional", http://www.cre.com.ec/

Rojas Aravena, Francisco, "Ingobernabilidad Estados Colapsados", una amenaza en ciernas", Nueva Sociedad, 198, julio—agosto, 2005.

Rojas Aravena, Francisco, y Claudio Fuentes Saavedra, *Gobernabilidad en America Latina*, *Informe Regional*, Santiago de Chile, 2004.

Salgado Tamayo, Manuel, *Drogas, Terrorismo e Insurgencia: del plan Colombia a la Cruzada Libertad Duradera*, Ediciones la Tierra, Quito, 2002.

Samuels, David Ambition, *Federalism, and Legislative Politics in Brazil*, Cambridge: Cambridge University Press.

Sanderson, Kathryn B., VENEZUELA: "The Party System from

1963 to 2000", http: //janda. org/icpp/

Schkolnik, Mariana, *Caracterizacion de la Insercion Laboral de los Jovenes*, Santiago de Chile, febrero de 2005.

Serrano, Monica (ed), *Governing Mexico: Political Parties and Elections*, Institute of Latin American Studies, University of London, 1998.

Smith, P., *Democracy in Latin America*, NY: Oxford, 2005.

Tomassini, Luciano, y Marianela Armijo, *Reforma y Modernización del Estado: Experiencias y Desafio*, Lom Ediciones, 2002.

Ugalde, Luis Carlos, "Democracia y Gobernabilidad en México. Avances y Retos", Foreign Affairs en Español, octubre—diciembre 2005.

UNDP, Agenda on Local Governance in Latin America", julio 2004, http: // www. logos. undp. co.

UNDP, *Human Development Report*, 2001, http: //www. undp. org/hdr2001.

UNESCO, *Gobernanza y Gobernabilidad Democraticas en Mexico*, Documentos de Debate, n°60, 2002.

Vanden, Harry E., and Gary Prevost, *Politics of Latin America: the Power Game*, Oxford University Press, 2002.

Wiarda, Howard J. (eds.), *The Continuing Struggle for Democracy in Latin America*, Westview Press, 1980.

Willis, Eliza, Christopher da C. B. Carman and Stephen Haggard, "The Politics of Decentralization in Latin America", Latin American Research Review, 34 (1), 1999.

Yubay Y., Mariana, "Taller Sobre Democracia, Derechos Humanos y Estado de Derecho — Crrupcion y Juticia Social", http: // www. ohchr. org/

Zavala E. , Zavier, "Corrupcion Politica: El Caso del Ecuador", http: //unpan1. un. org/

Zebadua, Emilio, y Erubiel Tirado, "La gobernabilidad de la frontera sur", Foreign Affairs En Español, octubre—diciembre 2005.

Zirker, Daniel, Constantine P. Danopoulos, "personal security, governability and the Military in Latin America", Volume 2 number 1, march 2004, journal of security sector management.

丹·科·比列加斯等：《墨西哥历史概要》，中国社会科学出版社1983年版。

E·布拉德福德·伯恩斯，朱莉·阿·查利普：《简明拉丁美洲史：拉丁美洲现代化进程的诠释》，王宁坤译，张森根审校，世界图书出版公司2009年版。

郭存海：《阿根廷政党治理危机及其原因探析》，《拉丁美洲研究》，2007年第5期。

江时学：《金融全球化与发展中国家的经济安全——拉美国家的经济安全》，社会科学文献出版社2004年版。

（英）莱斯利·贝瑟尔主编：《剑桥拉丁美洲史》第8卷，当代世界出版社1998年版。

（英）莱斯利·贝瑟尔主编：《剑桥拉丁美洲史》第6卷（上），当代世界出版社2000年版。

（英）莱斯利·贝瑟尔主编：《剑桥拉丁美洲史》第6卷（下），当代世界出版社2001年版。

李春辉：《拉丁美洲史稿》（上、下），商务印书馆1983年版。

林春辉、苏振兴、徐世澄主编：《拉丁美洲史稿》第三卷，商务印书馆1993年版。

李明德主编：《拉丁美洲和中拉关系——现在与未来》，时事出版社 2001 年版。

刘承军：《印第安文化与印第安政治运动的新崛起》，《拉丁美洲研究》，2007 年第 5 期。

刘纪新：《拉美国家社会政策调整评析》，《拉丁美洲研究》，2005 年第 3 期。

王鹏：《对委内瑞拉可治理性危机的分析》，《拉丁美洲研究》，2007 年第 5 期。

卫建林：《西方全球化中的拉丁美洲》，红旗出版社 2004 年版。

苏振兴主编：《拉美国家现代化进程研究》，社会科学文献出版社 2006 年版。

苏振兴、袁东振：《发展模式与社会冲突：拉美国家社会问题透视》，当代世界出版社 2001 年版。

徐世澄：《墨西哥政治经济改革及模式转换》，世界知识出版社 2004 年版。

徐世澄：《墨西哥革命制度党的兴衰》，世界知识出版社 2009 年版。

袁东振：《对拉美国家社会冲突的初步分析》，《拉丁美洲研究》，2005 年第 6 期。

杨建民：《厄瓜多尔可治理性问题研究》，《拉丁美洲研究》，2007 年第 5 期。

曾昭耀：《政治稳定与现代化：墨西哥政治模式的历史考察》，东方出版社 1996 年版。

祝文驰、毛相麟、李克明：《拉丁美洲的共产主义运动》，当代世界出版社 2002 年版。

张宝宇：《巴西现代化研究》，世界知识出版社 2002 年版。

张凡：《巴西政党和政党制度剖析》，《拉丁美洲研究》，2006 年第 6 期。